教育部人文社会科学基金"基于演化博弈的互联网广告流量欺诈治理研究"

（项目编号：19YJCZH075）

重建价值与信任

交易视角下的数字广告治理

雷蕾 / 著

REBUILDING VALUE AND TRUST
DIGITAL ADVERTISING GOVERNANCE
FROM A TRANSACTIONAL PERSPECTIVE

人民日报出版社

北京

图书在版编目（CIP）数据

重建价值与信任：交易视角下的数字广告治理 / 雷
蕾著. —北京：人民日报出版社，2024.7. — ISBN
978-7-5115-8380-2

Ⅰ. F713.852

中国国家版本馆CIP数据核字第2024LZ0034号

书　　名：	重建价值与信任：交易视角下的数字广告治理
	CHONGJIAN JIAZHI YU XINREN: JIAOYI SHIJIAO XIA DE SHUZI GUANGGAO ZHILI
著　　者：	雷　蕾

出 版 人：	刘华新
责任编辑：	梁雪云　　王奕帆
封面设计：	主语设计
版式设计：	中尚图

出版发行：	人民日报出版社
社　　址：	北京金台西路2号
邮政编码：	100733
发行热线：	（010）65369509　65369527　65369846　65369512
邮购热线：	（010）65369530　65363527
编辑热线：	（010）65369526
网　　址：	www.peopledailypress.com
经　　销：	新华书店
印　　刷：	天津中印联印务有限公司
法律顾问：	北京科宇律师事务所 010-83622312

开　　本：	710mm × 1000mm　1/16
字　　数：	303千字
印　　张：	20
版次印次：	2024年8月第1版　2024年8月第1次印刷

书　　号：	ISBN 978-7-5115-8380-2
定　　价：	79.00元

内容摘要

数字广告不仅是数字经济的重要组成部分，而且也因其卷入多元主体与海量数据，而对数字经济的生产要素、生产力、生产关系产生多维连锁效应。数字广告业的健康发展，牵动着我国数字经济的高质量发展，关系着我国在数字时代的经济活力与全球竞争力。

本书以数字广告治理为话题，引入交易视角，将广告活动视为以注意力资源为对象的交易活动，进而探讨数字技术的介入对广告交易活动的影响以及如何治理等问题。数字技术推动广告交易模式的急遽变动，导致交易过程中因信息不完全或不对称而产生信息摩擦，其形态及生成机制发生大幅转变。曾经的信息摩擦逐渐减少以至被抹去，而新的信息摩擦又接连涌现。因此，如何正视数字广告交易模式下新涌现的信息摩擦，如何适应并治理新的信息摩擦，如何推动更加高效、有序、健康、可持续的数字广告交易生态的形成，正是本书所关切的问题。

全书内容基于笔者多年来围绕数字广告交易所形成的现象观察、案例分析、问卷调查、深度访谈以及计算机仿真实验，深度剖析信息摩擦的产生根源与生成机制；围绕数字技术带来的新的信息摩擦，如流量欺诈、用户抵制、隐私安全等问题，从数字广告交易的具体情境出发，探讨多元利益相关者之间的演化博弈、协同治理以及技术治理对数字广告交易治理效果的影响，从而为现实中数字广告交易的信息摩擦治理以及数字广告交易治理体系的构建提供参考与建议。

序

数字经济作为继农业经济、工业经济之后又一深刻影响和改变人类经济社会发展模式的重要经济形态，也是我国经济转型发展的重点。数字广告交易不仅是数字经济的重要组成部分，而且也因交易活动卷入多元主体与海量数据，而对数字经济的生产要素、生产力、生产关系产生多维度及连锁影响。伴随数字广告的快速发展，许多亟待治理的新问题相继浮现，如数据滥用、算法歧视、流量欺诈、用户干扰、品牌安全等。这些问题都不同于过往重点对广告内容的规制，而是更加立体，更加侧重从过程到结果的系统治理，协调利益关系。数字广告交易生态的健康发展，牵动着我国数字经济的高质量发展，关系着我国在数字时代的经济活力与全球竞争力。以善治开启数字广告新未来，不仅能为我国数字经济发展注入澎湃动力，而且也为全球数字广告治理提供可借鉴的范本与经验。

作为交易的广告活动

相较于直接就治理谈治理的线性思维，本书在第 1 章开篇概述数字广告治理现象之后，退回到"交易"这一基本话题，试图从交易视角先理解广告活动的本质。在本书中的广告交易，并非取自业界所认为的"购买媒介空间与时间的广告投放活动"的狭义交易，而是将所有的广告活动视为一场注意力资源的交易，源头是拥有注意力的用户 / 消费者，而终点是想要获得关注的广告主。

广义的交易视角，连接消费者与广告主，打通了过去广告治理分隔的两个问题——消费者权益保护与行业秩序协调，将消费者与广告主融入交易体系之中，也将面向消费者的治理与面向行业主体的治理协调统一起来，形成了广告交易的生态系统。这一理论视角的处理方式对于在技术不断更迭、行业不断发展变化的背景下理解与认知广告非常重要。注意力资源交易就是广告世界的中心轴，行业在不断旋转、变动不居，而作为中心轴的核心原则始终不变。广告未死，只是我们具象化的概念界定往往未能跟上技术的变化，旧概念难以指导新现象，从而引发了业界领域的造词运动。新词语固然让人耳目一新，但是却缺少与过往的衔接，完全否定并舍弃了过去。实际上，广告本身"唤起注意"，广告活动是一场注意力资源的交易，这一本质属性并没有因技术而改变。

本书的第 2 章与第 3 章从关系、历史、理论系统论证了广告的注意力交易属性，以及这一视角的研究价值，并由此提出本书的第一个模型——以注意力为对象的广告交易模型（简称"注意力交易模型"）。根据广告交易的发展演变历程，将其中涌现的各类交易参与者化约为注意力资源的提供者、需求者、匹配者、聚集者、监测者。当广告研究蒙上"交易"的滤镜，"广告活动"的交易属性得以凸显，也使得背后主体利益关系与演化博弈过程显现出来。治理的关键应该在于协调这些主体之间的关系，形成长期制约关系，而不是纠结于眼前市场乱象的运动式整治——一旦治理的压力阀打开，混乱又会重新上演。

数字技术对广告交易影响的微观机制：信息摩擦

既然所有的广告活动被视为围绕着注意力资源的交易，那么广告治理也可以被理解为广告交易的治理。在真实的经济社会中，交易不是简单的"一手交钱，一手交货"。由于信息不对称与不完全，交易双方在搜寻对象、促成交易以及保障交易顺利进行的过程中都会额外产生许多摩擦与费用。信息摩擦是交易费用的主要表现形式，指的是在交易过程中由于信息不对称及信息不完全而导致的在正常支出之外的额外成本。信息摩擦可以分为搜寻摩擦与信息不对称两类（李三希等，2021）。

数字技术对于广告交易形态的改变是从微观的信息摩擦开始的。数字技术不单单挑战了既有的概念与认知框架，而且塑造了新的交易路径与模式，一些主体从交易局面中退出，而新的主体相继出现。创造价值是核心不变的，但是价值创造过程却处于变动之中，谁来创造价值却是不确定的。

如果以"河水"来比喻注意力资源，注意力资源总是从注意力供给者（用户）源源不断地提供给需求者（广告主）。只要市场上仍然存在着商品交易，人们仍然需要从无数存在竞争关系的商家手中购买商品，广告就有存在的必要性。尽管源头与终点是确定的，但是河水如何流动，通过怎样的河道流动，通过哪些河道流动，途经什么地域，却是在不断变动中的。由于技术的影响，其中一条河道的摩擦减少，河水流动的速度加快时，源头的注意力资源将会越来越多地从这一河道到达终点，打破原先河道的稳定性，注意力资源发生迁移并在分布上发生改变。原先河道的河水越来越少，逐渐干涸，而新河道逐渐成为主干道。河堤保护河岸不被河水淹没，在旧的河道，河堤早已建造。河堤使河水尽管奔涌而不会蔓延河岸，对岸边生态造成破坏。而在新出现的河道，河堤并不完善，创造力与破坏力都极强，因此需要重新修建。

治理需要关注河水的改变，即用户注意力资源交易的路径改变；关注河水的流向，一些冲突与破坏可以在内部博弈中消化；调整治理的策略，使得弱小者的博弈策略具备实施的手段与能力；判断潜在的风险，并能够在高风险的弯道建设河堤，防止河水蔓延，破坏数字广告的交易生态。

数字技术对于广告交易的影响也是如此。数字技术推动广告交易模式的急遽变动，导致交易过程中因信息不完全或不对称而产生的信息摩擦，其形态及生成机制发生大幅转变。

数字技术中的搜寻匹配算法，降低广告交易双方的搜寻摩擦；排序、声誉机制、消费者行为数据降低了交易过程中的信息不对称，提升了市场上注意力资源交易的效率，节省成本，并催生出更加高效的广告交易新形态。这就是注意力资源交易出现了"新的优化河道"。交易形态的变迁，随之而来的是交易中的信息摩擦发生改变。曾经的信息摩擦逐渐减少以至被抹去，而新的信息摩擦却在不断涌现。由于大量数据的收集、控制及使用而引发数据保护、垄断、滥用与欺诈等新的信息摩擦，逆向选择与道德风险等机会主义行为频频发生，导致数字广告交易生态中的"信任赤字"。新的河道需要建设新的河堤，这就是数字广告治理所要解决的问题。

交易主体应对新的信息摩擦所采取的交易行为与治理决策，在无形之中推动旧交易生态的瓦解与新交易生态的形成。当然这只是理论化、理想化的推演与构想。在现实交易情境中，此般情形经常上演：广告交易中的信息摩擦产生了大量损耗，交易主体的利益被侵占与信心被摧毁，数字广告交易形态不仅没有形成，反而落入更加无序、混乱与原始的交易状态等。因此，如何正视数字广告交易模式下新涌现的信息摩擦，如何适应并治理新的信息摩擦，如何推动更加高效、有序、健康、可持续的数字广告交易生态的形成，正是本书所关切的问题。

作为微观机制的信息摩擦，反映的是交易过程中交易主体之间在信息不对称与不完全情况下的利益关系与博弈行为。因此，对信息摩擦的治理，其实就是对关系的调整，使其适应新形态的广告交易所承载的生产力。以信息摩擦来理解数字技术对广告交易的影响，既体现了交易效率的提升机制，也关注到了技术所带来的新的脆弱性风险。

本书在第4章引入信息摩擦，并将其定义为理解数字技术影响广告交易的微观机制，并由此提出了第二个模型——技术—信息摩擦的交易影响模型（简称"信息摩擦模型"）。数字技术降低了广告交易中的搜寻成本，使得更多的交易借助技术得以匹配，更多的中小交易者加入注意力资源的交易之中，甚至是可以实现注意力的单次交易。广告交易也能够根据用户数据找到最合适的交易对象；还可以借助个性化推荐、生成式人工智能、优化算法，根据数据反馈来优化广告交易的效率。然而，数字广告交易超越了人类的经验可见，需要借助数据指标来实现广告交易的"可见"，由于大量数据的收集、控

制以及使用而引发的数据保护、垄断与滥用等新的信息摩擦。数字广告交易
中数据指标分歧、数据造假、隐私保护等问题严重。

把握数字广告治理的关键：重建价值与信任

在第4章对数字广告交易中信息摩擦影响机制进行剖析的基础上，本书
后半部分（第5章至第8章）基于对数字广告交易的现象观察、案例分析、
问卷调查、深度访谈以及仿真实验等方法而展开，围绕数字技术带来的新的
信息摩擦，如流量欺诈、用户抵制、隐私安全等问题，从数字广告交易的具
体情境出发，探讨多元利益相关者之间的演化博弈、协同治理以及治理技术
的采纳对数字广告交易治理效果的影响，从而供数字广告治理系统构建参考。
其中，第5章与第6章重点从演化博弈的视角揭示数字广告交易过程中交易
主体之间的互动、博弈及策略；第7章在平台卷入的多元治理情境下探讨平
台治理角色、手段及效果，以及政府治理介入的情境与方式；第8章重点探
讨了数字广告交易治理的相关技术，并对区块链及数字洁净室的技术原理及
应用进行详细介绍与分析。

数字广告交易生态是一个多元主体参与的复杂系统，这使得单一主体的
治理行动存在一定的局限性，充满了不确定性，同时也具备一定的自适应能
力。因此，本研究构建数字广告交易的行动者模型，模拟数字广告交易中的
信息摩擦这一微观机理，开展仿真实验，演绎信息摩擦对数字广告交易生态
所产生的长远影响；结合目前市场中的治理对策与手段，将其转化为治理参
数融入上述模型之中，演绎治理效果，从而为现实中的信息摩擦治理提供参
考与建议。以信息摩擦为线索的数字广告交易治理，其核心在于重建价值与
信任。本书第9章基于上述两个模型提炼了数字广告交易治理模型（简称"交
易治理模型"），将治理从纷繁的现象中抽离出来，置于两项核心原则——
"价值"与"信任"之中，即治理需要把握两大关键：广告交易要为双方创
造价值，交易过程要彼此信任。

研究价值及创新

全书以信息摩擦为切口，切入数字广告交易运行及治理。不同于技术乐观派相信所有问题的答案在技术，本书认为，机制设计与治理完善至关重要，人类智慧与主动性仍然是人类社会运行与文明创造的瑰宝。

相较于已有研究，本书在以下几个方面进行创新与探索：第一，尽管注意力商品、注意力市场、注意力经济等概念已经并不新鲜，但是鲜有研究从交易过程中的信息不对称来解析注意力商品的属性。这一理论视角的创新，不仅丰富问题解决进路上的理论资源，而且也推进了对现实广告交易问题的认知深度与解决效率。第二，在数字广告交易问题已有研究中，习惯将问题单独拎出来，进行逐个分析与突破，导致我们的研究视野与解决对策也被人为地切分为不同象限中的问题，而这些问题背后可能就存在关联，本书就将信息摩擦作为串联数字广告交易问题的"线"，我们会发现零散的问题背后都有着密切的关联，而牵一发，可以动全身。第三，本书在分析方法上并没有止步于对经验材料的简单收集整理与描述性分析，而是将资料进一步"精加工"，将文献、案例及访谈中的交易情况提炼为主体的博弈策略、行动者模型的关键变量，从而进行演化博弈分析，掌握从微观的交易行为到宏观的市场运行之间的链接机制，获得解释力上的突破。其中，治理参数的融入与治理效果的探析，可供数字广告治理实践参考。

在更广泛意义上来看，本书的理论探索也试图为广告理论创新提供新的见解。科学哲学家卡尔·波普尔（Karr Popper）曾言："理论是一张网，捕捉我们称作世界的鱼。"在这个时代，信息不对称的表现之一为信息过剩。知识生产的繁荣，并不代表智慧的增加、理解的进步。人们反而会更容易被现象牵着鼻子左右奔走。广告本身就是知识密集、知识体系繁杂的领域，人们想要通过广告影响他人的购物决策，进而获取商业利益；每个机构都将对广告活动进行加工、包装，将广告知识品牌化为自己的工具，从而赢得客户的青睐。

技术的涌入，撕开了相对稳定的专业知识领域，眼见它起高楼、眼见它楼塌了，技术如同鲇鱼一般，搅乱了市场的稳定结构、利益关系，激活了机体的愈合机制。无数的主体涌现出来，无数的机会涌现出来。数字技术成为传统广告人的知识盲区。随着营销技术专家、数据工程师、算法工程师、深度学习专家的加入，广告领域的知识增长已经超越人类认知的极限。

广告知识层出不穷，令人眼花缭乱，太多的新信息、太多的新知识甚嚣尘上，已经很难窥见广告的真面目，很多领域甚至欲割裂与广告的联系，赋予其新的说法与概念。广告领域的工作也逐渐被替代，怎么透过繁芜的现象理解广告活动的本质？公众与广告行业的关系面临着怎样的调整？在不久的未来，广告人还会是广告活动的深度参与者与策划者吗？还是退回到协调者，确保技术的工作不偏离人性的轨道？或许成为 AI 的合作者与管理者？如果技术是一切问题的答案，那么问题是什么？本书关于广告的存在价值及交易属性的探索，就是在试图找到那个"问题"。

本书的完成基于笔者长期对数字广告治理的观察、调研与思考，也得益于相关领域学界前辈与专家的指引与点拨，以及志同道合者的交流与启发。在本书的撰写过程中，笔者所指导的硕士研究生李黎与钟咏欣对于第 3 章及第 8 章的部分内容亦有所贡献。

目 录

第1章

数字广告发展与治理

数字经济，作为继农业经济、工业经济之后又一深刻影响和改变人类经济社会发展模式的重要经济形态，是我国经济转型发展的重点。数字广告不仅是数字经济的重要组成部分，也因其活动卷入多元主体与海量数据而对数字经济的生产要素、生产力、生产关系产生多重连锁效应。数字广告产业生态的健康发展，牵动着我国数字经济的高质量发展，关系着我国在数字时代的经济活力与全球竞争力。

作为全书的开篇，本章紧密围绕数字广告"发展"与"治理"这一对概念展开。数字广告飞速发展，涌现出许多亟须治理的新问题。高水平治理方能推动数字广告高质量发展，而技术带来的高不确定性，致使广告治理的预见性与可控性不断减弱，广告治理一直处于"正在进行时"，边发展边治理。本章首先梳理并界定数字技术与广告等相关概念；其次，从发展历程、产业增长模式以及经济连锁效应三个层面描摹我国数字广告发展概貌；最后，结合我国数字广告发展过程中涌现的新问题及其治理手段展开讨论。

时至今日，人们疲于谈论广告。

无论是用户对广告的刻意回避与负面评价，还是业界对外界质疑的应激反应，"广告"仿佛从很多领域自动隐匿、消声，只有在回顾历史时才有机会以"老物件"的身份露面。这种急于划清界限的方式带来行业发展与研究的断层。业界关于广告的讨论，迫切地想要呈现与过去不同的"新"，而回避其本质，甚至为了树立自己的"护城河"，不惜自造概念、方法论与理论。整合营销理论提出者唐·舒尔茨教授曾撰文批评这一定义混乱现象："他们试图把这一领域拆分成不同的具体子领域，而每个子领域又分别有它的支持者、理论专家、实践者和定义者。这就是使得混淆和困扰在不断增加。"（Don Schultz，2016）象牙塔中的学者则倾向于稳定、一致与连贯，但声音微弱，经常被诟病迟滞而难以发挥作用。

是连根拔起，斩断广告的根须；还是修剪枝丫，让其老树开花？在新的数字世界里，广告需要被赋予新的名字吗？

1.1 数字时代重新定义广告

1.1.1 数字广告之定义

数字技术是一种通用目的技术，包括硬件、软件与网络通信技术，它是指借助一定的设备将各种信息，包括图、文、声、像等转化为电子计算机能识别的二进制数字 0 和 1 后进行运算、加工、存储、传送、传播、还原的技术。人工智能、大数据、云计算、物联网和虚拟现实等都属于新一代的数字技术（邢小强等，2019）。自 1994 年第一则数字广告诞生，数字技术就开始在广告领域广泛且深入地应用，从广告讯息的展现形式、呈现载体、交互界面到后端的广告传播作业流程，因技术的卷入而发生巨大的转变。

关于数字广告的定义有两种取向：技术取向与媒体取向。前者在定义中倾向于强调数字技术在广告领域的应用，后者则更加关注数字媒体及其所营造的沟通环境。

学者 M. Fan、S.Kumar、A.Whinston 在 2007 年提出数字广告的定义，即"以数字格式存在并通过互联网传播的付费促销信息"。这一定义刻画了数字化讯息及网络化传播，当然受限于当时数字广告发展水平，关于技术的表述过于基础与简单，未能揭示数字广告的更多特征。2021 年，上海市广告协会发布的数字广告标准系列《数字广告总则》将数字广告定义为："建立在计算机技术和网络技术的基础上，将广告信息由计算机二进制编码存储和表现，通过数字信号传输，可实现精准推送、实时交互通信和反馈的广告形式。"这一定义在体现数字技术在广告信息的生产、存储、传输、运算上的应用之外，也体现了其能达到的效果——精准推送、实时通信与反馈。

媒体取向的数字广告定义并不刻意强调数字广告技术，而是聚焦于数字媒体这一概念，关注数字媒体平台所形成的传播环境与传受关系对广告说服效果的影响。例如，学者 Lee Heejun 和 Cho Chang-Hoan（2019）提出："数字广告是广告主通过数字媒体向消费者传达的说服信息。"数字广告的变迁，确实伴随着数字媒体的发展演变。搜索引擎、社交媒体、门户视频、短视频、电商平台等不同媒体平台的信息呈现、用户类型、联结方式、沟通氛围都影响着广告沟通方式及效果。

学者王静（2022）在综合考察数字广告的传播载体、内容形式、广告效果、交易模式、技术基础及产业属性等维度特征之后，提出："数字广告是在数字技术背景下，基于 5G、大数据、人工智能、云计算等技术，以程序化购买为交易模式，以线上、线下多类型的数字媒介为渠道，以多样化的数字内容形式为载体，以实现全链路营销为目的，能够进行智能化投放与效果实时监测的广告模式。"这一定义融合了上述技术取向、媒体取向，较为全面地呈现了数字技术在广告的前端沟通（数字内容、数字媒介、全链路营销）与后台作业（交易模式、智能投放、效果实时监测）中的广泛应用。

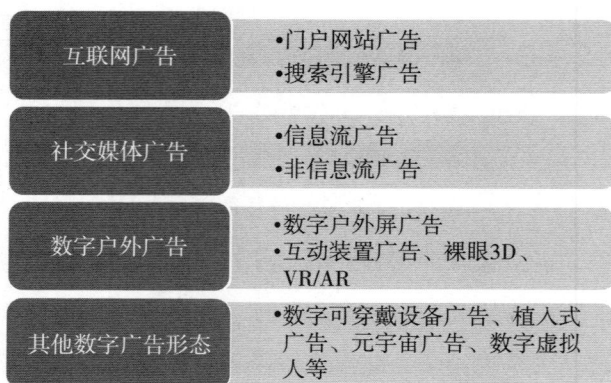

图 1-1　数字广告代表性形态 [①]

1.1.2　广告定义再出发

数字技术带来的并不仅仅是一种新的广告形式，而是作为底层逻辑颠覆了传统广告的概念。重新定义广告，使其能够涵盖数字传播实践中的丰富形式与现象，迫在眉睫。一场关于广告再定义的学术运动也揭开帷幕。

早在 2002 年，数字广告发展的早期，学者 Richards 和 Curran 在文章《预言未来广告，搜寻一个定义》中提到，由于新媒体技术的介入，作为实践性强的广告在过去几年已经发生根本性的变化，但是"我们教给学生的定义已经过时。广告的定义已经难以涵盖实践的变化，一些在过去看来理所当然的表述在如今看来已经发生改变"。两位学者进一步指出，如果不对定义进行调整，广告这一术语将会消失，于是，开始呼吁修改广告定义。他们基于德尔菲法的研究提出了广告的新定义："由一个可确认的来源，设计用来说服接收者现在或将来采取某种行动的基于媒介的付费传播形式。"（Advertising is a paid, mediated form of communication from an identifiable source, designed to

---

[①]　图表参考：王静，邢饶佳，张猛. 数字广告：概念，特征与未来［J］. 中国广告，2022（10）：68–73.

persuade the receiver to take some action, now or in the future.）

这一定义仍然保留了美国市场营销协会（AMA）1960 年广告定义的基础要素——"可确认的""基于媒介""付费"。相较于过去，这一定义没有使用过去定义中的"赞助者"（Sponsor），而是采用信源与接收者的相关表述，表明双方并不是简单的买卖关系，任何组织都可以做广告，接收者也不是简单的受众或消费者。行动导向的效果诉求不局限于当下，也没有限定于购买行为上。作为被广泛使用的广告定义，这一概念被沿用多年。

随着数字技术与数字媒介的进一步发展，越来越多的品牌参与到用户的数字生活与消费社群之中，用户创作的内容、人际传播声量也对品牌传播效果产生影响。学者开始意识到，基于大众传播时代信息分发模式的广告定义已经到达终点。

2015 年昆士兰科技大学的 Gayle Kerr 和密歇根州立大学的 Jef Richards 两位教授基于 2002 年 Richards 和 Curran 的广告定义，在 2014 年 10 月至 2015 年 6 月针对全球 18 位学者和业界专家发表了一篇题为《广告定义的德尔斐研究》（*Delphi Study on the Definition of Advertising*）的论文，并提出另一个新定义："广告是由一个可确定的品牌，利用付费媒体、自有媒体或者可拥有的媒体，意图劝服消费者在现在或者将来形成认知、情感或者行为上的改变的传播。"这一定义拓展了广告媒介的范畴，付费不再是必要条件，广告主可以借助自有媒体或者社交媒体来进行免费的传播。此外，该定义也拓展了效果的维度，即除了行动之外，广告对于消费者的情感变化也被视为广告的关键效果。

2015 年，学者 Carlson 在论文《历史的、结构的以及品牌资产的思考》（*Historical, Structural and Brand Equity Consideration*）中呼吁挑战现有广告定义。2016 年，斯德哥尔摩经济学院学者 Micael Dahlen 和 Sara Rosengren 在广告学术期刊 *Journal of Advetising* 发表论文《如果广告不死，会变成什么样？关于广告的工作定义》（*If Advertising Won't Die, What Will It Be? Toward a Working Definition of Advertising*），对重新定义的提议进行回应。基于新的

媒体与广告形式持续涌入、与广告相关的消费者行为变化以及对广告拓展效果的逐渐认可这三个方面的变化，他们提出了新的广告定义——"品牌发起的意图影响人们的传播"（Brand-initiated communication intent on impacting people）。这一定义将广告的边界拓宽到广告、公关、促销、直复营销、个人销售等营销传播领域。

北京大学陈刚教授和潘洪亮 2016 年提出的广告定义为"一个可确定的来源，通过生产和发布有沟通力的内容，与生活者进行交流互动，意图使生活者发生认知、情感和行为改变的传播活动"。这一定义强调了广告是与生活者沟通交流，是嵌入到生活者的日常生活场景之中的互动，并没有刻意地强调媒体形式。

关于广告未来图景，整合营销传播（IMC）理论提出者 Don E. Schultz 在 2016 年的文章《广告的未来及其可能性》指出，随着可获取即时信息的途径越来越多、消费者的说服知识的增长，以及多种产品选择与资源将会颠覆卖方主导的传统供应链商业模式，取而代之的是需求链模式，商家开始提倡"互惠互利"与"价值共享"的商业关系模式。商家帮助有需求的消费者找到真正所需，解决其问题，为他们的生活提供便利的同时来实现销售目标，而不仅仅是销售所生产的产品。

伴随大众广告与大众传播模式的衰减，媒体将致力于为更小的客户群体服务，吸引特定的广告客户。大量的行为纵向数据作为广告分析的素材，将改变广告的评估与预测能力，以及将会促进行为经济学理论进入广告领域。Schultz 提出到达这一理想图景的三种可能路径：渐进适应式、买方主导式、技术再造式。

沃顿商学院开发的未来广告项目 Wharton Future of Advertising Program （WFAP）提出"超越广告"，未来广告将继续存在，但是它将看起来完全不同。广告被定义为"协助品牌在所有的接触点上为客户创造价值"（Creating Customer –Value Through All Touchpoints）。

"重新定义广告"被反复提上日程，这与数字技术快速变化迭代紧密相关。

伴随着数字化、社交化、移动化、泛联化、程序化、智能化等数字技术的逻辑持续不断地深入演绎，区块链、NFT、数字虚拟人、AR/VR、AIGC 等前沿技术已经在数字广告领域开始应用，未来的广告形态、体验及背后的流程将会进一步突破。在过去三十年，技术推动着广告业轮盘加速旋转，固守传统思维的人与组织被不断"甩出"，淘汰出局。广告定义研究倘若一味地追逐变化，必然力不从心，把握转盘的"轴心"才是研究之要义。在上述学者的广告再定义之中，"价值"二字逐渐浮出水面，无论是为广告主创造价值（有利于广告主的认知、情感、行为转变），还是为用户创造价值（为消费者找到真正所需，解决需求，便利生活），价值被频频提及。无论技术如何变换着广告的面貌，价值创造才是广告不变的内核。

1.2　数字广告的发展概貌

1994 年，美国著名的连线杂志（*Wired*）推出 hotwired.com 网站，其主页上开始刊登 AT&T、IBM、VOLVO 等 14 个客户的横幅广告。全球第一则数字广告就是 AT&T 投放的可点击的横幅广告——"YOU WILL"，当时这则广告的点击率达到了 44%，人们对于这一新颖的互动形式非常好奇。

自此，数字广告不断拓展其形式、疆界、想象力与影响力。

1.2.1　数字广告的发展历程

根据数字广告市场的成长速度与节奏、市场地位、临界点及规律，将其发展历程划分为三个阶段：

1. 蓄力增长阶段（1994—2000 年）

继全球第一则数字广告诞生后，1996 年，惠普公司又推出了第一个富媒体广告。在这一时期，除了不同尺寸、媒介形态的展示类广告之外，许多网站还探索了不同的广告弹出形式、关键词广告、电子邮箱广告。此时改变只是发生在广告形式与媒体选择等表层活动，且数字广告的市场份额虽然保持着较高的年均增长率，但因仅占据整体广告市场的很小比例，所以不成规模。据互动广告局（Interactive advertising Bureau，IAB）统计，在线分类广告收入从 2000 年前六个月的 2.05 亿美元增加到 2001 年同期的 5.64 亿美元，增幅为 176%。

随着互联网经济泡沫的破灭，美国纳斯达克指数从 2000 年的历史最高点 5048 一路跌到 2002 年的 1114，整个股市市值蒸发了 2/3。很多互联网科技企业市值直线下滑，超过一半的互联网企业从市场上消失，一直到 2004 年前后，不到一半的企业才从这场泡沫破灭的冲击中勉强恢复过来，其中包括亚马逊（Amazon）、谷歌（Google）和易贝（Ebay）。其间，数字广告也遭遇了网络经济泡沫破灭的影响，但很快便从网络经济的复苏中腾飞。

2. 加速崛起阶段（2001—2010 年）

互联网日益增强的互动特性，使得用户不仅仅在网络空间中接触到海量信息，也可以主动创作并传播内容，与更多的人交流与对话。这一时期开始进入到即时通信、社交媒体和在线视频的时代，国外平台如 MySpace、Facebook、Twitter、YouTube，国内平台如开心网、人人网、微博、优酷、土豆等，均发轫于这一时期。社交媒体和在线视频网站汇聚了大量的用户与流量，许多企业在这类媒体网站上投放广告，增加广告曝光。不仅如此，越来越多的企业注意到用户创作内容的主动性，开始借助用户的参与来营造更多的关注。此时，改变已触及广告的传播沟通模式，用户的主动性被视为风险，亦被视为机会。这一时期，数字广告市场保持着更高速度的增长。以中国数字广告市场为例，2001 年至 2010 年十年间，市场规模从 5 亿元增长到 321.2 亿元，年均增长率高达 158.8%。[①] 简单来说，数字广告市场以平均每年"孵化"一个半自己的速度快速成长。

---

① 数据来源：艾瑞网络广告年度报告公布的广告收入数据。

3. 超越颠覆阶段（2011 年至今）

真正颠覆性的变化发生在 2010 年以后。2012 年，谷歌的广告营收规模已经达到知名广告传播集团 WPP 的三倍，成为令广告机构胆战心惊的竞争对手。2013 年，美国数字广告总营收达到了 428 亿美元，首次超过传统电视广告总营收（401 亿美元）。[①] 到 2017 年，全球数字广告收入占据广告市场的 41%，首次超越电视广告（占比 35%）。[②] 2014 年，数字广告营收对电视广告营收的标志性超越也在中国广告市场上演。[③] 随后一年，中国数字广告市场规模已经超过四大传统媒体行业的广告收入之和。[④] 一直到 2021 年，全球数字广告规模达到 5210 亿美元，略低于半导体行业的 5559 亿美元，依然保持 29.9% 的高增长率。

数字广告是广告产业高质量发展的升级形态。全球数字广告支出占整体广告市场的比例逐年提升，2019 年超过 50%，2021 年达到 63.6%，2022 年提高到 2/3。从全球范围来看，中国与美国是数字广告市场的领导者，两国共占全球数字广告市场份额的 63.8%。2021 年美国数字广告总支出为 2112 亿美元，增长 38.3%，占全球的 40.5%。我国在过去一段时间实现了快速追赶，2012 年数字广告支出仅为美国的 1/4，2021 年上升到近六成，达到 1214.6 亿美元，占全球的 23.3%，是全球第二大数字广告市场（见图 1-2）。

---

① 数据来源：Interactive Advertising Bureau/PwC, Internet Ad Revenue Report, 2013。

② 数据来源：MAGNA| Data for 2017 and beyond are forcasts。

③ 数据来源：清华大学新闻与传播学院，《传媒蓝皮书：中国传媒产业发展报告（2015）》，社科文献出版社。

④ 数据来源：中国社会科学院新闻与传播研究所，《新媒体蓝皮书：中国新媒体发展报告 No.7（2016）》，社科文献出版社。

（亿元）

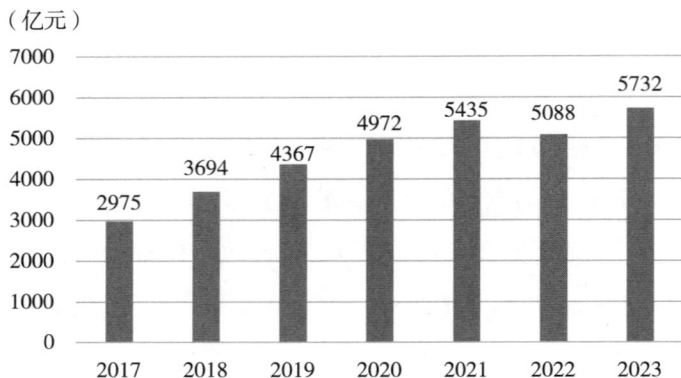

图 1-2　2017 年至 2023 年中国数字广告总体收入 ①

经历了三十年的发展，数字广告由形式到模式，再到范式，由浅入深、由表及里地改变着数字广告市场乃至整个广告市场。学者李海容将数字广告划分为三个阶段：互动广告、程序化广告、智能广告，其所具有的特性，从最开始的互动性逐渐到程序化广告的互动性加自动化，再到智能广告阶段的互动性、自动化、生成式（如图 1-3）。

图 1-3　数字广告的特征变迁

从数字化、网络化、移动化、大数据到物联网、虚拟现实、5G、人工智能，应用于数字广告领域的技术虽快速更迭，但归根到底，这些技术均属于"以任意对象的数字化、普遍连接、海量信息储存和计算为基础"的数字技术群落（胡贝贝等，2019）。由大数据、算法模型与智能决策构成的计算广告技术已跃升至这一技术群落发展的前沿，推动广告产业朝向数据密集型、技术

---

① 中关村互动营销实验室 .2023 中国数字广告数据报告［R/OL］.（2024-01-08）［2024-01-31］. https://mp.weixin.qq.com/s/7z_CNW9SxjVT3i7XYO2gXQ.

密集型方向发展。随着数字技术的大量涌入，曾令广告代理商引以为傲的专业城墙不断陷落，专业经验与计算技术之间的冲突愈加激烈，融合也愈加迫切。此时，改变不仅仅局限于微观层面的传播过程，而是蔓延至广告的作业后台、中观的产业范式，这一改变决定着产业价值由谁来创造，产业利益由谁来获取。

1.2.2　数字技术驱动广告业增长的主要模式

克劳德·霍普金斯在《科学的广告》（1923）中讲述了这样一个故事："小时候居住的地方有条湍急的河流，当地人依靠河水的力量经营着一家磨坊。但是这些古老的方法却有很多弊端，河流大部分的潜能都被糟蹋、浪费了，利用到的只是一些细枝末节。有人对小河进行了科学处理。将河水引入涡轮然后通过发电机发电，不需要更多的河水和能源，这条小河产生的电力就足够维持一家大型制造厂的正常运转。"[①] 霍普金斯感叹道，广告预算就如河水的潜能，明明可以发挥更大的效用，却因为技术落后而被糟蹋、浪费。

技术的进步是释放潜能的关键因素。在产业经济学中，"技术进步与知识创新"被视为全部生产要素中除了劳动力和资本投入之外使经济增长的因素。技术的进步以及随之而来的认知升级带来的不仅仅是简单增量，而是指数级的叠加影响，各种经济资源利用效率的综合提升。

技术之于市场，以渗透力、创新力以及规模化三种驱动机制，推动了广告行业增长模式的"变轨"。在以技术为底色的数字广告市场生态中，无论是广告主还是媒体，甚至是用户，均从资源的利用效率与水平提升中获益，实现了更佳的运营状态与生活状态。

1. 数字技术渗透广告业的前端与后台

在过去的大多数时代，技术只是广告舞台上不起眼的"配角"。

回顾广告业的发展历程，技术的焦点往往停留在广告创意表现与展示层

---

① 克劳德·霍普金斯. 科学的广告［M］. 长春：北方妇女儿童出版社，2016.

面，主要作用于广告主与广告受众的沟通界面。在最初数字广告的蓄力发展时期，广告技术也是如此——聚焦于广告创意的多媒体呈现，例如横幅广告、富媒体广告、文字链广告、音视频广告，支持各种尺寸、媒介形式、交互形式。如今，这一技术路径仍然在不断创新，如物联网技术、虚拟实景技术、实景增强技术、混合现实技术、元宇宙、数字虚拟人等，不断带来新奇的广告体验，但这并不是广告数字化的全部。

如今，数字技术已经渗透至广告作业活动的后台，凭借数据、算法与深度学习等人工智能，自动化地完成从用户画像、广告创作、投放执行及效果优化等一系列广告作业活动。技术成为辅佐乃至替代广告专业人才的智能行动者。而它不眠不休地分析、计算、决策与行动，推动广告交易实现"精准化""个性化""定制化""千人千面"，实现对每个用户的注意力资源的碎片化交易，自动调整广告交易的形式、内容及频次，追踪广告交易的效果，优化交易策略。

图 1-4 展示了基于数字技术的个性化广告推荐系统的工作机制。该推荐系统由输入模块、输出模块、个性化推荐模块三个模块构成。输入模块主要由来自用户客户端的数据和来自广告主的广告数据构成。用户的背景信息、浏览历史及行为数据被广泛收集与分析，用以提取用户的兴趣与偏好，基于多元推荐算法（协同过滤、上下文推荐、混合推荐、点击率预测等）将用户兴趣与广告信息进行匹配之后，传递至用户。广告信息推送至用户之后，并不代表广告流程就此结束，而是进入到广告循环之中。用户对广告信息的反馈行为数据（浏览时长、点击行为、转发评论行为）等都会被系统继续收集，用以形成对广告推荐的效用评价，进行触点归因，优化后续的推荐行为，如动态调整广告创意、广告推荐频次控制。

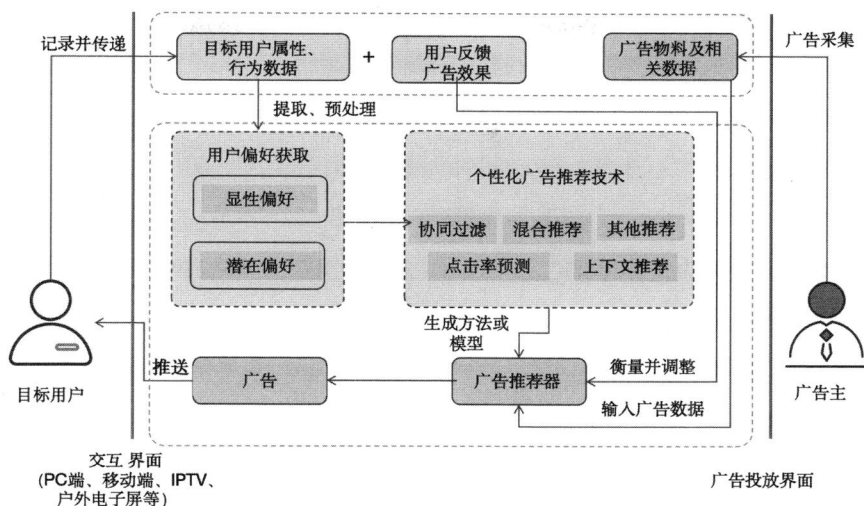

图 1-4 个性化广告推荐整体框架 [①]

伴随技术渗透程度的不断加深,直至广告活动的细枝末节,绝大多数的广告活动被机器所接管,而将人从广告的"生产线"中解放出来。广告行业将只留下为数不多的人类岗位,承担着督促技术驱动下的广告沟通为人性服务、规避技术风险的功能。

2. 数字技术翻新着广告传播的方法论与工具

伴随数字技术不断向广告行业渗透,数字技术的演变逻辑与更迭速度也主导了数字广告行业的变化节奏。英特尔创始人之一戈登·摩尔凭借自身的观察及经验提出,集成电路上可以容纳的晶体管数目大约每经过 18—24 个月便会增加一倍。这一速度被业内所认可并奉为"摩尔定律"。信息技术领域的发展速度也驱动建构其上的数字广告知识快速更新换代。

哈佛大学数学家萨缪尔·阿布斯曼认为,旧知识逐渐被淘汰的现象,就如同放射性物质在发生衰变。放射性物质半衰期指的是这种物质的所有原子的一半发生衰变所需要的时间。科学家也用半衰期来形容某一领域的所有知

---

① 张玉洁,董政,孟祥武.个性化广告推荐系统及其应用研究[J].计算机学报,2021,44(3):33. DOI:10.11897/SP.J.1016.2021.00531.

识中一半被淘汰的时间，称之为知识的半衰期。知识的半衰期指标定量地表征某一领域旧知识的消失速度，也说明曾经被验证有效或正确的知识及规律，经过一定的时间就有可能变成无效或者错误的。根据一般性的统计，计算机领域知识的半衰期大约为 1—1.5 年，而技术知识的半衰期约为 3 年，职业知识的半衰期是 5 年，大学知识的半衰期为 10 年，中小学知识的半衰期为 20年。如果按照一般性统计，广告知识作为职业知识的半衰期为 5 年左右，而当广告行业纳入数字技术之后，信息技术进步的速度也左右着数字广告行业的节奏。

数据传输的速度影响着我们使用的媒介形态以及与其共生的数字广告形态。以移动通信为例，在 2G、3G 时代，数字广告的主要形式是图形、文字或富媒体，微信等即时通信应用便是诞生于 3G 时代。进入 4G 时代，网速开始加快，网络传输可以加载更多的信息量，如短视频、流媒体，4G 时代的发展红利被抖音等短视频平台收割。进入 5G 时代，毋庸置疑，网络速度将会变得更快，物联网也将会更加普及，进而导致更多的信息库数据产生，数据成交量将会一下增大，数字广告进入真正的大数据广告时代。直播带货、元宇宙、数字虚拟人、AIGC 等技术相继涌现，与之相应的营销传播工具、方法论也随之升级换代。

从最开始的广告尺寸、位置、沟通形态的量级涌现，到如今媒体裂变分化、运营迭代及热门操作的"年抛型"翻新，技术加快了广告行业的奔跑节奏，也加深了广告从业者的知识焦虑。随着技术的快速涌入，广告业的经验传统与数字技术之间冲突加剧，融合需求也愈加迫切。企业及产业的价值创造能力表现为"协调不同生产技能与有机结合多种技术流派的积累性知识"（Prahald & Hamel，1990）。知识创新是介于技术创新与能力重塑之间，决定二者转化效率与效益的关键过程（徐建中、李荣生，2011；约翰·齐曼，2002）。无论是填补自身差距，还是外建合作网络，广告产业主体正通过多种方式克服认知惰性，适时主动地接受与吸收异质性资源，搜寻创新机会，重塑价值创造能力。

3. 技术卷入更多利益相关者参与广告

数字广告技术的引入给整个广告交易体系中的主体带来了利益的提升，例如，广告主 / 商家获得更加充分的广告营销决策支持；广告媒体因数字广告技术获得更高的广告运营效率；用户节省了时间与精力，降低了消费决策的不确定性风险，不用被不需要的商品广告所围攻，获得更佳的广告体验与消费体验。当广告交易中的利益相关者皆因数字广告技术而获益，以数字为底色的数字广告生态就此形成。

数字广告交易不仅给原有广告交易主体创造了更多价值，更大的变革性是大幅降低广告投放的门槛，吸引了更多非传统广告交易参与者的入场，赋能中小媒体从业者、自媒体从业者、中小规模的广告主、初创品牌。这些曾经被传统广告市场排除在外的玩家以数字广告技术为支点撬动整个市场。尤其是在中国市场上，随着渠道向三线到六线城市下沉，低线城市的广告主开始重视并掌握数字广告营销的技法，这将进一步驱动数字广告长尾市场的延伸。

近年来，中国市场涌现了许多新兴平台，它们凭借数字广告技术在市场上迅速崛起，成为抢夺市场领导者品牌的"鲇鱼"。较多新锐品牌的崛起是依托相关平台而流行的，如"淘品牌""抖品牌"分别为依托淘宝、抖音平台萌发、生长的品牌。"淘品牌"是淘宝商城（即天猫）推出的基于互联网电子商务的品牌概念，指"淘宝商城和消费者共同推荐的网络原创品牌"，裂帛、膜法世家、三只松鼠等是淘品牌的典型代表，它们诞生之初即与"淘宝"这个电商渠道强绑定。随着抖音的崛起，一批"抖品牌"逐渐占据用户视野，新锐品牌 Ubras、纽西之谜皆以抖音电商平台作为重要销售渠道，依托视觉化呈现打造品牌形象。

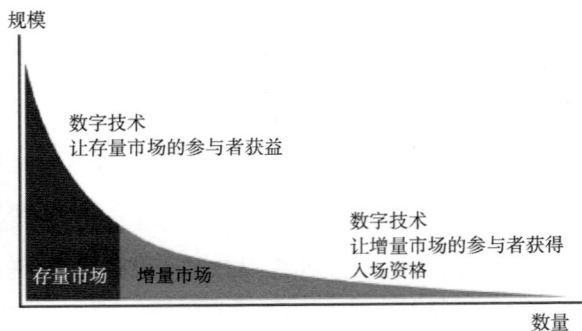

图 1-5　数字技术惠及传统市场主体与长尾市场主体

当技术从广告行业的浅表深入肌理，提高整个行业的新陈代谢率，并使得更多利益相关者从中获益，技术之于广告行业的驱动模式就此形成（见图 1-6）。

图 1-6　数字技术驱动广告增长的主要模式

1.2.3　数字广告在经济中的连锁效应

数字广告是数字经济的重要组成部分。我国国家统计局在 2021 年印发的《数字经济及其核心产业统计分类》中，把数字广告列为数字经济的核心产业。著名广告学者威廉·阿伦斯（William F. Arens）将广告的经济效应比作台球的开杆："广告对于经济的作用犹如台球的开杆，企业从开始做广告的时候起，经济上的连锁反应便开始发生。连锁反应的结果虽然难以预料，但是一定与'击球'的力量有关系。"数字广告所引起的连锁经济反应在我国经济社会构建新发展格局、实现高质量发展的过程中发挥着关键且特殊的连锁效应。

1. 数字广告是产业数字化转型的起点

数字广告投放作为企业的重要经济活动，也是其从外部接触数字技术的重要机会与渠道，尤其是对中小企业来说。中小企业是支撑国民经济和社会发展的"生力军"，也是扩大就业、改善民生的"压舱石"。中小企业的数字化转型也在很大程度上影响了中国整体产业的数字化转型。

腾讯研究院发布的《2022 中小企业数字化转型发展报告》指出，营销数字化转型是较多企业选择开启数字化转型的第一步。随着越来越多的传统企业、中小企业开始业务的数字化，对数字化营销的需求也将获得爆发式增长。①

由此可见，数字广告投放是中小企业借助外部数字广告技术升级迭代自身营销水平，实现营销数字化转型最重要的契机。这一局部的数字化转型也会产生连锁效应，推动业务的数字化转型，继而也会进一步刺激数字化营销的需求。

调查显示，中小企业囿于管理层数字营销意识、专职数字营销人才缺乏、营销投入有限等原因，在数字化营销方面也遇到不少现实困难，11.9% 的调查者反馈数字化营销成本的走高是其在数字化转型中所面临的主要困难。超过 50% 的企业希望获得数字营销的系统、平台、工具支持，以及流量、获客支持，这成为中小企业最强烈的呼声。

2. 数字广告是互联网科技公司收入的主要来源

新一代信息技术的研发需要投入大量人力、物力和财力，是一个长期且持续的过程，多数企业难以支撑。广告业务为关键数字技术研发和落地提供了有效牵引，是其需求之源。

广告业务为高科技提供了丰富的应用场景，是 5G、人工智能、区块

---

① 数据来源：腾讯研究院，《2022 中小企业数字化转型发展报告》。

链、虚拟现实和半导体等技术的变现途径和物质保证，是数字经济发展的基石。它不仅成就了谷歌、脸书、亚马逊等科技公司，还催生出一批广告科技（AdTech）公司，诸如 Magnite、PubMatic、Digital Turbine、TechTarget、The Trade Desk 和 Criteo 等，成为孕育独角兽企业的热土。

全球五大科技公司平均有 41% 的收入来自广告，同时保持着高速增长，2021 年平均增速达到 78.7%。可以说，没有广告，就没有科技巨头。2020 年，我国五大互联网科技公司（腾讯、阿里巴巴、美团、拼多多、京东）平均有34.2% 的收入来自广告，十大互联网科技公司平均有 28.9% 的收入来自广告。其中，拼多多、百度、阿里巴巴和快手的广告收入占比较高。2022 年，在数字广告市场收入排名前十的参与者[①]中，阿里的客户管理收入占比已逐年减少到 1/3 左右，百度、快手、微博的网络广告及营销收入占比均达到 50% 以上，而拼多多则高达近八成。[②]

表 1-1 2023 年中国数字广告收入排名前十的企业[③]

排　名	TOP10企业	梯　队	收入规模
1	字节跳动	第一梯队	1000亿元以上
2	阿里巴巴		
3	腾　讯	第二梯队	500亿—1000亿元
4	百　度		
5	快　手	第三梯队	100亿—500亿元
6	美　团		
7	京　东		
8	拼多多		
9	小　米		
10	微　博	第四梯队	100亿元以下

① 数字广告市场前十的参与者依次为阿里巴巴、字节跳动、腾讯、百度、京东、美团、快手、小米、拼多多、微博。
② 数据来源：中关村互动营销实验室，《2023 年中国互联网广告数据报告》。
③ 数据来源：中关村互动营销实验室，《2023 年中国互联网广告数据报告》。

3. 数字广告是内容创作者收入的主要来源

内容创作者是互联网行业的主要参与主体，其创作的内容支撑互联网内容经济的繁荣。虽然没有整体的统计数据，但是我们可以从各个领域、各个平台洞悉不断壮大的内容创作者队伍。《2019 中国数字阅读白皮书》数据显示，中国数字阅读内容创作者规模继续扩大，已达到 929 万人。[①] 快手大数据研究院发布的《2020 快手内容生态半年报》显示，自 2019 年 7 月至 2020 年 6 月，3 亿用户在快手发布作品，直播日活用户量超 1.7 亿，其中 70% 为 30 岁以下的青年群体。[②] 2019 年，微信公众号平台的创作者数量已超过 2000 万。而今日头条平台创作者全年共发布内容 4.5 亿条，累计获赞 90 亿次；创作者中粉丝量超过 10 万的账号有 13 万个，比 2018 年增长了 93%；另外，仅 2019 年就有 1825 万用户首次在头条创作。而哔哩哔哩弹幕视频网站的月均活跃 UP 主[③] 数量达 180 万，月活用户量已达 1.72 亿。[④] 微博发布的《2021 创作者收益报告》显示，创作者收益基本上是由广告代言、用户付费、电商、平台补贴；2021 年，近 300 位创作者在微博的广告代言收入超过 100 万元，近 5000 位创作者在微博的广告代言收入超过 10 万元。[⑤] 值得注意的是，用户对广告的态度也因内容创作者的"中介作用"而发生了微妙的变化：在哔哩哔哩弹幕视频网站，用户对于一些视频 UP 主植入广告的态度从一反常态的抵

---

① 新华网 . 2019 年度中国数字阅读白皮书：中国数字阅读用户总量达 4.7 亿［N/OL］.（2020-04-23）［2023-01-20］. http://www.xinhuanet.com/politics/2020/04/23/c_1125893446.htm.

② 搜狐网 . 2020 年快手内容生态半年报［EB/OL］.（2020-07-23）［2023-01-20］. https://www.sohu.com/a/409638417_665157.

③ UP 主，源自日本的网络流行语，即上传者（uploader），指的是在网站、论坛、ftp 站点等上传音视频文件的人。

④ 刘胜枝，李俞晨 . 网红之路漫漫：互联网内容创作者群体研究［EB/OL］.（2020-11-05）［2023-01-20］. https://36kr.com/p/954594762946184.

⑤ 南早网 . 微博发布 2021 创作者收益报告 让优质创作者实现商业价值攀升［EB/OL］.（2022-01-29）［2023-01-20］. https://baijiahao.baidu.com/s?id=1723274904870164087&wfr=spider&for=pc.

制转而拥护，纷纷在弹幕打出"恭喜恰饭"字样。① 这种现象在某种程度上也代表了用户对广告价值的认可。越来越多的广告主选择通过自媒体博主来投放品牌内容。根据秒针系统发布的《2021 社交及内容趋势报告》与《2021 KOL 营销趋势白皮书》，近八成成熟广告主增加了社会化媒体营销的投入。

4. 数字广告为用户消费决策提供便利

数字广告通过精准匹配，使广告信息更加符合用户的需求，节省决策时间，刺激消费。从用户角度来看，数字广告的发展改善了广告的体验，广告从干扰的存在变成了有用的存在，进而降低了用户的抵触心理，增进了广告的信息服务属性。

数字广告对营销流程的追踪、承接、预测与缩短，缩短了消费者营销决策的时间，促进了消费的发生，清除了消费的堵点与梗阻，及时将消费端的需求反馈给生产端的供给，有利于我国经济新格局中的内循环构建。数字广告也通过精准分析与算法推荐，引导消费升级，满足人民对美好生活的向往。

整体来看，数字广告让广告从媒体上的信息填塞转变为个性化的广告服务，从而使广告营销的价值被放大。在调查过程中，我们发现一些用户甚至愿意将自己的数据信息授权给平台的广告算法，使其更好地为自己的营销决策服务。

综上所述，数字广告与经济社会的多层嵌入与交互影响，使数字广告在推动国民经济发展中的角色与功能非同一般。它不仅是数字经济的核心产业，还是互联网科技公司收入的主要来源，也是企业数字化转型的重要推手，可为关键数字技术研发、落地提供有效的牵引，为高科技提供丰富的应用场景。数字广告作为刺激经济发展的起始环节，将会在经济层面引发多层次的后续效应。对于国家宏观调控来说，利用数字广告这一着力点，能够使国家宏观调控效率更高，从而达成事半功倍的调控效果。

---

① 吴雨璟. 刷屏的"恭喜恰饭"：我们为什么不再回避广告？［J/OL］.（2022-01-18）［2023-01-20］. https://zhuanlan.zhihu.com/p/459173635.

1.3　治理：经济社会跨越式发展的关键

20 世纪 90 年代以来，治理成为国际政治和经济领域的流行词汇，尤其是在经济学、政治学和管理学领域（俞可平，2002）。近年来，欧美关于治理（Governance）的思想及理论被引入中国，得到越来越多的关注与讨论。在中文语境中，Governance 有时也被翻译为"治道"。道，即方式、方法；治道，即治理方式与方法，强调的是治理者运用公共权力的方式、方法与手段，在各种不同的制度关系中引导、规范和控制公民的活动，从而最大限度地增进公共利益（徐勇，1997）。

因此，治理关心的不是内在依据、规则或者原则，而是公共或私人机构与个体管理共同事务的方式方法，从而使得彼此之间的利益冲突得以调和。

1.3.1　当代社会治理的挑战与意义

治理方式与手段同治理的复杂程度紧密相关。在古代社会，治理相对简单与专制，统治者只需要按照某种相对既定的规则来运作权力，不需要对体制、形式做太多的变动与调整。

进入现代工业社会，工业快速发展，市场经济成熟，人口聚集形成大规模城市，公共事务大量增多，如何有效运作公共权力、妥善处理公共事务，成为限制现代社会进一步发展的关键问题。工业社会所孕育的治理思维与方式也体现了这一时期的社会特征——清晰指令、明确分工、自上而下的治理方式。这一治理方式缓解了公共事务增多所带来的挑战，也被视为解决问题的高效方式。

然而，随着当代社会的持续发展，公共事务变得日益复杂，自上而下的治理方式面临着巨大的挑战。这主要体现在：首先，治理问题变得日益复杂，其中卷入的因果关系扑朔迷离，在很大程度上已经超出了管理者的理性认知范畴，因此，自上而下所拟定的治理方案往往难以应对现实的复杂多变性；

其次，即使治理方案正确、合理，在执行过程中可能会遭遇阻挠，陷入僵局而夭折。

因此，随着公共事务的治理充满着复杂性、不确定性、难以预料性，仅仅依靠自上而下的治理模式已经难以解决问题。

在这一背景下，政府、社会组织及个体之间通过"平等协商、自愿行动的治理—行动者网络"，以互动、灵活的方式协调解决各种社会公共问题，成为当代社会治理的有效形态。政府的角色逐渐从问题的集中解决者转化为利益相关者之间的裁判员与协调人，以掌舵人的方式确保社会这艘巨轮平稳行驶（曾庆捷，2017）。在当下社会，治理不仅仅局限在社会公共事务的处理，更是成为促进经济、社会跨跃式发展，实现弯道超车的重要方式（徐勇，1999）。

1.3.2　超越传统统治的治理

学者将当代的治理（governance）与过去的统治（government）划清界限，并在主体、公共权力的运行方式、合法性、范围等方面进行概念的澄清与区别。首先，在主体层面，统治的主体是社会的公共部门，比较单一，而治理主体更加多元，包括公共部门、企业、社会组织、个体等多元主体。多元主体之间通过合作建立伙伴关系。其次，在公共权力的运用方式上，统治模式的公共权力运行方向是从上而下，而治理模式在确立彼此认同的共同目标的基础上，通过合作、协商、上下互动式的方式进行管理。再次，在合法性层面，统治的合法性来源于国家颁布的具有强制性的法规命令，而治理的权威源自社会对于共同目标的认同与共识。最后，在管理层面，统治对应的范畴是民族国家，而治理可以跨越疆界，在更大范围内达成共识。

作为超越统治的新概念，治理在不同学科体系内都有发展，表现出多元形态，有学者对其进行归纳，包括：作为最小国家的管理活动的治理、作为公司管理的治理、作为新公共管理的治理、作为善治的治理、作为社会控制体系的治理、作为自组织网络的治理（罗茨等，2005）。

1.3.3　治理的五项基本观点

尽管如此，不同学科视野下治理也在一些基本观点上达成共识。克里·斯托克（1999）提出了关于治理的五个基本观点，为我们把握治理的核心原则提供了清晰的脉络。

治理的五个基本观点：

（1）治理意味着一系列来自政府，但又不限于政府的社会公共机构和行为；

（2）治理意味着在为社会和经济问题寻求解决方案的过程中，存在着界限和责任方面的模糊性；

（3）治理明确肯定了在涉及集体行为的各个社会公共机构之间存在着权力依赖；

（4）治理意味着参与者最终将形成一个自主的网络；

（5）治理意味着办好事情的能力不限于政府的权力，不限于政府的发号施令或运用权威。

首先，治理主体不再局限于政府这一单一主体，越来越多私营机构、公益组织愿意且有能力参与到治理活动的过程之中，提供服务、参与战略性决策。因此，过去完全由政府承担的责任，如今有了更多主体参与并分担。这一观点并非将政府从治理责任中彻底摘除，而是将政府从琐碎、繁杂、事无巨细的治理事务中解放出来，以专注于更重要的治理角色与期待——掌舵而非划船，即掌握方向，施加影响，进而取得预期的结果。

其次，既然政府不再是单一的治理主体，多元治理主体的卷入构建了关于治理的行动者网络，自主自治，协商合作，成为当代治理的主要形态。政府不是通过下命令或者运用权威来自上而下的控制，而是通过界定局势，考察主要的利益相关者及其动机、资源及目标，建立有效的联系，设计治理机制，动用新的工具和技术来控制和指引集体行为，从而使多元主体主动参与，有效地解决问题，并实现多方共赢的局面。

最后，许多新涌现的经济与社会问题，其解决方案的寻求过程中存在着诸多模糊地带，难以划定责任的边界，边界模糊容易导致逃避责任或者寻找替罪羊的情况。政府需要通过设计治理规则和结构，高瞻远瞩，进行系统管理；充分考虑人类知识和认知能力的有限性，预计其不足，以应对各种不确定性，避免副作用，并对结果保持更加开放的态度；避免过于简单地将问题归咎于某一主体，而是看到其中责任的模糊性，问题解决过程中彼此的依赖性，建立必要的机制以保证协调与效率，从而在整个复杂体系中取得治理的成效。治理本身不是静态的，也需要在实验、学习与适应的过程中提升水平。

1.3.4 对数字广告治理的启示

上述关于治理理念的跨学科探索与观点沉淀，对于数字广告治理体系构建及水平提升也有较多启发。作为数字社会、数字经济治理的重要组成，数字广告治理者面临频繁涌现的新问题、复杂利益关系、系统性风险以及信任危机等重重问题，需要调整治理思路与理念，进行有效治理与高效治理，避免因不当治理而给产业发展带来非预期的伤害。

1. 数字广告治理与发展同行

受底层数字技术快速迭代的协同影响，数字广告形态也在不断地更新、变化，产生新的广告形态、交换关系以及利益分配格局，不断地越过广告现有制度能够协调的范围，导致一些负面问题出现——隐私侵犯、数据安全隐患、信息价值侵害、保护与共享失衡、数据垄断、数据造假、信息鸿沟、算法歧视、消费异化等（李名亮，2020；杨先顺、李婷，2023；高嘉琪、解学芳，2023）。治理成为协调生产关系以适应生产力发展的必要手段，不再是简单地消除负面影响的附属功能。当市场失效、治理失效的时候，数字广告发展面临的将会是整个数字广告生态的崩塌。因此，数字广告治理势必伴随着数字广告的发展，治理水平的高低决定着我国数字广告发展的优劣。正如上文所说，治理是经济社会跨越式发展的关键，而数字广告治理也是我国广告行业实现跨越式发展，以期弯道超车的关键。

2. 超越监管的数字广告治理

从广告监管到广告治理，并不仅仅是简单的概念替换，而是问题解决的立场改变。监管更多是从上而下为市场行为划定"警戒线"，设置禁令，层层执行。进入到数字社会，广告市场逐渐发展成为"去中心""去权威""自组织"的复杂系统，任何指令的"输入"，并不会像过去一样有着清晰、明确、可控的效果"输出"，决策充满了不确定性。因此，治理需要从内部参与，了解问题背后的权力博弈，寻求多方利益的协商与平衡，需要谋求相互认可的价值观与社会合意，建立合作，否则将会招致更多治理不当而产生的矛盾、冲突与抵制。

3. 顺应事物规律的治理智慧

学者章晓英、苗伟山（2015）在对互联网治理概念进行界定时，曾尝试根据《汉字图解字典》的解释，从中文语境与文字来理解"治理"的独特含义。其中，"治"左边为"水"，意为"治水"，右边为"怡"，表示愉快，"治"代表水得到治理，令人愉快。"理"左边为"玉"，右边为"里"，表示对玉的加工需要依据玉的纹理进行雕琢。因此，在中文的语境中，"治理"二字蕴含的治理目标是"令人愉悦"，而治理手段是"顺应事物的纹理与规律"。数字广告治理需要顺应其纹理、发展演变的规律，并能够根据数字广告的发展演变进行动态调整，在学习、迭代与自适应中提升治理的智慧。

4. 多元利益攸关者的治理模式

治理出自政府，但是又不局限于政府。过去广告监管属于广告监督管理部门的责任，而如今广告治理需要许多主体一起分担。治理者以一己之力统管所有的管理方式难以存续。一方面，政府的治理能力有限，无法解决数字广告治理的所有难题。数字广告行业变化之快，制度修订的节奏赶不上变化，且有些问题，如算法监管，属于商业机密或者存在技术门槛，政府难以介入。另一方面，政府倘若全面干预，既掌舵又划船，可能需要为此支付过高的治理成本，造成公共资源的浪费。因此，公共部门的治理角色应该是"掌舵者"，设计协作治理机制，卷入更多的利益相关者参与到治理过程。多元利益攸关方模式将利益相关者卷入到决策过程中，强调合作的重要性，以应对互联网环境下治理的社会与技术的复杂性（邹军，2016）。

1.4 在发展中探索我国数字广告治理

在数字技术驱动广告业快速增长，数字广告嵌入数字经济各行各业引发连锁效应时，数字广告也暴露出不少问题，给广告治理带来极大挑战。数字广告的治理方式需要不断迭代，不断跟进数字广告的发展进程，协调其中的利益相关者关系，从而确保数字广告业生态的健康与可持续发展。相较于传统广告侧重于对广告信息内容的审查与监管，数字广告治理涌现出更多的问题。

1.4.1 数字广告的识别与监测

相较于传统广告有限的传播渠道与时空资源，数字广告展示空间无限，可供展示的机会众多，且展示手段便捷、形式丰富；数字广告的门槛降低，规模庞大的中小广告主加入广告投放阵营。这激发了数字广告形式与手段的创新，但是也给数字广告的治理带来更大的挑战。

数字广告违法违规问题的监测是数字广告治理的第一大难题。过去仅仅凭借当地广告监督管理部门审查员人工翻阅式的审核已经难以适应数字广告的传播规模与体量。我国从 2016 年开始建设具备监测、预警、研判和调度功能的全国性的数字广告监测中心。2016 年 9 月 1 日，数字广告监测中心的硬件基础设施、监测平台系统、监测队伍等建设顺利完成，上线试运行。该监测中心以大数据平台、云计算技术、人工智能、机器学习、分布式架构等技术相结合，能够完成海量广告数据的实时监测与收集。一些被列入"黑名单"的广告词，如"专供特供""性别早知道""有效率100%""无风险""根治"等一旦出现，就会被监测到。监测范围包括门户网站、搜索引擎、电商平台等广告发布平台，一旦监测到违法广告，中心就会第一时间将信息提示给全国各地的广告监管部门进行查处。[①]2019 年 12 月，全国移动端数字广告监测中心成立，将移动端应用，如搜索引擎、新闻门户、公众号、小程序等纳入监测范围，并建立 43 个违法广告模型，确保监测更加科学全面，有效提升监测的准确性和及时性。[②] 此外，数字广告方式的不断创新，也不断改写着数字广告监管与治理的边界。从内容营销、原生广告到如今的直播带货、社交广告，在创新的初期都面临着分析新形态的数字广告的商业动机、卷入的利益相关者、其中的权责划分，以及如何识别的问题。

我国《数字广告管理办法》第九条明确规定：

"数字广告应当具有可识别性，能够使消费者辨明其为广告。对于竞价排名的商品或者服务，广告发布者应当显著标明'广告'，与自然搜索结果明显区分。除法律、行政法规禁止发布或者变相发布广告的情形外，通过知识介绍、体验分享、消费测评等形式推销商品或者服务，并附加购物链接等购买方式的，广告发布者应当显著标明'广告'。"

尽管在广告内容监管方面，数字广告与传统广告并无差异，但是数字广告治理者在对违法违规现象的监测、识别以及执行等环节面临较大的困难，借助数字技术来完善治理已成为必要。数字广告领域的创新时时发生，这也要求数字广告治理研究与举措需要适应最新变化、进行动态调整。

1.4.2　干扰用户的广告形式治理

随着信息过载，用户注意力稀缺，越来越多的广告可能被用户直接忽略、跳过，为了保障广告的效果，许多媒体平台推出一些用户无法回避的广告形式，如垃圾邮件、垃圾短信、弹窗广告。强制观看广告，给用户的媒介体验

---

① 中国信息安全 . 全国互联网广告监测中心启用［J］. 中国信息安全，2017（10）：29.

② 中国质量报 . 全国移动端数字广告监测（深圳）中心获市场监管总局通报表扬［N/OL］.（2023-06-06）［2024-02-05］.https://baijiahao.baidu.com/s?id=1767935336951440786&wfr=spider&for=pc.

带来极大干扰。寻求用户体验与广告收益之间的平衡便成为数字广告治理又一项新的挑战。

1997年，Ethan Zuckerman发明了弹窗广告（Pop-Up AD），表现为未经用户允许在界面某区域弹出的广告，以期争夺用户的注意力资源。这一广告形式一直被保留下来，导致一些关不掉、霸屏、随意跳转的弹窗广告已经严重干扰了用户的正常使用。在移动端的应用界面，伪装成普通帖子的广告、广告跳转未经用户同意、过度灵敏的跳转设置等形式严重影响了用户上网体验。对于消费者而言，令人厌恶的不一定是广告内容，而是广告带来的干扰体验。

我国《广告法》第四十四条规定：

"利用互联网发布、发送广告，不得影响用户正常使用网络。在互联网页面以弹出等形式发布的广告，应当显著标明关闭标志，确保一键关闭。"

我国《互联网广告管理办法》第十条规定：

"以弹出等形式发布数字广告，广告主、广告发布者应当显著标明关闭标志，确保一键关闭，不得有下列情形：（一）没有关闭标志或者计时结束才能关闭广告；（二）关闭标志虚假、不可清晰辨识或者难以定位等，为关闭广告设置障碍；（三）关闭广告须经两次以上点击；（四）在浏览同一页面、同一文档过程中，关闭后继续弹出广告，影响用户正常使用网络；（五）其他影响一键关闭的行为。启动互联网应用程序时展示、发布的开屏广告适用前款规定。"

第十一条规定：

"不得以下列方式欺骗、误导用户点击、浏览广告：（一）虚假的系统或者软件更新、报错、清理、通知等提示；（二）虚假的播放、开始、暂停、停止、返回等标志；（三）虚假的奖励承诺；（四）其他欺骗、误导用户点击、浏览广告的方式。"

除了法律规定之外，一些广告业的主体也会自发组织起来，倡导淘汰严重干扰用户的广告形式，开发对用户更为友好的广告形式。由谷歌、微软、脸书、群邑、华盛顿邮报等多家科技公司、知名广告公司、业内巨头媒体组成的名为"优质广告联盟（Coalition for Better Ads）"创办于 2016 年秋季，是一个致力于改善用户在线广告体验的行业组织。[①] 该联盟主张广告提供有价值的免费内容，激活新闻业及互联网上的社会联系。但是，消费者日益被打断体验、干扰阅读及降低浏览速度的广告所困扰。人们对于广告的忍耐度随着信息量的增多日益降低。于是，联盟发起面向全球超过 66000 名消费者的调查研究，利用消费者的见解和跨行业的专业知识，帮助数字广告业了解消费者的偏好，并根据数字广告行业的变动调整具体的调查内容。通过对 PC 端和移动端的消费者调研发现，消费者最不能忍受的移动网页广告形式从高到低依次为：弹窗广告、内容前倒计时广告、页面占比超过 30% 的移动网页广告、动画广告、内容后倒计时广告、全屏滑动广告、大型贴纸广告、自动播放带声音视频广告。消费者最不能忍受的 PC 端网页广告形式从高到低依次为：弹窗广告、自动播放带声音视频广告、内容前倒计时广告、大型贴纸广告。

　　近期的一项关于短视频领域的调查研究，涉及 8 个国家的近 45000 名消费者，占全球在线广告支出的 60%。该联盟指出，现有 3 类短视频广告低于联盟制定的名为"更好的广告标准"（Better Ads Standards）的标准：①视频中的插播广告；②时长 31 秒以上的开篇广告或连播广告，且在 5 秒之后才能选择跳过；③在视频播放 1/3 时出现的，或超过视频内容 20% 的非线性广告。联盟表示，此次提出的 3 种广告类型不在消费者可接受范围之内，甚至会促使观众安装广告拦截器。

　　针对令人生厌的广告类型进行研究，如自动播放声音、占屏过大、不能关掉的广告，制定"更好的广告标准"，拦截并淘汰不符合标准的广告，联盟试图重新获得消费者对广告的信任。对广告主而言，可以根据该标准来提示活动执行，避免采用对消费者形成严重干扰的广告形式。对媒体与技术开发平台来说，使用该标准可以促进低干扰且用户友好的广告创新形式的开发，发展更好的广告体验。对测量技术供应商来说，可以发展出评估观众喜爱的

---

① 　资料来源：https://www.betterads.org。

广告体验的新方法。谷歌浏览器 Chrome 就通过 Better Ads Standards 来检查广告是否违规，并删除那些不符合标准的广告，以此来促进这套标准的运行。

数字广告形式的创新，不应贪图广告曝光率/跳转率等短期利益，而忽视用户体验。数字广告形式治理需要将用户体验与广告效果均纳入创新目标之中，尽快淘汰容易引起用户反感的广告形式，提升整个广告业的发展水准，改善社会对于广告业的整体印象。

1.4.3　数字广告数据合规治理

优质广告联盟在调查消费者广告态度的过程中验证广告表现与消费者态度的简单关系，如图 1-7 所示。分心（Distracting）、令人毛骨悚然（Creepy）[①]会显著惹恼消费者，而广告有用（Useful）会显著降低消费者对广告的烦扰。这一方面解释了对用户形成干扰的广告形式，会惹怒用户（高度正相关，相关系数 0.84），另一方面也揭示了数字广告的另一个治理难题——用户数据的收集与使用。广告有用性依赖于广告商对于用户需求、兴趣、偏好的了解，而这一数据的收集与使用行为又可能引起用户对于个人数据与隐私安全的担忧。这也是当前数字广告人经常面临的棘手悖论。这一冲突也使得数据治理中保护与利用之间的平衡显得尤为重要。

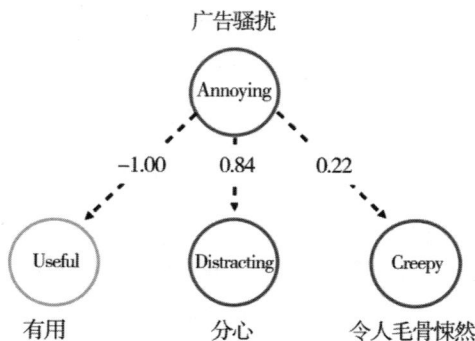

图 1-7　消费者对广告的烦扰及其影响因素

---

① 具体指广告过于个性化、针对化，让消费者感觉到被监听、被监视。

数据被称为数字经济时代的"新石油"（Joris Toonders, 2014），是基础性资源和战略性资源，也是重要生产力。数据也是数字广告发展的核心命脉。在数据驱动下，消费者洞察、广告投放、创意生成等广告核心业务均已实现智能化运作，产业发展范式也从人力密集型向数据密集型、技术密集型升级转化，进入全面智能化阶段（姜智彬、郭钦颖，2020；马二伟，2020）。

广告推荐算法是驱动数字广告运转的关键机制。个性化广告推荐是在信息过载、注意力资源稀缺背景下广告信息传递的主流方式。用户的基本特征、浏览行为、关键词输入、购买历史等信息会被提取与分析，用以获取用户兴趣偏好，进而利用多种个性化广告推荐算法（协同过滤算法、上下文推荐、点击率预测等），通过 PC 端、移动端等为用户提供个性化广告。此外，用户对于广告信息的反馈数据，如浏览、点击、转发、评论及购买行为数据，也被持续收集，用于评价广告效果，记录用户兴趣变化，不断调整广告策略。

在激活数据要素潜能的进程中，数字广告深陷多重"数据困境"。不少研究检视广告数据的收集、存储、分析与应用环节，揭示其中潜在的隐私侵犯、数据安全隐患、信息价值侵害、保护与共享失衡、数据造假偏差、责任主体混沌、信息鸿沟、算法歧视与偏见、消费异化等多重技术伦理风险（李名亮，2020；杨先顺、李婷，2023；高嘉琪、解学芳，2023）。

寻求有效的数据治理路径，遏制数据风险，是数字广告高质量发展的必要前提。方兴东（2022）提出"数据崛起"理念，认为互联网进入了以数据为中心的发展和治理新阶段。Piyush（2023）指出，数据治理格局的变化颠覆了数字广告的传统营销方法，标志着数字广告新时代的开始，其中，同意和透明度处于数字营销框架的最前沿。

2018 年欧盟《通用数据保护条例》（General Data Protection Regulation，GDPR）正式生效，由此掀起了世界范围内个人数据与隐私立法、执法、合规的浪潮，中国、美国、日本、韩国、印度、沙特阿拉伯、南非等国家纷纷出台综合性数据隐私保护法。以 2021 年《数据安全法》《个人信息保护法》相关法律的批量颁布为节点，中国的数据合规已经正式拉开序幕。目前，我国已经基本形成以《网络安全法》《数据安全法》《个人信息保护法》三部法律为基础的数据保护与治理制度性框架。我国广告行业根据上位法的要求，结合数字广告数据服务场景（广告投放、程序化交易、广告监测、广告归因、人群包优化、留存资料等）理解和适用相关法律，出台并颁布了《互联网广告匿名化实施指南》，"划边界、去识别、控关联、存证明"，均涉及个人信息相关的数据在不同机构间的提供、加工、传输、使用，平衡个人信息保护和数据要素流通。

此外，我国还建立了全国数字广告数据合规应用创新基地，推出数据合规官的能力认证[①]，扶持行业人才培养，实现数据治理"可证明的合规体系、可管控的安全能力、可度量的交易秩序"。在国家政策不断明晰、行业监管持续加强的背景下，数字广告的发展已经告别野蛮生长，迎来重视数据道德、正义、公正的时代。

数据合规本质上会经历数据衰退的调整期，通过关系的重新调整，将会以更加健康的轨道继续发展。数据合规的"规"是法度、边界，防止数据滥用与伦理风险的规则，"合"是过程，是政府、企业、个人全员参与的过程，是构建统一的数据合规治理体系、提升数据合规治理能力的过程。数据合规本质上是一个不断调整数据生产关系，解放和发展数据生产力的历史过程（傅建平，2023）。

尽管外在的法规体系已逐渐成型与完善，但真实情境中的合规行为并非如理想轨道上的列车运行。数据合规建设目前仍处于倡导与强调阶段，仍然存在较多问题：首先，在资本逐利天性的诱导下，合规极有可能只是表面的合规而已（唐林垚，2022）。由于披上了"合规"的面纱，数字广告的数据治理变得更为棘手。其次，相关制度的措辞笼统、模糊，缺乏强制力和可执行性，需要进一步结合合规场景进行细分、区分，制定更具针对性的合规方案。再次，合规治理需要更加灵活、吸纳更加多元的主体参与其中，引入更多技

---

① CCRC–DCO 中国网络安全审查技术与认证中心"数据合规官"。

术与制度治理工具（如数字经纪、数据银行、数据信托、数据洁净室技术、隐私计算等），释放数据要素潜能，避免监管高压及其带来的治理脱轨。

　　随着公众对数据合规治理的期待升级，而现实数据合规条款名不副实，在公众期待与实际情况之间形成"落差"，导致公众对广告行业数据收集与使用产生怀疑、担忧，进而影响其对广告业的整体印象。广告融入日常生活，卷入大量用户数据。倘若相关机构能够妥善地收集、处理、共享数据，使得数字广告业能够获得公众、个人和数据主体的信任，这一行为便能够显著提高人们提供数据的意愿，从而实现企业与消费者的"双赢"。

　　波士顿咨询公司（BCG）与谷歌的最新研究表明，通过隐私至上的数据驱动营销的方法，公司可与消费者建立信任，并创造持久的价值。2021 年 8 月，其通过调查美国、加拿大 1000 多名消费者和 30 多名公司营销人员，了解消费者对于数据收集方式的感受、愿意分享的数据，以及他们对哪些数据的使用感到满意，支持哪些数据的收集与使用，从而建议营销人员应对不断变化的消费者情绪，完善数据的收集与使用方法。[①] 研究发现，相较于电话号码、居住地址、在线浏览行为数据，他们更有可能与特定的公司分享自己的性别、年龄、邮政编码、电子邮件地址。受访者表示，他们对公司记录他们的对话最不满意。不同消费群体关于数据分享的意愿差异较大，新手父母分享收入的可能性比普通消费者高 70%，但是他们在其他网站分享活动的意愿相对低 43%。Z 世代消费者对共享数据并不反感，而富人和退休人群的不信任度是最高的。由此可见，不同消费群体对数据收集持不同意见，广告营销人员需要针对不同的消费人群采用不同的数据收集策略。消费者更愿意看到数据使用者将数据应用于创建简短、信息丰富、引人入胜的广告内容，或者帮助公司了解他们希望看到的产品创新。他们对数据使用者的共享数据、出售数据行为感到不舒服。尽管消费者并不完全了解广告营销人员对他们的数

---

① Derek Rodenhausen, Lauren Wiener, Kristi Rogers, and Mary Katerman.Boston Consulting Group:Consumers Want Privacy. Marketers Can Deliver［R/OL］.（2022-01-21）［2024-02-04］. https://www.bcg.com/publications/2022/consumers-want-data-privacy-and-marketers-can-deliver.

据做了什么，但是仍有 57% 的消费者坚信公司在出售他们的数据。

许多消费者愿意与品牌分享他们的数据，但是大多数人希望有明确的激励。约 30% 的受访者表示，他们愿意在没有激励的情况下与特定公司分享自己的电子邮件地址。然而，当提供适当的价值交换时，90% 的人愿意分享这些数据。一般来说，消费者认为，与软价值激励（如访问游戏、即时通信或社区）相比，折扣和免费样本等硬价值激励是分享数据的更具说服力的理由。

在未来，品牌想要借助数字广告与用户进行个性化沟通，同时用简洁、清晰、易懂的语言与消费者交流其数据的收集、使用及可获得的权益以获得消费者的理解与信任，将变得日益重要，其重要性不亚于品牌内容与广告创意的沟通。

1.4.4　数字广告人工智能治理

在 5G 通信、物联网、大数据、超级计算、传感器和脑科学、大语言模型等新技术的驱动下，人工智能加速发展，呈现出深度学习、跨界融合、人机协同、群智开放、自主操控等新特征。人工智能技术在广告领域的应用，形成了一种广泛的、由数据驱动的广告方法。人工智能广告（AI–Powered Advertising）可以划分为两类：个性化广告（Personalized Advertising）和定制化广告（Customized Advertising）。人工智能广告，依靠更强的计算能力、数字模型或算法和技术基础结构来创建或传递消息并检测个人行为。这一技术范式推动了广告产业的变革，创新广告传播模式，重构广告运作流程、塑造全新的广告业态及主体关系，也引发新的脆弱性问题。

脆弱性源于消费者在与市场接触时可能经历的一种"无力状态"，这种"无力状态"具有某种使消费者处于不利地位的特征（Baker et al.，2005）。文献表明，脆弱性可能是由于个人的污名化特征（即年龄、性别、种族）、对正在购买的产品缺乏财务、医疗或法律等专业知识（Anderson et al.，2013）以及由于资源有限而无法寻求替代市场产品（Wang & Tian，2014）。研究还表明，时间性（即短暂的和随时间波动的）和情境因素（如失业、健康不良、悲伤）可诱发和 / 或增加消费者经历的脆弱程度（Sourdin，2016）。

2021 年 12 月，北京大学互联网研究中心发布报告称，近七成国内网民感到被算法算计。面对平台的算法控制，一些用户采取"反算法"的策略，如以游客身份访问、每天浏览不同内容、刻意点击"不感兴趣""不要推送"、卸载再安装、清空过往痕迹等方式混淆算法"视听"，避免沦为算法的"囚徒"。

人工智能所引发的消费者脆弱性主要体现在以下五个方面：

第一，个性化算法推荐的茧房效应引起的信息窄化，导致消费者的选择受限（马澈，2017）。算法推荐让消费者只能看到推荐的产品或服务，减少了消费者选择的多样性，屏蔽消费者接触到竞争产品和服务，让替代性的服务难以触达消费者。

第二，重新定向的广告将广告投向了某类特定群体，尤其是带有机会性质的广告，拉大阶层差距（Grau & Zotos，2016；Nadine et al.，2020）。为了提升广告的投放效果，一些广告会瞄准特定人口属性的目标人群进行有针对性的投放，例如在招聘广告、租房广告中如若勾选了特定性别或者特定种族属性，广告就会定向投放给指定的人群，其他人群失去获取重要信息的机会。

第三，算法掌握消费者的信息弱点与非理性情境，从而能够更加有效地进行消费掠夺。算法掌握了大量消费者数据，使其在充分了解消费者的偏见、偏好、情绪及情境等信息的基础上，能够较为容易地抓住消费者的弱点，向其施加心理压力，操控消费欲望，进行广告的精准攻击，促成期望行为转化的效率更高（Calo，2014；Cathy，2016；Yeung，2018；段淳林，2020）。这一现象多出现在健康广告、医疗广告以及学校广告中，被称为掠夺式广告。在这些情境下，非理性的消费者没有因为消费而获益，反而陷入更深的财务危机之中。算法以轻推（Nudge）的方式在消费者几乎无意识的情况下改变其行为，此时，消费者极有可能被不良动机利用。

第四，基于传统的广告认知，消费者将观看广告视为获得免费或者廉价媒介内容的手段，并未意识到自己无意之中提供的数据也是重要的资源。算法对数据的饥渴也会让消费者可能沦为平台的数据劳工（Natali et al.，2020）。

第五，由于算法的不透明及远超人类的反应速度，导致消费者无法理解其中的缘由，仅凭一己之力难以维护自身权益（Smit & Voorveld，2014；Hudders & Poels，2019）。算法影响消费者权益，而消费者却又无法了解其中的缘由，处于完全失控的状态。

整体而言，算法加剧了技术平台、商业力量与消费者之间的地位不平等，消费者的权益处于被剥夺的状态。保护脆弱的消费者权益是现代社会广告治理的首要目标。2015 年联合国消费者保护的指导守则表示，保护脆弱与处于劣势的消费者应该成为政府、政策制定与商业的关键原则（UNCTAD，2016）。2015 年，我国广告法修订，将"保护消费者合法权益"提至"促进行业健康发展"之前。美国的广告监管制度经过多年的演变，逐渐形成了以消费者为本位的适度强制的监管形式（李明伟，2019）。

提升广告算法的透明度、可解释性，协调用户与广告算法之间的关系，平衡算法治理与产业发展，完善行业标准，也是我国数字广告治理的关键议题，关乎民众的数字安全感与消费幸福感，也关系我国数字广告发展的健康度。2021 年，我国颁布了《互联网信息服务算法推荐管理规定》，为广告推荐算法的规制提供了依据。

除了广告推荐系统之外，生成式人工智能也开始应用于广告创意领域。有报告预测，到 2033 年，65% 的内容将由 AI 生成。越来越多品牌已经"尝鲜"，推出了自己的 AI 生成广告。例如，飞猪旅行 2023 年曾利用生成式人工智能在很短的时间内完成了 1000 张风格不同的平面广告，远远超过了人工的效率；钟薛高推出的新品系列的起名、包装、设计等多个环节都有 AI 参与；可口可乐也发布了一则 AI 创作的创意广告。可以预见，生成式人工智能在未来将会在广告创作领域被大规模应用，同时也将带来许多治理的新问题，如用来训练生成式人工智能的数据偏向、AI 生成内容的审查问题、版权归属问题以及用户隐私安全等问题。

1.4.5 数字广告无效流量治理

流量、互动与转化是当前数字广告效果监测的三大指标体系，其中，广告流量反映广告展示与到达的情况（王淼，2017）。尽管互动与转化指标日益被广告主重视，但是流量仍然被视为衡量受众价值最直接与最重要的量化指标，其价值不可替代（Nelson & Webster，2016）。流量反映互联网通信的运行状况。互联网流量测量一般记录网络中流（Flow）的流量值，以及回答"who""where""when""how""what"等一系列问题，即用户在什么地方、什么时间、使用什么方式、做了什么事情（陈震等，2014）。流量测量可供后期进行研究、分析与举证，也可应用于用户的流量计费、流量工程、故障诊断、入侵检测等领域。

流量本身属于互联网技术领域的专业术语，当其被用于反映媒体受众或广告受众的规模、构成、态度与行为，决定着广告计费系统，影响着广告决策时，流量也从单纯的互联网技术领域步入传媒经济领域。流量也不再是简单的技术问题，而是裹挟着市场、交易、制度及多元利益相关人群的复杂经济与管理问题。流量指标逐渐成为市场流量的风向标，它会自然吸引人们的关注与停留，对人们施加影响力。流量指标会自然作用于受众，影响受众对流行度的判断，以及选择性关注与从众行为。

一直以来，数字广告效果因流量欺诈现象而饱受诟病。近年来，数字广告市场频频爆出虚假流量事件：例如，因平台数据接口更新导致刷量工具失效，六成微信公众号阅读量下跌80%；又如，脸书曾被《华尔街日报》披露其对外宣称的用户观看广告时间比真实情况高出60%—80%。尽管在传统媒体时代，广告市场也存在发行量与视听率造假问题，但并未如数字广告流量欺诈影响的范围之广、规模之大。据世界广告主联合会预计，到2025年，流量欺诈问题将会成为犯罪组织的第二大市场，仅次于毒品贩卖（World Federation of Advertisers，2016）。虚假流量啮噬着数字广告市场的信任根基，宝洁与联合利华等全球广告主因虚假流量问题而大幅减少数字广告开支。

数字广告流量欺诈现象的治理成为行业发展的重要议题，关系着互联网商业生态健康与可持续发展，也引起了业内人士及研究人员的广泛关注。在中国广告与品牌大会、美国广告研究会、互动广告领袖会议、戛纳国际创意节、纽约广告周等多个重要场合，流量欺诈问题都成为讨论的核心议题。

2015年媒体评级委员会（Media Rating Council，MRC）起草了《无效流量监测和过滤》（Invalid Traffic Detection and Filtration），用于发现和过滤无效流量。它将无效流量分为两类——一般无效流量（General Invalid Traffic，GIVT）和复杂无效流量（Sophisticated Invalid Traffic，SIVT）。前者指一般只需应用列表或其他标准化的参数，在检查执行过程中使用常规的过滤方法就可以识别的流量；后者指更加难以发现的无效流量，要求更加先进的分析、多元合作与协调，人工的介入来分析与确认无效流量。这一分类标准也被我国数字广告监测机构采用。

无效流量（Invalid Traffic，IVT）可以被定义为由无效源头有意或无意产生的网站访问量，其中可能包括：数据中心流量（data-center traffic）——来源于数字中心设备而不是人类用户；域名嵌套（domain laundering）——低质量网站冒充扮演高质量的发布者来窃取广告收入；广告植入（ad injectors）——强行恶意地植入那些并不属于网站的广告；传统机器人（traditional bots）——系统被设计用来模仿人类用户从而提升广告印象；广告软件与浏览器绑架（adware and browser hijacks）——在用户毫无知觉的情况下，在用户的设备（笔记本、平板）上运行恶意插件来生成HTML或者唤起广告，定向用户体验来获取干预目标；等等。

其中，有意产生的无效流量又称为流量欺诈。在利益的驱使下，流量欺诈方通过多种欺诈技术手段，干扰广告流量测量，伪造广告观看数据，破坏广告计费系统，从而获取非法收益。广告流量欺诈是伴随着媒体资源商品交换必然存在的问题，它不仅包括直接的广告曝光数据作假，而且包括所有扰乱广告交易体系的欺诈行为。

尽管在传统媒体时代，媒体同样存在着视听率造假的问题，其动机与数字广告流量欺诈并无实质区别，但是视听率作弊只是个别主体的暗箱操作，通过贿赂视听率调查样本家庭或者第三方测量机构，从而操控视听率数据，尚未形成产业级的欺诈规模，尚未卷入如此庞大的流量黑产中的劳工。而进入互联网时代，流量欺诈已经泛化，甚至围绕欺诈形成了"黑产""灰产"，刷分、刷榜、刷帖、刷单等流量造假产业涵盖方方面面（如图 1–8），业务多元、环节拆解、多方参与多方获益，数字广告流量作假是流量造假产业中的一项而已，刷分、刷榜、刷帖、刷单、刷评论等各类型的流量造假充斥于互联网的空间。

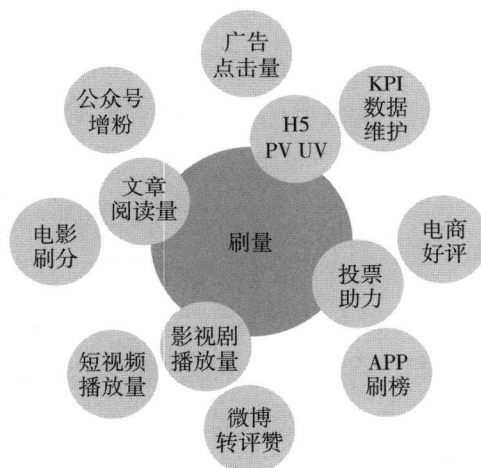

图 1–8　流量欺诈广泛存在于互联网空间

此外，相较传统媒体时代，数字广告流量欺诈治理因产业链延长、中间环节增多而隐蔽性更强；欺诈手段与类型多样且多变；造假成本低而治理成本高等问题而异常艰难。根据 Digital Citizens Alliance 的估计，流量欺诈的利润空间高达 80%—94%。更贵形式的数字广告吸引更高水平的欺诈。2015 年，美国全国广告主协会（Association of National Advertiser，ANA）研究发现，更高千人成本（CPM，cost per thousand impressions）对机器人更加脆弱，平台为机器人操作者提供了更高的经济刺激来实施欺诈。实验发现，当媒体广告定价（以千人成本计算）超过 10 美元时，媒体广告流量中的机器人流量比对照组（更低广告定价的情形）多 39%；当视频广告定价（以千人成本计算）

超过 15 美元时，媒体广告流量中的机器人流量比对照组（更低广告定价的情形）高出 173%。程序化广告面向更加开放的网络空间，实现广告交易，这一广告投放形式也面临更大的风险。据统计，在优质发布者网站上的视频广告，其流量包含无效流量的水平为 5%，然而在开放网络空间中的广告交易包含无效流量的水平则高达 14%。

种种迹象表明，数字广告流量欺诈在主体、规模以及影响范围方面已经远远超过传统媒体的视听率作弊。流量欺诈被视为互联网上最为棘手的问题，数字广告深受其害。2015 年，全国广告主协会估计，2016 年全球营销人员浪费了接近 70 亿美元购买没有人能够看到的广告。

清除无效流量对于数字广告业发展至关重要。流量欺诈不仅扰乱广告市场交易，误导用户注意力与消费决策，产生的错误数据资料将会破坏广告业与数字经济的发展。治理的首要意义在于使得品牌广告主的广告预算投入得到保护。流量欺诈者获得了广告主为其观看印象支付的费用，但是实际上没有人真实地看到广告，更别说广告能够影响消费者行为。在媒体投入大量费用的品牌广告主最先嗅到一丝不安。在过去，许多大型品牌广告主对自己的媒体投放业务一直非常放心，甚至长达十年都未对其进行审核。事情却在最近发生转变，广告行业的变化促使广告主重新审视媒介购买业务，对媒介代理商提出了更高的要求。在美国广告研究会、互动广告局领袖会议、戛纳国际创意节、纽约广告周以及中国广告与品牌大会等多个重要场合，虚假流量问题都成为广告主讨论的核心议题。

不仅如此，无效流量也削弱了其他表现与有效性指标的真实可靠。如果无效流量没有从测量中消除，所有的关键绩效指标（Key Performance Indicators，KPI）也将会被影响。当精准投递给真人的流量没有与非人类流量区分开来，广告主想要了解活动的到达率、覆盖率、毛评点几乎是不可能的。更加糟糕的是，这些"被污染的"指标经常被用到有效性、投资回报率和营销组合计算之中。糟糕的输入意味着糟糕的输出。

无效流量通过混淆浏览器数据或伪装成特定的人口统计部分来影响受众

的人口统计数据。无效流量被纳入研究人员使用的人口统计学模型中，影响着人口统计报告，这意味着媒体分析师根据不准确或者误导性的数据而采取行动。换句话说，如果无效流量没有得到删除，数字受众的人口构成将不准确，这也将导致营销人员得出错误的结论或者做出糟糕的优化决策。

广告主通过更加谨慎的方式来控制无效流量的风险。宝洁、联合利华等知名品牌营销者不断要求使用更加复杂的发现系统来帮助消除所有投递给广告的无效流量。例如，拓展内部团队管理程序化广告购买；完善基于名单的防御技术（List–based Prevention Systems）、更新欺诈网站黑名单、瞄准低广告欺诈度的白名单；通过媒体公司创造的欺诈水准较低的私人市场来进行投放，而不是在开放市场进行购买。

近两年，我国相继出台的《互联网用户公众账号信息服务管理规定》《网络信息内容生态治理规定》《网络直播营销行为规范》等多项政策中均明文规定禁止流量造假。以攫取数字广告营销收入为目标的虚假流量是恶意流量的主要构成。2022 年，我国数字广告的异常流量均值为 25.3%，相较于往年呈现出逐年下降的趋势。[①] 无效流量的存在扰乱了市场秩序，也给广告交易带来更高的交易费用，同时也减损了数据要素的价值。清除无效流量，重建广告主对于广告市场的信任，为更多的广告交易保驾护航，也成为数字广告治理的重点问题。

❀ 本章小结

自 1994 年全球第一则数字广告出现在网络空间至今，数字广告已经历了三十年的发展。数字技术的发展不断推动着数字广告的创新，从前端的广告体验到后端的广告作业，彻底颠覆了传统广告的模式与市场。数字广告业已成为数字经济的重要组成，在数字经济体系中引发了一系列的连锁经济反应。

---

① 中国广告协会 . 2022 年中国全域广告异常流量白皮书［R］. 2023 年 3 月 15 日 .

数字广告的持续发展对于数字经济的多方参与者来说至关重要。

生产力的发展势必会给生产关系带来影响，一些生产关系可能因为技术介入而不复存在，而一些生产关系可能因为技术介入而导致利益格局的改变，原本的秩序与公平被打破，亟须通过治理来协调生产关系，进而推动生产力的持续发展。对于数字广告而言，治理智慧与水平决定着我国数字广告未来发展的质量与高度。

相较于传统广告治理侧重于对广告内容违法违规现象的监督管理，数字广告治理的范畴进一步扩大，治理难度也进一步增强。从数字广告的识别与检测、干扰用户的广告形式治理，再到数字广告的数据合规治理、人工智能治理以及无效流量治理等，这些都是数字广告时代新涌现的治理议题，其中利益关系复杂、涉入主体多元、技术隐蔽性较高且变化较快，都给传统的广告治理方式带来极大的挑战。治理若只是停留在对数字广告问题及现象的清除，在短期内也许会带来"立竿见影"的效果，但是长期来看治理成本与代价较高，且不适于数字广告业的创新与长期发展。本书试图寻求介入数字广告治理的新思路与新框架，协调数字广告市场的多方利益关系，调动多元主体协同治理的积极性，以期促进数字广告治理水平与效能的显著提升。

第 2 章

交易视角下数字广告治理研究的创新

在过往数字广告治理研究的基础上，本章将探索数字广告治理理论研究与实践思想的创新路径。通过梳理数字广告治理研究的发展阶段后发现，在历经了"基础研究""特殊问题研究""制度及对策研究"之后，数字广告治理步入了"体系建设"阶段，需要将数字广告治理的系统性与复杂性纳入治理效果的考量之中。在回答"如何建构数字广告治理的体系"这一问题上，本书提出了以交易视角来建构数字广告治理体系这一路径，将数字广告治理体系理解为围绕注意力资源的数字广告交易的治理。

为了支撑上述观点，本章随后从广告的交易属性、交易视角下治理研究的独特价值两方面展开论述。广告本身与交易有着密切关联：广告作为商品市场交易的信号，其目的是消除营销信息的不对称，让商家找到顾客，也让顾客能够寻得满足其需求的理想交易对象。广告的本质就是"唤起注意"，是一场以注意力资源为对象的交易活动。随着广告业的专业化发展，围绕注意力资源的交易这一活动开始有了内部的分工与交易。交易视角下的广告既指代广告业与外部商业社会及组织的交易，也指代广告内部的交易。不仅如此，交易视角也赋予广告研究一种动态的、博弈的、均衡的系统范式，具有独特的研究价值。

2.1 数字广告治理的已有研究及评述

伴随数字广告的出现与兴起，围绕数字广告治理的研究相继展开，这一领域也成为传播学、法学以及公共管理学等多学科的交叉领域，历经从"基础研究"到"特殊问题"，再到"制度与对策研究"，落脚于"体系建设"四个阶段。

2.1.1 数字广告治理早期的基础研究

数字广告发展的早期，治理研究主要是以法律概念、主体界定以及权责划分等问题为核心的基础研究。传播技术的发展创新不断突破既有认知框架，导致数字广告治理在概念认知、主体界定以及权责划分等基本问题上变得相当棘手，当务之急是更新与重建概念体系以适应市场的变化。来自不同领域的学者就数字广告定义的内涵与外延（David W. Schumann & Esther Thorson，2007；杜骏飞，2007；李明伟，2011）、数字广告主体身份识别（宋亚辉，2008）以及广告发布者的审查义务（黄武双，2007；王梦萍，2008）等问题进行讨论。由此可见，数字广告带来的不仅仅是广告展现方式和传播渠道的改变，而是传统广告市场格局的颠覆，带来新的主体、关系、问题以及法律界定的模糊地带。

2.1.2 数字广告治理的特殊性研究

学者开始注意到，与传统广告治理不同，数字广告治理涌现出了一些新的特殊问题，如特殊的广告形式，又如一些热点问题（广告大数据、广告算法）的侵权责任。

相关研究关注特殊广告形式，如搜索引擎竞价排名广告（李明伟，2009；

邓宏光等，2008；罗莉，2010）、垃圾邮件广告（徐剑，2009）、行为定向广告（朱松林，2013）、直接面向消费者的广告（Tim K. Mackey et al.，2015；Nick Fox et al.，2006）、弹出式广告（刘坤，2017）以及广告拦截（兰磊，2015；易晓辉，2016；韩红星等，2017）。

　　数字广告在其数据要素潜能被激活的同时，也深陷多重困境：隐私侵犯、数据安全隐患、信息价值侵害、保护与共享失衡、数据垄断、数据造假、信息鸿沟、算法歧视、消费异化等。例如，在虚假流量治理方面，目前的主要研究集中在对虚假流量严重程度进行监测与评估。由行业协会、互联网媒体巨头及第三方数据公司等机构发起，对数字广告虚假流量的总体规模及分布情况进行追踪式监测，定期发布研究报告，以期从数量上准确把握流量欺诈问题的整体情况与变化趋势。例如，中国广告协会数据服务平台的第一个落地项目便是"一般无效流量数据服务"；又如，从 2017 年开始，腾讯旗下数据分析平台"灯塔"携 Ad Master、秒针研究院共同发布《广告反欺诈白皮书》；再如，美国全国广告商协会与反欺诈供应商 White Ops 已合作发布四次《Bot Baseline 数字广告欺诈报告》。

　　智能技术在广告领域的充分应用，塑造了"以数据为驱动，以算法为中介，以用户为中心"的个性化传播范式（李海容，2019），也引发了新的脆弱性问题。推荐算法产生的信息窄化不仅导致消费者选择受限（马澈，2017），而且在充分了解消费者的偏见、偏好、情绪及情境等信息之后，向其施加心理压力，操控消费欲望，促成期望行为转化的效率更高（Calo，2014；Cathy，2016；Yeung，2018；段淳林，2020）。定向算法依特征投放，加深刻板印象，强化社会隔离（Windels，2016）；算法优化导致机会型广告投放不均，拉大阶层差距（Grau & Zotos，2016；Nadine et al.，2020）。此外，数据交易的隐蔽性、算法的不透明及远超人类的反应速度，导致消费者无法理解，仅凭一己之力难以维护自身权益（Smit & Voorveld，2014；Hudders & Poels，2019），甚至有可能沦为平台的数字劳工（Natali et al.，2020）。

　　上述广告行为涉及法律问题，如知识产权、隐私权、财产权、人身安全等争议性问题。值得注意的是，这些研究已开始讨论数字广告相关的技术原则（如技术中立）、传播规律以及治理的基本理念。伴随广告效率的显著提升，公平问题逐渐浮出水面，以消费者脆弱性为出发点的广告治理将会成为治理的关键原则与主要内容。

2.1.3 数字广告治理制度及对策研究

数字广告治理实践进一步发展，围绕着数字广告治理的主体、手段、方式、结构、制度及效果等话题成为这一阶段研究的聚焦点。学者从不同角度论证政府监管的必要性（周又红，2001；阮丽华等，2010），同时也指出行业自律在治理系统中的效用最大。考虑到政府监管的强制力与普及性，但面临高昂成本、过度固化与依赖现存措施等弊端，学者建议政府监管需构建"互动沟通—分解监管—容错求变"的敏捷治理体系（张艳、徐颖，2023），同时也应与行业主体合作，组建监管联盟，辅助广告规制工具的落实（张艳，2020；黄玉波、杨金莲，2020）。这一进路旨在优化政府的数据治理，虽提出敏捷与合作的构想，但只是对治理手段的操作化建议，缺少对治理底层逻辑及全局影响的考察。

在治理手段上，学者提议重塑广告的事前审查机制（陈伊娜，2009）、引入第三方监测机构与权威认证机构（宗乾进、游静，2009）、建立网络广告发布实名制及社会信用体系（阮丽华等，2010）等。技术被视为最直接、见效最快的治理手段。数据洁净室、人工智能与机器学习、区块链、智能合约平台等技术被引入广告数据治理领域，抑制机会主义行为（Jay Mattlin et al.，2022；张艳、王超琼，2020；姜智彬、崔艳菊，2022；柳庆勇，2022）。但也有学者指出，在资本逐利天性的诱导下，原本"技术彰显法律意义上的实质合规"极有可能合乎情理地演化为"将计就计的合规""表里不一的合规"以及"以假乱真的合规"。由于披上了"合规"的面纱，数据主体在数据合规科技的潜在风险面前防不胜防（唐林垚，2022）。技术虽可赋能治理，提升效率，也会被别有用心者利用，使治理流于形式，难以保障正义与公平。

在制度领域，广告法及数字广告治理相关法律法规也成为探讨的热点话题（余人、高乔，2016；康芳，2017）。在数据治理领域，治理者通过约定关键性原则，如杜绝收集敏感数据与未成年人数据；清晰告知数据用途、征得同意并提供更多选择权；确保数据的匿名化处理；建立数据访问、修改和保留的制度等（邵国松、杨丽颖，2018），明确方向、划清边界，为相关法律制度的完善提供参考框架。面对数据治理的复杂性与多变性，避免立法过早介入，阻碍行业发展，研究者均强调行业自律的主导性与重要性（鞠宏磊、李欢，2016；齐爱民、佟秀毓，2018），但并未就如何实现自律作出回答。

2.1.4　数字广告的治理体系研究

相对于分散的问题视角或主体视角，整体与动态的系统视角逐渐成为当前数字广告治理研究的主流，且这一治理系统的复杂性被进一步揭示。这种复杂性源于数字广告市场主体之间的频繁互动、彼此依赖与自适应，导致由上而下的控制模式往往无法对症下药，甚至会产生意想不到的消极后果。

Nick Fox 等人在对医药行业中直接面向消费者的数字广告进行考察后，指出信息时代新利益联盟的形成导致传统治理模式失效（Nick Fox et al.，2006）。有学者在对欧盟广告隐私保护法律进行实证考察后，发现广告隐私治理引发的负面效应，如不公平现象以及更强干扰用户的广告形式（Avi Goldfarb et al.，2011；Mohamed & Nada，2012）。

针对广告拦截治理问题，学者也指出虽然反广告拦截法规保护了以广告为基础的商业模式，但是缺少对公众利益的考虑（Lu & Bingbin，2017；韩红星等，2017）。由此可见，数字广告治理并非简单地消除表面现象，倘若缺少对治理系统复杂性的认知与把握，那么，即使治理政策方向正确，也极有可能在具体执行的过程中受到社会组织及企业的阻挠。一些学者也尝试从公共治理的系统视角给予建议。在面对市场与政府的双重失灵时，单一政府监管模式难以奏效，需要建立政府、社会组织、民众等多方共同参与的合作网络（王冕，2009；陈彦彦等，2017）。唐英等将数字广告系统类比生态环境，提出系统化、立体化的治理设计（唐英、朱娜，2015）。

以数据信任为中心的公共关系及其所带来的长期利益也被用于数字广告数据治理的倡导中，扭转人们将治理视作管理成本的认知。多项研究证实，数据使用者可通过合规的数据处理方式，获得公众、个人和数据主体的信任，从而提高人们提供数据的意愿，创造持久的价值（世界经济论坛，2021；Scott McDonald，2021；Derek Rodenhausen et al.，2022）。

综上所述，数字技术仍然在不断更迭，朝向泛联化、数智化、具身化深入演进，推动着数字广告高速发展，围绕数字广告治理的理论与实践的探索仍在继续。以法律概念、主体界定以及权责划分等问题为核心的基础研究，想要将"脱缰"的数字广告重新限定在法律的框架范畴之内，明确参与主体，尤其是新入局者的责任、义务与权利。特殊广告形式以及特点问题的治理研究，则将目光瞄准到数字广告治理的新现象以及新问题，寻求特殊问题特殊解决的方法与路径。这一类型的研究具体且聚焦，能够一针见血地解决治理难题，却容易陷入将治理对象视为相对独立的问题，忽视导致不同问题产生的共同根源。随着治理者对于市场结构与特殊问题的认知不断加深，相关治理的规则、制度、对策及手段也逐渐成熟与完善，已有研究认识到治理主体多元性，以及不同治理手段的局限性，甚至存在隐性的冲突。因此，构建更加系统的数字广告治理体系势在必行。

已有研究虽然注意到治理体系建构的必要性，也关注到用户个体在博弈环节的能动性，但是缺少构建体系的具体思路，往往会陷入关注治理体系的宏观层面问题，而忽视了对微观广告活动的解释力度。基于行动者的模型（Agent-based Model）架构一座从微观的个体动机与行为到宏观的现象涌现之间的"桥梁"，提供可以被理解的中观尺度，不仅小到解释方式是透明的，而且大到足够为我们理解社会现象提供"杠杆"（托马斯·谢林，2008）。

2.2　广告与交易的关系辨析

2.2.1　商品交易是广告存在的前提

经济学家斯宾塞将市场信号定义为卖方向买方发送的信号，以令人信赖的方式展示交易对象的质量，从而消除信息不对称。由此可见，广告就是广告主向消费者发送的一种市场信号。

"所有人都需要从别人那里购买东西。顾客想要知道你是谁，你的秉性，你的习惯，你的价值观。他们想要了解你，他们需要信任你。如果他们能够在人性方面与你产生共鸣，相信他们与你一样，他们将会乐意授权给你，允许你卖东西给他们。"资深广告创意人安・海登用简朴的语言表述了广告在商品交易过程中所创造的价值，进而展现了广告存在于商业社会的必要性。

正如上文所说，每个交易主体在决策过程中都会受到外部环境影响，在各自不同的信息集和约束条件下，基于自身认知和决策能力来进行决策，并通过不断的学习、调整和适应来克服有限理性。在商品交易的过程中，广告帮助顾客了解广告主，获得可供购买的产品选择；广告也帮助广告主获得顾客"允许卖东西给他们"的授权。广告存在的前提是"所有人都需要从别人那里购买东西"，即商品交易。

整合营销传播（IMC）的创始人唐・舒尔茨（2016）在《广告的未来及其可能性》(*The Future of Advertising or Whatever We are Going to Call It*) 一文中在谈及广告的未来之前，用较长的篇幅论证了广告存在的前提。他指出，以交换为目的的生产、消费者以及可支配收入这三个前提决定着广告是否会存在。舒尔茨对三种前提假设进行一一阐释：如果生产者没有从事以交换为目的的生产，那么他就不需要做广告；一旦消费不可能，广告也就没有存在的必要；当消费者没有可随意支配的收入，品牌选择便变得无关紧要。舒尔茨在此也回应了有些学者预测的自动化和机器人普遍应用的时代，劳动者将被迫离开岗位，失去收入，而机器是不会消费的，生产者的商品将失去其市场，没有消费，也就没有广告的必要。在一个缺少收入和可支配收入的市场中，广告就失去了存在的必要性。

相较于行业时不时抛出的"广告已死"的论断，作为学者，舒尔茨的思考没有被技术裹挟，而是回归到广告存在的经济社会逻辑，指出只要交换、消费者和可支配收入存在，那么广告就将持续存在。至于广告的未来是怎样的，舒尔茨也给出了缓慢适应、角色反转、广告学再造三种可能的进路。无论是何种进路，技术都是不可忽视的强劲冲击。未来，谁会主导并推动广告业的变化，传统广告时代的优秀广告人，还是自动化、人工智能、算法等领域的科技工作者？

无论广告传播的形式与手段发生怎样翻天覆地的变化，无论从事广告的主体是技术公司，还是创意机构，只要市场交易仍然作为稀缺资源配置的主要手段，只要生产者与消费者出于交换目的进入市场。双方为了促成令彼此满意的交易，其中的信息交流必不可少。广告嵌套于市场商品与服务的交易之中，降低信息不对称，进而降低交易不确定性。只要市场商品与服务交易还存在，那么广告就会存在。

广告是消费者获取信息的重要渠道之一。尤其是伴随着智能技术在广告领域的充分应用，"以数据为驱动，以算法为中介，以用户为中心"（李海容，2019）的个性化传播范式开始成为广告传播的范式。广告从大众传播、重复传播，转为以用户潜在需求为出发点而进行的有针对性的商业信息推送，降低消费者决策难度与时间，服务于消费者解决生活问题的诉求。广告后台活动不断地收集与分析消费者的特征、用户画像、注意力分布及消费意向，从而使得广告主获得更多消费者的信息，更加准确地做出广告创意与投放的决策。因此，广告信息及广告活动，实则降低广告主与消费者双方的信息不对称。"计算广告"最早由美国雅虎研究员 Andrei Z. Broder 于 2008 年提出，其核心任务是"实现语境、广告与用户三者的最佳匹配"。计算广告是基于海量数据与智能算法实现最佳匹配，从而促进交易的达成。

提及广告，我们通常联想到的可能是地铁站台上看到的一幅海报、可能是滑过手机屏幕时看到的一段视频、可能是商场里的一场体验活动等，广告往往被设定为商业创意的形式载体，而被忽视了其作为商业社会的动力机制，在促成交易达成过程中的积极作用。广告本身为消费者提供消费抉择的信息，服务并满足其在交易过程中的信息需求；广告活动为广告主获取关于市场行业走势、竞争者、消费者的动态信息，帮助广告主理性选择消费目标人群，了解他们的所见、所感、所想、所需，从而使商品或服务更受青睐。

2.2.2　广告产业内部的分工与交易

广告的交易属性不仅体现在其作为市场信号在促成商业交易过程中的积极作用，而且也体现在广告产业内部。在广告业务运营过程中，广告主、广告公司、媒体机构等主体形成了一种交易关系。广告市场的规模取决于广告主的广告预算，广告投入费用的合理、科学分配关系着广告市场的有序运转（倪宁，2009）。

1. 广告交易的本质

广告的本质是唤起注意。广告一词为外来语，源自拉丁文的 Advertere，其意为转向、注意、诱导与传播；到 14、15 世纪，该词演变为 Advertise，其含义为"使某人注意到某件事"或"通知别人某件事，以引起他人的注意"；到 17 世纪末，伴随着大规模商业活动的兴起，在英国，广告一词便广泛流行与使用，广告不再单指一则广告，而指一系列的广告活动，对应的词汇也从静态的 Advertise 转变为动态的 Advertising。

广告以唤起注意力为首要的效果目标，我们将广告活动本身理解为围绕潜在客户注意力资源的交易。潜在消费者的注意力被许多广告效果模型列入产生效果的第一步。例如，AIDA 模型、AIDMA 模型、AISAS 模型中的"A"是效果模型的第一阶段，代表着"Attention"（注意）。注意力经济生产心理现实，通过心理现实寻找生命的意义。从这里可以看出，注意力经济具有终极目的性，它应该成为人类社会经济活动的出发点和归结点，其他一切形态的经济只是手段。

如今，面对如此之多的商品选择，消费者的注意力是一种重要而稀缺的资源。由于媒体的多样性以及在线广告的低成本，所有这些信息和广告都以非常低的成本提供给消费者。面对无数的广告和注意力转移者，消费者对任何特定信息的关注度都会降低。广告交易便成为对注意力这一稀缺资源进行高效配置的方式之一。注意力经济在广告中有着重要的应用，1996 年美国爱思派学会的传播与社会计划机构召集 22 位广告和媒介行业的领军人物、学者、政府官员和其他领域的专家举行讨论会——未来的广告：注意力经济研究的新方法。注意力资源的特殊性决定了广告交易区别于一般的商品服务交易，具有独特的经济属性。注意力经济的发展为我们审视广告交易提供了相关的理论支持。

广告既是为了获取注意而进行的传播活动，也可理解为广告主与广告受众围绕注意力资源而进行的交易活动。注意力所有者（卖方）是广告受众或者潜在的消费者。在这场交易活动中，生产者 / 广告主（买方）在获得消费者的注意力之后，通过适当的开发与利用，将其转化为购买力与影响力，而消费者 / 广告受众通过出售注意力资源，获得了免费的媒介内容、商品信息、问题的解决方案以及需求被满足的承诺。

依据上文对交易的定义，广告交易可被定义为注意力资源配置的一种方式，在这个过程中发生了注意力所有权的变动，而广告主可将获得的注意力资产转化为品牌资产与经济效益。

2. 广告产业内部的交易

正如上文所述，广告活动的核心是唤起注意，因此，以注意力资源为对象的广告交易可以一直追溯到广告活动的起源，而在实现注意力资源交易的过程中，参与交易的主体越来越多，分工也越来越细，专业化程度也越来越高。

广告的最初形态是商家自身发起的叫卖、招幌、印刷品，进一步的传播则是依靠人际之间的口碑传播。等到大众化、商业性的媒体出现之后，广告被视为方便经济生活的实用信息，不少报纸免费刊登广告信息，甚至有专门刊登广告信息的报纸。广告商意识到媒体传播所带来的经济收益时，委托媒体帮助自己获得更大范围的传播。在这场关于广告的交易中，广告主获得了可以转化为销售收入的注意力，而媒体获得支持其生产运营的资本，受众在信息匮乏的时代，获得了关于什么商品在售卖的消费信息。广告主、媒体、受众均因为这一分工与交易而受益。

等到现代广告公司诞生，媒体售卖广告的业务与制作广告的业务进一步分化，成为广告代理商的主营业务。当广告主委托广告公司进行刊发，其实就是将品牌传播的权限委托给广告公司。媒体将广告位的售卖交由媒介代理公司实现。广告代理商的双重代理，既帮助广告主制作并投放广告，也帮助媒体进行广告位的资源变现。在广告主、媒体、受众三者的交易之中，又纳入了新的主体——广告代理商。随着广告专业能力不断发展，广告公司主营业务也在不断细分，从创意、拍摄、制作、投放都有可能分化出来，成为新的交易主体。到互联网时代，广告公司成为没有围墙的公司，创意人会邀请不同类型的个体及组织，例如消费者、自由创意者、艺术家、作家、技术专家进入到广告领域，进行协同创意。

从最开始广告主 / 商家自身通过各种方式与手段（如招幌、叫卖等），吸引顾客注意力而实现直接广告交易，到后来，媒体、媒体掮客、媒介代理商、受众测量机构、技术代理商、网络名人等相继加入广告交易之中，他们或因吸引、凝聚注意力资源，或在注意力资源经营与管理方面更加专业与娴熟，通过分工与协作共同完成注意力资源的交易并从中收取相应的费用。在过往，大众传媒是实现注意力交易与分配的最佳平台，而到现在，情况发生了极大的变化，注意力已被碎片化，甚至粉末化，找到相关的小众群体、圈层与个体，吸引注意，促成交易已成为广告注意力交易的常态。

无论参与主体数是增加还是缩减，广告交易实现并维持的根本原则是双方是否能够通过交易让彼此的状态更好，即交易是否能够给双方带来价值。

如果牺牲一方的利益，来成全其他主体，这个交易体系注定是不公平的，也势必是不稳定的、易碎的。例如，在广告数量爆炸式增长干扰人们的判断、影响人们的媒介体验与生活时，消费者的利益在这场交易中没有得到保护，导致社会公众对广告的评价偏低。这是一场不平等的交易，一旦消费者被赋权，用户将会维护手中的权利，扭转原先这场广告交易中自己的不平等地位。技术正在让零散的广告交易成本不断降低，从而使得入围广告交易的主体越来越多。曾经被拒之门外、无缘广告的中小企业广告主，现在也可以通过技术，以较低的成本参与广告交易，获得交易带来的价值。

委托代理制是产业内部广告交易的主要制度，即广告主将广告创作与投放的业务委托给下游的广告代理公司，帮助其实现广告战略目标。广告代理公司可以通过代理费、服务费或者成果回报制来为自己的服务收费。在广告主委托的过程中，存在道德风险，即在交易前后存在严重的信息不对称——在交易之前广告主并不能完全了解代理商的资质、能力；在交易之后广告主难以了解代理商是否按照约定履约，广告效果数据真实与否。这也会影响他们对广告交易价值的评判。

广告体系因为分工与交易而快速发展壮大，但是也可能因为交易受阻而走向分崩离析。因此，我们在思考广告的治理、思考广告未来的命运时，离不开卷入这场注意力资源交易的利益相关群体。广告系统因为利益相关群体创造价值而存续于社会系统之中，也会因不再创造价值而走向衰亡。

2.3　交易及信息摩擦治理

2.3.1　交易概念溯源

"交易"这一概念最早可追溯至古希腊思想家亚里士多德的论述。他将交易与生产进行区分，将生产定位为"人与自然的关系"，将交易定位为"人与人之间的关系"，生产和交易共同构成了人类的全部经济活动。亚当·斯密认为，交易是人的基本天性之一。商品与服务在不同的人群之间交换，扩大了市场的范围和分工程度，提高了资源配置效率与国民收入的创造与积累（陈宇峰、姜井勇，2010）。相较于自给自足，交易让市场上的资源流动，让人们专注于自身最擅长的事情，同时又能够让多元化的需求得到满足，是实现社会福利最大化的方式。

古典经济学与新古典经济学对"交易"的界定十分宽泛，等同于"交换"，并认为在这个过程中，交易双方严格遵守"利益最大化"与"完全理性"的经济人假设。这一处理方式忽视了不同期望的行为人在交易过程中产生的利益冲突及其冲突解决的机制设计问题。

2.3.2　交易的制度经济学研究

直到近代，制度经济学才将"交易"提升至经济学的一般范畴。制度经济学家康芒斯将"交易"与"交换"严格区分，指出交换指代的是物质财富和服务的具体转移，而交易指代的是所有权变动，相对抽象。康芒斯对交易的重新界定揭示了交易的制度背景。他指出，运行规则具有重要的分配与配置意义：按照运行规则进行的谈判过程决定了交易主体所采用的交易类型与交易条件；与此同时，运行规则又影响着法律、经济权力的行使。由此可见，运行规则，即制度对交易活动的深刻影响。

交易不仅被制度经济学家首次置于放大镜之下，而且也被视为现代经济学研究的核心问题。经济学家布坎南在《自由、市场与国家》一书中，将经济学的定义和研究对象从现代主流经济学的"稀缺资源的优化配置"转向了"交易"。学者何全胜（2010）进一步阐释，经济学显然不能将所有的资源配置方式作为研究对象，而只能研究交易这一资源配置方式。他将稀缺资源的分配方式划分为经济与政治两种手段，并指出经济的本质是交换，用最小的付出换取最大的收益，强调效率，追求个体利益最大化；政治的本质是强夺，用强权夺取一些人的利益来满足另一些人的利益，强调公平，追求集体利益最大化。

随着经济学家对交易研究的不断深入，学者逐渐意识到"完全理性""追求利益最大化"的经济人假设并不符合经济现实。首先，交易主体的理性是相对有限的——不仅对未来的预期与考虑是有限的，对信息处理能力也是有限的，当信息超过上限或信息秩序混乱超过可判断范围时，交易主体将失去求得最优解的能力。其次，交易主体抵御干扰的能力有限，容易受到外部环境的干扰。在微观层面，交易经济学以人类有限理性为基础，并突出交易主体的非同质化特征，为交易主体设置了统一的行为范式——交易预期收益函数，更加符合经济现实（王盼盼，2017）。交易主体进行交易的目的相同，即预期收益最大化，目的相同也为在宏观层次上考察主体间相互作用提供了便利。

由此可见，交易主体在各自不同的信息集和约束条件下，基于自身认知和决策能力来进行决策。尽管如此，交易主体还可以通过不断学习、调整和适应来克服有限理性，体现为对交易预期收益函数中的参数进行不断调整，在宏观与长期层面则呈现为经济系统演化博弈。

2.3.3　信息摩擦及治理

"因为我们生活在一个充满各种各样法律、契约、组织、企业等正式制度和伦理、道德、社会规范、信任等非正式制度相互交织、共同演化的真实世界，而在新古典主流经济学的视野中所有的制度都被外生为最完美的、无摩擦的变量而已"，然而，"没有交易费用的社会，宛如自然界没有摩擦力一样，是非现实的"。①

信息摩擦就是交易费用的主要表现形式。随着交易逐渐被重视，学者们注意到交易过程中的损耗。法国数学家古诺发现，交易过程中的损耗不可避

---

① 陈宇峰. 并非完美的制度：对制度转型理论的一个前沿评述［Z］. 中国人民大学经济学院工作论文，2006.

免，交易各方都要克服摩擦，商业范围的扩展和商业设施的发展可使摩擦减少并趋于理想状态。马克思也指出，商业专门化，节约了商品买卖的资本，但是却招致了流通费用。

新制度经济学家在康芒斯的基础上提出了交易费用理论。科斯等新制度经济学家对微观经济学的完全信息假设、完全理性假设、交易成本为零假设进行了修正，提出交易成本（交易费用）以及与交易成本相关的制度结构。信息摩擦是交易费用的主要表现形式。

信息摩擦这一概念源自信息经济学，是指在完成预期目标的过程中，由于信息不完全或不对称，导致在正常支出成本之外所消耗的成本（李三希等，2021）。根据其形成的原因，信息摩擦可以分为两类：一种是由于寻找与匹配交易对象而带来的搜寻摩擦（Diamond，1981），另一种是阻碍交易顺利完成的信息不对称，又分为交易前的逆向选择与交易后的道德风险（见图 2-1）。

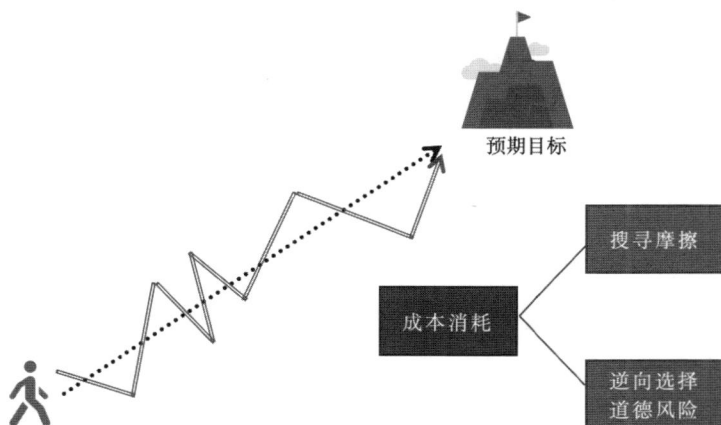

图 2-1　信息摩擦所带来的成本消耗及其表现形式

信息摩擦的存在影响着市场的运行效率：搜寻摩擦通过影响均衡价格与产品差异化来影响市场运行效率（Stahl，1989；Wolinsky，1986）；而信息不对称则是通过逆向选择（Adverse selection）和道德风险（Moral Hazard）来影响市场的运行效率。知情交易者的交易选择取决于其持有的私有信息，反向影响着不知情交易者。例如，二手车市场上的卖家比买家掌握着更多关于车辆质量的真实信息。因此，卖家在车辆质量较低的时候更加想要卖出汽车，而这一行为反向影响着买家利益，导致买家的支付意愿下降，甚至导致市场失灵，没人愿意交易。Akerlof（1970）将这样的市场称为"柠檬市场"。

在签订契约之后，一方隐藏行为（hidden action）或者隐藏信息（hidden information）产生信息不对称，导致另一方利益受损。例如，当签订聘用合同之后，雇主无法直接观测到雇员的工作情况，雇员就可能选择偷懒，而这一行为影响了雇主的利益。信号发送及信息甄别被视为能够减轻交易中的信息摩擦，但是仍然存在信息租金。

Goldfarb 和 Tucker（2019）对已有文献进行全面综述，认为数字技术降低了五个方面的成本：搜寻成本、复制成本、交通成本、追踪成本与验证成本。李三希等（2021）具体阐释数字技术降低信息摩擦的作用机制，即搜寻匹配算法降低搜寻摩擦以及排序、声誉机制、消费者行为数据降低信息不对称，同时研究也指出由于大量数据的收集、控制以及使用而引发的数据保护、垄断与滥用等新的信息摩擦。由此可见，数字技术对于信息摩擦的影响存在正负两种效应。

信息摩擦的治理有多种策略（张金隆、丛国栋、陈涛等，2009）。第一种策略是合同机制，即利用合同的法律效力，使其能够对交易双方均有较强的约束力。合同是维持双方关系的正式框架。第二种策略是组织整合。Aubert 等（1997）认为，组织之间的纵向整合、相互抵押、弥补投资、联盟等方式能够使双方紧密结合，共担风险，共获收益，可以减少机会主义行为，提高互相保障。第三种策略是关系治理。关系治理强调维持信任、沟通、依赖与合作的关系。Poppo 和 Zenger（2002）认为，关系治理的关键要素是开放的交流、共享信息、相互信任、依赖与合作。Uzzi（1997）认为，信任关系发挥着自我强化的保证作用，既可以代替复杂、明确的合同，也可以代替纵向整合，相对来说更加经济有效。Jeffries 等也发现，信任存在过犹不及的问题，即过多的信任和太少的信任一样都不好。当组织之间、个体之间的信任过高或过低，双方的效率与绩效就很难得到提高。Klein（1996）从经济视角论述

了双方产生信赖状态的条件是从长远来看，保持这种状态所能得到的收益大
于破坏它的利益。

关系治理的逻辑与博弈论相近，即当交易主体能够预测感知到未来合作
得到的回报，会鼓励他们现在的合作。而双方彼此依赖的程度与交易规模、
重要性、彼此认可以及可供选择的余地有关。关系治理的有效性受到模糊性
的限制，即如果交易双方自身或者第三方的检测者都不能够清晰地观察和评
估机会主义行为，那么关系治理降低机会主义动机的能力就会下降。

信息经济学关于交易中的信息摩擦以及治理的相关研究将交易从理想状
态"拽入"真实情境，指出了交易的复杂性以及多元主体的利益冲突性，为
本书在交易视角下探索数字广告治理的创新路径提供重要的分析视角与工具。

2.4　广告交易研究的独特价值

关于广告与交易的探讨，主要来自两个领域：经济学与广告学。经济学
家在很早就开始关注广告对市场交易的影响，例如，广告对商品价值感知、
价格弹性、市场壁垒及市场集中度的影响。这一类研究将广告视为市场交易
的"刺激物"，探索广告所带来的经济作用。而广告学研究者将这一"刺激
物"置于放大镜下，将其视为广告产业，关注广告产业内部的分工与交易。
在过去，这两个话题在各自领域分别被讨论。本书对上述两个领域的研究进
行整合，试图构建一个与外界系统来往联系，而内部自成体系的广告生态系
统，供相关研究者获得相对全面、系统与宏观的视角来理解、研究广告。传
播基础结构理论指出媒介系统是社会宏观系统的组成部分，彼此依赖，广告
系统也是如此。交易视角不仅贡献了本研究试图建立数字广告治理体系的思
路，而且交易视角下的广告研究也有其独特的研究价值。

2.4.1 交易动态地决定着广告产业的范围

交易不是企业内部的活动，而是企业之间的经济活动，体现了专业领域的分工与合作。交易在哪些地方发生，就意味着产业在这些地方存在与发展。过去，我们关于产业的认知是相对固定的，甚至是以产业内部的核心主体为识别广告产业的依据。这一认知方式固然典型、直接，具有代表性，但是会导致市场上但凡出现一家大型广告代理商关门倒闭，在社会认知层面都会连带着整个广告行业随之堕入深渊。

广告交易的主体总是在不断诞生与消亡，价值交易总在市场的某个角落发生。交易视角是一种以交易活动为依据的动态视角，相对于过去的产业划分标准，它更具有动态性、开放性，对新生事物更具有包容性。以注意力商品交易为核心的广告活动认知，适用解释范围更广阔。这一定义不仅涵盖了古代广告丰富多样的活动，即商家依靠自身的吆喝、叫卖、涂鸦、招幌来实现注意力的交易，也可以概括现代广告各种复杂的活动，如在商家与买家之间的注意力交易卷入更多的参与主体与环节，拥有数不清的工具与方法论；而且还可以统领数字广告领域频繁涌现的新技术与理念，如社会化媒体营销、影响者营销、口碑营销、内容营销、原生广告，使其不必陷入依据媒介载体、广告形式、操作活动等表面定义"挂一漏万""变动不居"的陷阱之中。

2.4.2 交易视角可供探察广告生态的平衡状态

交易视角可供我们思考在这一连续交易的过程中到底哪些主体因交易而受益，哪些主体因交易而利益受损。广告—交易的双层嵌套模型展示了围绕注意力资源交易的链条，串起了"广告受众—媒体—代理商……—广告主"等诸多主体，当交易链条的所有参与者都因为交易而获益时，这一交易的体系才是稳定的、健康的、可持续的。当用户感受到欺骗、冒犯、体验不佳时，他们会终止广告交易链。当广告主感受到欺诈，广告效果数据作假，广告预算的投入难以见到回报时，也会终止广告交易链。过去研究并未将用户的广告回避与广告主委托代理的道德风险置于一起讨论，在本书中，交易视角将两类看似不相关的问题化约为广告的交易问题。

在过去，用户 / 广告受众在这一场广告交易中的身影模糊，并不是谈判桌上的平等主体，但是随着制度的完善、技术的加持以及素养的提升，受众在广告交易中的重要性开始被关注。我国广告法规定广告应当具有可识别性，能够使消费者辨明其为广告，与其他非广告信息相区别。这一规定从交易的视角来看，确保广告受众知晓自己是否处于广告交易之中。

《广告法》第四十三条规定，任何单位或者个人未经当事人同意或者请求，不得向其住宅、交通工具等发送广告，也不得以电子信息方式向其发送广告。以电子信息方式发送广告的，应当明示发送者的真实身份和联系方式，并向接收者提供拒绝继续接收的方式。第四十四条规定，利用互联网从事广告活动，适用本法的各项规定。利用互联网发布、发送广告，不得影响用户正常使用网络。在互联网页面以弹出等形式发布的广告，应当显著标明关闭标志，确保一键关闭。这两项规定确保广告受众可以停止某些干扰性较强的广告交易。不仅如此，当广告受众对品牌及品牌活动的评价更高的时候，他们不仅贡献自己的注意力与数据，还可能贡献自己的传播潜力，如评论、转化、二次创作等影响他人。因此，在过往广告交易研究中被忽略的用户环节，在本书的广告交易研究中被补充进来，从而构建一个更加完整的交易链条与循环。

理想状态的交易一定是所有的交易主体都能够从中受益。当我们检视交易是否出现结构性问题时，那就意味着需要有外界的干预来恢复。这种失衡是否能够被扭转，是否能够被解决，也直接关系着交易是否能够持久地存续下去。倘若制度无法扭转这种失衡，信任将无法建立，人们的交易活动充满了风险与成本，交易如果无法稳定地进行，就会陷入无限度的内耗，不断证言自己的真实可靠，行业也将止步不前。从交易视角探察广告活动规律，进而了解广告生态的健康程度，了解广告作为一种交易体系、商业社会的信息沟通、媒体商业模式以及人类精神交往与物质交往的汇聚点，其社会经济功能的发挥情况以及所遇到的阻碍。

2.4.3 交易是技术效应发挥、广告治理开展、产业新陈代谢的过程

交易是理解一切变化的中间环节，技术可能是起始效应，而交易才是技术在被采纳、被应用之后，服务于产业使命的直接活动以及作用于产业利益流动的关键性活动。因此，技术的效应需要经由交易活动来进行传导。广告交易形态变化反映了技术嵌入并改变广告活动的过程。

资源总是流向效率最高、效果最优的领域，但是这一规律并不能保障交易一定是公平的。交易不应是让一方收割高额利润，而让弱势方承担后果。这样的交易是扭曲的，违背了交易的自愿原理与价值原理。广告治理应该顺应交易的纹路去治理，不是对问题、现象的简单禁止，或者对某类主体的习惯性保护，而应该介入到交易的过程中，对其中的收益—成本进行调整，从而确保在交易繁荣的同时，也使得公平交易得到保障。

广告交易决定了广告在社会中所能够创造的价值与利益，途经哪些环节，滋养了哪些关键节点，又绕过哪些节点。利益不再途经的那些节点将会日渐枯竭，自我消亡，被淘汰、被舍弃。虽然过程是惨烈的、令人叹息的，但是从更加宏观的视角来看，这也是整个系统升级、进化、新陈代谢的自然过程。

2.4.4 从外部生意到内部心智：广告交易是多学科交会的十字路口

以注意力资源的交易为核心的广告活动定义创造了一个多学科理论可参与的话题领域。注意力原本属于心理学范畴，指代人的心理活动指向和集中于某一事物的能力。而广告的本质即注意力资源的交易，通过提供信息，吸引注意，降低营销者与消费者之间的信息不对称。在这个过程中，消费者将注意力以及未来购买的可能性交付于营销者，营销者将产品信息、消费符号、美好生活的想象、满足需求的承诺交给消费者。以交易的视角研究广告，一方面可以在变动不居中把握广告的本质，即注意力商品的购买与开发利用，

另一方面也可以避免以表面的广告形式、琐细、操作性活动来定义广告的局限性。曾经，广告学作为一门应用学科问世，在发展演变的过程中借用了心理学、经济学、传播学、社会学以及其他社会科学等诸多领域的知识，而今天又有很多新的学科加入进来，如工程学、计算机及信息科学、认知神经科学等。

❋ 本章小结

　　本书所关注的"广告"不是在媒体上刊登的具体广告作品，而是围绕广告目标实现而组织起来的注意力资源及其交换活动。广告交易作为伴随商业媒介诞生的最为古老的生意，从最开始商家获得注意力是依靠自身的吆喝与叫卖，依靠自家门口的招幌，自给自足，到后来广告领域的分工日益细化：有些个体及机构特别擅长吸引注意力，促进注意力资源的交易，广告主可以通过付费购买这项能力。

　　无论中间环节发生怎样的变化，注意力资源的所有者依然是受众。广告活动实现了注意力资源的重新配置，受众持有的注意力所有权发生了转移。当广告主获得了注意力，注意力所有权就经由受众转交给了广告主。

　　广告在分工与交易的过程中得以发展壮大，广告发展史也是一部关于分工与交易的历史，商品生产者不断将广而告之的事务交给市场上最优秀的玩家。将广告置于交易视角下进行研究与思考，不仅可以给广告研究带来创新见解，更有利于我们在急遽变化的时代认知与把握变幻莫测的广告。

第 3 章

广告交易的历史、理论及模型

数字技术如同鲇鱼一般，搅乱了广告市场的稳定结构、利益关系，也激活了市场主体的创新适应能力，无数的主体、无数新的机会涌现出来，广告行业的创新层出不穷，但乱花渐欲迷人眼。如何透过晦涩的技术术语、纷繁复杂的现象、快速变化的广告方法论，理解广告活动的本质，显得尤为重要。这也是数字广告治理的重要基础。

交易是本书深入触及广告本质、全面探索广告生态的关键"切口"。同时，交易也是一面"滤镜"，通过滤掉表面现象及细节，凸显广告活动背后的重要利益关系与演化博弈过程，为我国数字广告治理体系的构建供给底层逻辑与参考框架，从而使治理不再被现象牵着鼻子走，而是在坚守核心原则上的主动、积极的行动。

本章将在历史与理论的基础上，进一步呈现广告作为以注意力资源为对象的交易活动的演变历程，以及传播政治经济学、媒介经济学、注意力经济学等领域对于用户注意力的研究，在此基础上提出全书的第一个模型"以注意力为对象的广告交易模型"（简称"注意力交易模型"）。

3.1 广告交易的发展演变历程

根据广告交易过程中卷入交易主体的数量以及技术的卷入程度，本书将广告交易阶段划分为广告的直接交易、二次售卖、代理交易、自助交易、实时竞价交易以及智能交易六个阶段或形态。广告的直接交易发生在广告主与受众之间；二次售卖形态则卷入媒体这一注意力"凝聚器"，由媒体凝聚受众的注意力售卖给广告主；代理交易形态则卷入从事双重代理（客户代理与媒介代理）的广告代理商；自助交易则是通过技术匹配，以自助的方式降低众多中小广告主进入广告市场的门槛；实时竞价交易则借助程序化交易技术实现对单个用户的单次广告曝光机会的实时购买；智能交易借助机器学习，实现广告效果优化、注意力交易效率的不断提升。

虽然不同交易形态的出现时间有先后关系，但并不是彼此替代的关系。例如，注意力资源的直接交易不仅是古代广告的常见交易形态，而且在数字空间中，很多品牌也可以通过自有媒体与用户直接沟通。

3.1.1 注意力资源的直接交易

古老的广告形式是商家通过吆喝、叫卖、小曲、路牌、招幌、烽火、壁画、图腾、旗亭、市鼓等形式来吸引路过行人的注意。当广告被看到的一瞬间，看不见的注意力正在被交付。此时的注意力购买仅仅发生在商家与受众之间，是一种直接交易，并辅之以有限范围内的口耳相传。直接的广告交易虽然原始、简单、朴素，但由于中间环节少、成本相对较低、可控性高，但是直到现在也依然被很多商家视为沟通的重要方式之一。

尽管广告交易经历了漫长的发展演变已具备新的样貌，但以注意力资源直接交易为核心的广告交易形态依然存在，且在数字媒体时代，因为广告主拥有了更多与消费者直接链接的手段与方式而变得更加普遍。

商家可以通过直邮广告、订阅推送、社交媒体账号、官方网站及 APP、小程序、电商店铺、实体店铺、渠道人员、即时通信群、品牌粉丝社群、消费者俱乐部等自有媒体渠道（Owned Media）与消费者直接进行沟通与对话，吸引消费者，直接完成注意力资源的交易。这种交易的形态又被称为直面消费者（Direct-to-Consumer，DTC）的营销方式。

《新营销白皮书（2020）》报告指出，无论是新生代的消费品牌，还是传统品牌都积极在线上搭建 DTC 营销架构。知名运动品牌耐克自 2012 年开始就一直推进 DTC 营销战略，并且该战略带来的收入增长率一直保持在两位数。耐克一方面通过社交媒体与消费者互动，另一方面布局官网和移动端的自有渠道矩阵。同时，为了加强与消费者的直接联系，提升复购率，耐克还推出了 Nike+ 会员制、会员福利、定制服务、跑步俱乐部等项目。

新锐运动品牌 lululemon 非常重视社交媒体、线下门店、官网电商、APP、小程序、在线运动课程、线下活动等自有渠道的运营，从而与消费者保持亲密无间的沟通关系。2020 年，品牌收集消费者对产品及购买体验的意见，改善数字平台的客户体验以及官网电商渠道，其流量和转化率增长分别达到了 40% 和 25%。即便在 2020 年，诸多运动服饰品牌销量下滑，该品牌营收依旧保持 11% 的增长率，其中直接面向消费者的电商营收增长了 101%，占总营收的 52%，超越了运动巨头安德玛和阿迪达斯，成为全球仅次于耐克的运动服务品牌。[①] 在 DTC 模式下，品牌先期依靠社交媒体营造声量，并通过自建线上销售渠道、官网电商承接线上购买需求，紧接着借助品牌社群与体验营造实现对消费者的直接运营（即私域流量的运营），强化消费者的品牌黏性。

广告主通过与既有消费者的直接沟通来实现注意力交易的模式，这既是最为原始与古老的广告形式，在数字营销时代依然存在，而且发挥着越来越大的作用。这一交易模式的优点在于广告主不用花费大量广告预算购买媒体

---

① 辛晓彤 . 一条瑜伽裤打天下，lululemon 何以市值超阿迪？［N/OL］. （2022-07-21）［2023-03-09］. https://www.36kr.com/p/1836958004683782.

广告位，营销成本较低，而且"广告主—消费者"的直接对话模式省去许多中间环节，不仅使广告主掌握更多消费者的一手真实信息与数据，也可避免交易过程中因中间环节过多而带来的交易成本与道德风险，可控性更高。宝洁、联合利华等大规模广告交易主体因担心注意力交易过程中的欺诈问题，决定自己搭建广告交易平台，从而确保交易过程的真实与可靠。直接交易模式适用于广告主与现有顾客之间的沟通联系，但在获取更广范围、更大规模的潜在消费者注意力资源上并不具备优势。

3.1.2 注意力资源的二次售卖

进入大众传播媒体时代，少量的媒体汇聚了大量的注意力资源，媒体在凝聚注意力方面表现突出，显然比商家在有限自有渠道里获得潜在客户的效率更高，于是广告交易开始纷纷转移至大众传播媒体，交易开始在这里频繁地开展。

随着大众化、商业化媒体的出现与成熟，媒体凝聚了大量公众的注意力，从而使这一注意力聚集者具备了促成注意力资源批量交易的潜力。商家意识到传播所带来的经济收益，委托媒体帮助自己传播广告变得非常高效、有利可图。

报纸上开始出现广告，并且可以通过广告来增加收入。在近代中国，《东西洋考每月统计传》登载"行情物价表"之类的商业信息及商业广告。《申报》和《新闻报》主要是为了外商在华经济活动提供舆论阵地，为了推销它们的商品和掠夺中国资源服务。资产阶级改良派的报纸出现了广告专版，《国闻报》前四版是新闻与评论，后四版是广告（杨海军，2006）。值得注意的是，广告信息作为反映社会生活风貌的经济信息，在当年也被读者视为具有一定的阅读价值。许多报纸甚至免费刊登、专门刊登广告信息。

直至大众报纸发展的巅峰，报纸几乎一半的篇幅都用于刊登广告。广播电视时代，媒体上的广告信息不断增多，挤占媒体的节目时间。因为电视台插播商业广告数量过多而引发观众的抱怨，国家广电总局 2012 年曾颁布《〈广播电视广告播出管理办法〉的补充规定》，要求全国各电视台播出电视剧时不得在每集电视剧中间插播任何形式的广告。这在一定程度上反映了大众传播媒体上的广告数量开始呈现爆炸式增长。

早期以门户网站为代表的互联网媒体仍然是大众传播的模式，集中了大量用户的注意力资源，广告投放与曝光依然是较为确定的行为。广告主可根据媒体的风格与所聚集的受众结构特征来实现对潜在目标受众注意力的购买。此时，注意力只是从线下走向线上，线上依旧是少量的内容，注意力的分布状况仍然相对集中在头部网站。

在这一交易模式中，由于大众传播媒体的加入，注意力资源的广告交易从"广告主—消费者"拓展为"广告主—媒体—消费者"。广告主 / 商家可借助媒体，获得更大规模的受众注意力资源，以及更广泛的知晓度，进而转化为更多的销售收入；而媒体通过内容吸引受众，刊登广告并将受众的注意力售卖给商家，获得支持其生产运营的资本；而受众是乐于接受广告的，因为需要知道正在销售与流行的商品消费信息。广告主、媒体、受众因为这一分工与交易而受益。媒介经济学的二次售卖理论便是刻画媒介在注意力交换过程中的中间角色。

中间环节的增加导致广告主对广告受众 / 消费者缺少直接的接触与掌握，对媒体所提供的注意力资源的规模与质量，存在着信息不对称的问题——广告商可能将广告投放给了对其产品不感兴趣的人群，或者忽略了那些潜在客户。因此，广告商需要一个可以降低风险的信息系统，即第三方受众测量机构。原先"广告商—媒体—受众"的交易模式进一步演变为"广告商—受众测量机构—媒体—受众"。

商业受众研究兴起于 20 世纪 30 年代的美国，逐渐发展壮大，依靠现代统计技术、数据收集和处理技术，增进了对大众传播媒体大规模受众的认知、评价与预测。订阅率及发行量是印刷媒体实现受众测量的指标，只要媒体提供的数据被外部审核和确认，广告主就可以依赖这一真实可信的数据进行广告投放与预测。广播媒体最开始是依靠收音机的销售量来判断广播听众的规模，但是这一数据并不能说明受众选择哪个频道进行收听。广告主只有在能够判断广播听众的特征与其目标消费者的特征一致（重合率较高）时，才会购买广告时间。统计学关于样本与总体推断的方法在市场研究与民意测量领域被应用，进而被引入到测量媒介的受众特性。尽管抽取的受众样本并非总体的完美代表，但是因为提供一定的可信度与置信区间，所以被市场广泛采纳与接受。受众测量系统的发展并不是为内容制作服务，其核心是为广告商服务。当时关于视听率的数据采集方式包括隔天电话回溯访问法、即时电话访问法、自动播放记录器、人员测量仪、收视日志。

进入互联网媒体时代，流量成为互联网媒体"受众信息系统"的重要指标。与传统媒体时代视听率指标一样，流量也是反映媒体内容的曝光率，是对受众规模的测量。不同之处在于，视听率的调查方法是对总体进行抽样，以样本属性来推测总体属性，而流量是以服务器为中心的受众信息数据的实时收集。在媒体数量快速增长、受众群体高度碎片化与异质化的发展趋势下，过去的抽样规模已经难以代表总体，大数据的流量测量相比之下更加准确。市场对流量数据的准确测量与估值是传媒市场交易公平有序的前提。

3.1.3　注意力资源的代理交易

随着大众传播媒体与专业媒体的数量增多，不同媒体的受众结构各异，广告投放需要在不同媒体之间进行选择与组合，从而保证对目标消费人群的覆盖规模与曝光频次，以期达成广告效果。此时，在媒体与广告商之间的注意力交易又加入了新的主体——媒体掮客或媒介代理商。

随着报纸广告业务的大幅增长，报馆开始委托外界人士招揽广告业务，根据其带来的广告收入支付佣金。报馆的广告代理人和版面买卖人，又被称为媒体掮客。媒体掮客作为中间人，帮助交易双方达成协议、签订合同，并收取手续费或佣金。市场中处处都有掮客的身影，他们依靠掌握的信息资源和提供的服务获得收入，一般情况下无须付出实际成本。媒体掮客作为撮合交易的非常重要的市场机制，使供给方与需求方得到匹配。因此，在商家、媒体与受众之间注意力的交易，又增加了新的环节与主体——媒体捎客，他们凭借自己所掌握的信息，降低商家与媒体之间的搜寻成本，从而使交易能够顺利达成。

　　如果说媒体捎客是以个体的力量参与广告交易，促进交易的达成，那么进入这一时期，出现了较多能够购买大规模媒介资源的媒介代理公司。媒介代理商是以双重代理的方式介入到广告交易之中，具体表现为：一方面，接受广告主的委托，代替其与媒体进行注意力资源的交易，一般称之为广告投放；另一方面，接受媒体的委托，协助媒体尽可能地完成注意力资源的交易。媒体组织一般也会将注意力资源的交易（广告版面与时间）委托给媒介外部的组织（媒介代理商），代表媒介经营广告业务。这不仅可以使媒介广告经营实现利益最大化，而且可以有效降低媒介运营的成本和风险。因此，代理模式也为大多数媒体所采用。

　　媒介购买公司的核心功能不变，依然是帮助媒体实现广告位的资源变现，帮助广告商获得注意力资源。媒介代理业务逐渐被一些大型国际媒介购买集团蚕食。WPP 传播集团就凭借基于计算机和数据库的媒介购买与投放能力发展到了全球第一的位置，该集团每年要在报纸、杂志、电视、广播和互联网平台（包括谷歌和脸书）帮客户花掉高达 750 亿美元的广告费。《华尔街日报》甚至选择广告传播集团 WPP 曾经的执行官苏铭天爵士来为自己打广告，向广告客户证明媒体被专业人士认可、拥有高价值的注意力资源（见图 3-1）。

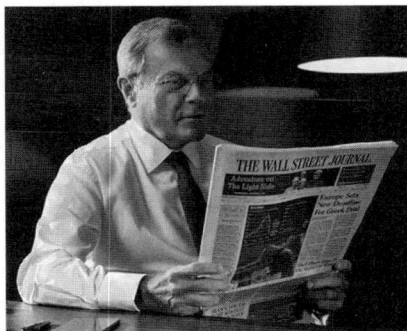

图 3-1　《华尔街日报》曾选择 WPP 前首席执行官为其注意力价值证言

　　媒介代理曾经一度是广告公司的重要职能与主要盈利来源。广告公司在媒介资源领域的争夺尤为激烈，他们纷纷组建媒介购买公司，推动媒介代理专业化水平的提升。媒介购买公司可以较低的价格实现媒介资源的批量购买，一般来说大型媒介购买公司拥有较强的议价能力。例如，三赢传播就是广东省广、广东广旭、省广博报堂三家广告公司以及省广下属所有公司的媒介购买联合体。从事户外广告交易业务的分众传媒 2005 年在纳斯达克上市时打破了中概股 IPO 融资纪录。在欧美资本市场看来，当时中国广告业中最具投资价值和稳定盈利能力的领域就是媒介购买和户外广告。前者已被外资广告集团控制，而后者在中国庞大的市场容量和地理面积面前，还有很大的增长空间。

　　早期数字广告交易仍然是延续传统媒介购买公司的交易形态，即由媒介购买公司打包购买互联网媒体的广告机会（位置与时段），并通过低买高卖的形式赚取差价，获得收益。门户网站时期广告刊例价依然是按照热门页面的展示时长进行交易，仍然是广告主对媒体空间的租用。因此，在注意力资源的定价方面并不灵活。尽管媒体会提供一定的折扣，但是整体来看价格不会随着流量数据与广告效果数据进行实时波动，只是根据页面/栏目的热门程度而进行价格的模糊设定。随着服务器对页面浏览量、广告点击量进行统计之后，广告展示式的流量数据开始走向精确，广告收费可以根据广告加载的次数（代表广告可能被观看了多少次）而出现实时波动。这一时期，数字广告尺寸、清晰度过于多元，各个门户网站各有一套标准，这在无形之中增加了广告主跨媒体投放广告的障碍，给广告交易带来摩擦。

　　广告商与媒介代理商是"委托—代理"的关系，媒介作为代理方可能为了自身利益而做出有损委托方的行为，使广告商面临道德风险。例如，媒介代理商为了获得更高的广告代理费用（通常是按照广告媒介投放预算的 15% 来收取），不顾实际情况为广告主设计高额费用的媒介计划。当媒介代理商不能为广告主提供专业的媒体服务和更加实惠的价格时，广告主就可能选择性价比更高的代理公司，或直接与媒体洽谈业务，节省交易成本。

　　广告主的广告支出，不仅包括支付给媒介代理商的代理费用，而且还包括搜寻合适的媒介代理商的交易成本。由于广告市场中广告主与代理商之间总是处于一种信息不对称状态，广告主掌握代理商的不完全信息，由此便存在代理风险。胜三管理咨询公司的调查显示，对于理想的媒介代理商，39%的广告主受访者将对于品牌、媒体和客户的知识及了解列为最重要的因素。由此可见，信息与知识成为评价代理关系质量的最重要的指标。37% 的广告主将优秀的媒体谈判能力列为理想的特质。当请广告主列举衡量理想的整合型代理商的标准时，它们将媒体策划、策略策划、创意 / 创新及优秀的专业团队列为关键要求。这些特质在与集团代理商合作模式中成为至关重要的需求。

18 世纪末英国的威廉·泰勒、詹姆斯·怀特，19 世纪中叶美国的沃尔尼·B. 帕尔默、罗厄尔，虽然被推为广告史上的早期广告人，创办了广告公司，但究其根本，他们所从事的广告代理都是媒介代理，更准确地说是报纸广告的代理。20 世纪 60 年代的广告人认为，创意是永不衰退的客户价值，但仅仅过了 20 年，WPP 就凭借基于计算机和数据库的媒介购买与投放能力发展到了全球第一的位置。媒介代理是广告公司的重要职能和盈利来源。进入 20 世纪 90 年代，广告公司在媒介资源领域的争夺尤为激烈，他们纷纷组建媒介购买公司，推动媒介代理专业化水平的提升。时过境迁，互联网时代的到来，使得传统媒介购买的专业能力日渐失去用武之地。

3.1.4　注意力资源的自助交易

随着互联网空间中的信息日益增加，注意力从原先聚集在头部媒体开始不断分散，出现了许多长尾互联网媒体资源。随着互联网的媒体信息过载，网页无限增加，而注意力却是有限的，相对而言，注意力成为稀缺资源。将广告投放在没有人观看的网页是无效的。与此同时，即便一个网页只有寥寥几人观看，也可以聚沙成塔，单个受众的注意力依然具有交易价值。此时，广告交易的价格不再是固定的，而是可以根据加载 / 点击的次数进行计价。这样一种广告交易给予许多中小网站赚取收入的路径，也使许多中小企业可以在有限的预算范围内初次尝试广告投放。

数字技术改变整个社会的传播结构，也促使更多的垂直细分网站、个人网站、自媒体、社区等小众化、碎片化的媒体通路相继涌现，这些媒体虽然所凝聚的注意力规模不如大众传播媒体，但是依然具有价值。散落在网络空间中的注意力资源，就是一个个广告交易的潜在机会，但是仅凭人工已经无法实现对如此碎片的注意力资源进行交易，依靠数字技术来实现交易已成必然。于是，广告交易进入自助阶段，有限的时间与空间不再是限制广告交易的因素，广告交易开始围绕注意力实现直接购买。无论是何种媒介通路，只要承载了注意力资源就具备了广告交易的可能性。

"受众—媒体—广告商"这一以媒体为中介的广告交易依然存在，只是相比于过去少量有限的媒体通路，现在吸引消费者注意的媒体以及自媒体数量在网络空间中呈现爆炸式增长，人们注意力的凝聚状态逐渐分散化、群聚化。头部的媒体与自媒体依然拥有着规模级的注意力资源，可以高效实现注意力资源的二次售卖。注意力市场的"尾部"在不断延长，虽然单个尾部媒体所凝聚的注意力资源有限，但是尾部媒体的数量在不断增长，如若可以将这部分零散的注意力资源进行整合售卖，其注意力资源规模并不亚于头部媒体。因此，广告市场上出现了广告联盟、广告交易平台等主体，通过整合零散的注意力资源而实现交易。广告媒介资源开始进入碎片化与长尾化阶段。

随着国内外互联网平台崛起，作为互联网流量的接入端口或者承载平台，它们汇聚了大量用户注意力，从搜索引擎时代开始，很多互联网公司面向中小媒体主发起了广告联盟。例如，中小网站可以注册 Google Adsense、加入百度广告联盟。这是搜索引擎应用对于注意力资源交易的拓展，不仅实现对于搜索结果页面的广告展示与注意力资源交易，而且也对用户后续点击进入的网站开启了注意力资源交易功能。搜索引擎广告出现后，平台对广告机会进一步拓展，不仅仅是在搜索结果页面进行广告展示，而且也在后续点击进入的网站中进行广告展示。而这些中小广告站点也可获得广告收入，用以支持自己的内容创作。这跟现在的自媒体的形式相近。广告主在进行关键词购买之后，会默认投放在联盟网站，不仅在关键词搜索的结果页面会出现广告，而且在点击关键词进入的网站也会出现广告。这种广告的计费门槛相对较高，往往是按点击收费，展示并不收费。

自助式的广告交易，即广告主并不需要媒介代理公司来实现对于注意力资源的交易，只需要借助平台广告投放的自助系统与框架，自己设定相应的交易条件，自动筛选想要购买的注意力资源（受众地域、性别、年龄、收入、受教育程度等），进行定向投放。自助式广告交易仍然是针对广告位资源的条件进行购买。

正是由于这一时期广告自助投放平台的生成，很多中小企业的广告投放不需要过度依赖人力以及媒介代理商，可以自由地在这些广告投放系统界面决定广告投放规则，并能够获得广告效果的监测数据。广告门槛变低，交易成本变低，媒介资源与广告需求被充分激发出来，进而吸引更多中小媒体机构/自媒体、中小广告主涌入交易市场，实现供需的充分匹配。这一交易为互联网科技公司带来更加丰富的收入。这对于中小网站、自媒体账号来说也是有益的，因为这些广告交易为他们的内容创造带来了收入。

对单次曝光/注意力的购买、摆脱对人力购买方式的依赖、交易主体的规模化增长，是这一阶段广告交易的显著特征。值得注意的是，这一投放在时间上仍然是预先设定好的。但是这一市场的增量并非零成本的，而是需要交易双方支付给广告联盟发起者（平台）交易金额的一定比例，有的时候是五五开，有的时候是三七开。广告投放仍然是在页面相应位置的投放，根据单次计价。每个人打开这一页面，出现的广告是一样的。

3.1.5 注意力资源的实时竞价交易

信息社会的进一步发展带来信息过载，媒介时间与空间并不是稀缺资源，注意力才是。面对媒介资源与注意力资源的极大不平衡，过去对媒介时空的购买已经不奏效了。即便是最热门的网站也无法保障所有页面的广告能够被用户看到。

在数字通信技术的辅助下，大概从 2010 年开始，数字广告交易进入到实时竞价（Real Time Bidding，RTB）的交易阶段。自助式的广告交易就是一种预先设定的程序化交易，系统根据广告主设定的规则进行购买。广告潜伏在目标受众可能出现的场景 / 媒体，并针对每次曝光进行收费。预先设定的程序化购买是根据媒体来进行定向，只是交易的方式变成了单次曝光来计算，广告出现在什么媒体的什么位置，是相对固定、可知的。这一模式是由广告主从媒体或广告网络批量购买流量，交易的流量往往鱼龙混杂，广告主也无法监测，只能照单全收。

实时竞价购买可以让广告主对每个展示机会进行辨别，如果识别为有潜在价值的客户，广告主就可以进行拍卖，价高者得（见图3-2）。数据管理平台根据用户的媒介消费轨迹推测其大概会是什么类型产品的购买者，然后在同类型的想要做广告的品牌方之间发起实时竞价，价高者获得展示广告的机会。广告交易从人为操作控制转向开始委托机器，按照规则自动化地执行广告投放的指令。

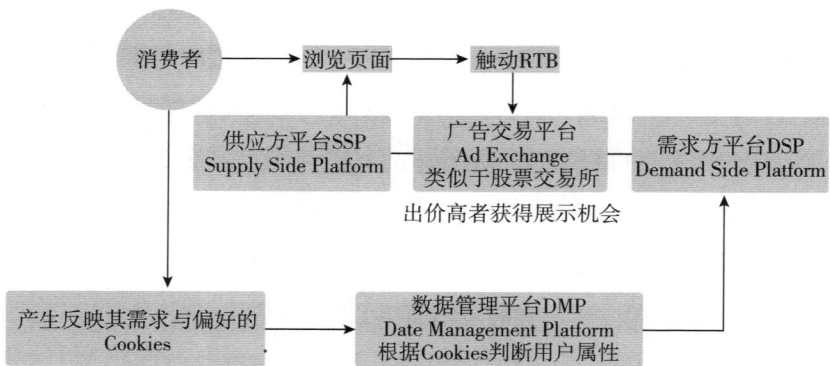

图3-2 实时竞价交易的流程演示

围绕实时竞价这一广告交易系统形成了供应方平台（Supply Side Platform，SSP）、需求方平台（Demand Side Platform，DSP）、数据管理平台（Data Management Platform，DMP）、广告交易平台（Ad Exchange）等配套技术，借助计算技术，实现供给与需求的快速匹配，使交易能够顺利进行下去。需求端平台是为广告主服务的，帮助其降低成本、提高投放率和投放效果；供应端平台是为媒体服务的，帮助其获取最大收益，保证所投放广告的质量。当前的中国程序化广告市场上，DSP、AD Exchange、SSP 等功能开始出现融合，一些互联网巨头的综合大型投放平台，如巨量引擎、腾讯广告、阿里妈妈等，整合了所有程序化广告交易流程，直接连接广告主与媒体。此外，电视终端、户外广告等传统媒体平台的交易也逐渐数字化、程序化。

相较于过去的广告交易，实时竞价购买的效果得到了显著提升，DSP 广告公司 Turn 研究发现：使用 RTB 可实现点击率提升 135%，转换率提高 150%；SSP 供应商 PubMatic 的研究发现：使用 RTB 带来的提升效果惊人，达到了 749%；更让人惊奇的是，RTB 让广告主满意的同时，媒体的收入也提高了 64%，可谓买卖双赢。

广告交易从通过媒介广告位的购买实现注意力的间接购买，转向为直接的用户注意力的购买。对广告主而言，这一广告交易模式导致广告交易的不可见，广告出现在什么位置事先是不确定的，它只是潜伏在用户可能出现的地方。过去，通过监测媒介广告位就能够掌握广告展示情况；如今，不同人打开同一个页面，可能看到的是不同的广告。千人千面的广告交易的不确定性大大增加，风险大大增加。其中，既有广告交易的不可见所带来的风险，也有因为广告展示的媒体背景不确定所产生的品牌安全问题。此外，由于实时竞价购买是根据用户的浏览历史、上网行为来判断用户是否是目标受众，是否具有潜在价值，其中卷入了大量个人信息与行为，隐私风险也随之产生。实时竞价购买是程序化广告的一类，它实现了广告展示机会的单次拍卖，实现了对注意力资源的直接购买。

3.1.6　注意力资源的智能交易

进入人工智能时代，数字广告交易不仅是自动化的，而且是智能化的。基于广告投放不断反馈回来的用户数据及其洞察，广告交易决策得以不断优化。深度学习平台广泛收集海量用户的相关信息，包括用户之前的浏览记录、注册信息、接触广告的时间点、广告位的上下文内容等数据，然后将其输入模型，深度学习平台会基于这些信息，选择一个最有可能被点击的广告素材进行投放，并等待用户的反馈。而后，平台根据用户第一轮的点击反馈数据（是否点击）返回到模型之中，进行参数微调。随着投放反馈数据信息增多，模型不断迭代，机器猜测用户点击广告的水平也会随之提升。

在智能媒体时代，广告投放不再是一次性、批量化的投放，而是将其划分成不同小批量、一轮一轮地进行依次投放，通过前序投放不断反馈回来的数据，进行归因分析来优化、迭代后续的广告投放。广告投放就像是一个不断摸索最佳答案的社会实验，可以通过测试、数据反馈，寻求超越人类经验限制的更优答案。例如，一开始广告主可以在多个人群中进行广告投放测试，并对效果进行衡量，选择反馈最佳的人群进行大规模投放。又如，广告主可以将两个不同的广告文案进行投放测试，看看哪个文案的效果更好，然后在后续的投放环节选定这一文案进行大规模投放。

广告交易变得非常灵活。在过去，一旦广告交易的订单发出，广告主很难再对其中的参数进行修改。当融入机器学习之后，机器则可随时根据数据反馈的情况改变定价，重新调整定向投放的参数。

频次控制是广告交易中的难题。随着投放次数的增加，与用户注意力交易的效率也呈现出倒"U"形，即对同一个人，投放频次不够可能难以形成品牌印象，投放频次过高可能浪费广告预算，甚至会形成逆反心理。智能化的广告交易因为是按人群购买，减少广告网络之间的重叠投放，可以实现跨媒体的全域用户频次控制，而不仅仅是对一个站点的控制。在国内广告市场上，快速消费品企业对深度学习与点击率优化投注更多的精力。原因在于，这类企业通常对广告营销的依赖度较高，且广告投放规模较大，精准性的微小提升、点击率的微幅上调，都会带来广告预算的大幅节省与广告效果的大幅提升。

除了上述考虑因素之外，广告投放优化领域的深度学习模型还纳入了更多参数，如用户处于品牌认知的阶段、用户接触品牌广告的频次、不同媒介触点等，使其更加接近用户接触广告时真实且复杂的情境，使机器思维更加接近人类的思考模式。

智能广告交易卷入了新的主体——智能算法或者智能体，它能够基于大量广告投放数据反馈的洞察，获得超越人类自身认知的经验。它不仅在投放上能够实现自动化与智能化，不断优化投放效率，而且对于用户而言，它也可以通过分析用户的属性数据、行为数据，精准识别用户可能感兴趣的话题、品牌与广告，精准匹配用户需求。

随着生成式人工智能在广告创意领域的应用，对于用户来说，过去的广告交易是以"强推"为主，可能用户不需要，但是也被迫观看了广告信息。智能化的广告交易，获取用户的大量数据猜测用户的需求与偏好，在消费者需求的"路口"等候，以"轻推"（Nudge）的方式出现，并小心记录用户的反馈，一步步攻占心智。当用户发现，广告算法推荐甚至比自己搜索的信息质量与效率更高，也更符合自己的心意，他们很愿意让算法了解自己的喜好，从而更好地服务自己。

3.2　理论视野下广告注意力交易的特性

传播政治经济学"受众商品论"与媒介经济学"二次售卖论"均谈及了媒介与广告商的交易，观点非常近似，但是两者的理论立场不同，前者侧重于揭示传媒行业对受众的剥削与控制，而后者侧重于说明传媒产业经营与收入的模式。

3.2.1　传播政治经济学与受众商品论

"受众商品论"是传播政治经济学的重要理论，致力于揭示现代传媒行业与现代资本主义商业之间的勾连，尤其是对受众剩余劳动的剥削。达拉斯·斯麦兹（1977）在《传播：西方马克思主义的盲点》（*Communications*：

Blindspot of Western Marxism）一书中提出了受众商品论，从媒介、受众、广告商三者之间的关系入手，揭示资本主义传播工业的运作机制。斯麦兹指出，受众看似休闲的媒介时间，其实是在电视机前从事着"观看"的劳动，为媒介创造了价值和剩余价值。在获得免费内容之外，受众并没有获得额外的经济补偿，反而需要在购买商品时支付广告附加费而承担受众商品化的经济后果。商业受众测量机构掌握受众的数量多寡、区分受众的类别，然后出售给广告商。

受众商品论，将传播政治经济学的批判矛头指向了传媒行业非有形商品的交易，揭示了广告商对媒介经济的渗透与掌控，其目的在于通过广告左右消费者的决策；同时该理论也指出了传媒与广告商交易中的重要制度存在——商业受众测量机构。该理论侧重于对受众劳动的揭示，对广告交易的细节并未展开，且并未考虑受众的主动性。

后继学者在斯麦兹的基础上进一步发展这一理论。传播政治经济学派中的女性主义传播学者米翰（E. Meehan）指出，传媒与广告商之间的交易对两个市场有结构性依赖，一是受众商品市场，二是受众测量机构。米翰将目光聚焦于受众测量机构的分级功能（Media Ratings），即关于受众规模、构成、媒介使用模式的报告。米翰进一步明确，媒介与广告商交易的并不是受众，而是关于受众的分级信息。作为女性主义学者，米翰这一理论的批判性体现在其解释了受男性控制的分级市场。

传播政治经济学派中的反种族主义学者甘迪提出媒介生产的"时间段"（Blocks of Time）才是商品，只有在媒介与受众交流过程中，受众才作为商品出售给广告主。这为受众商品的交易增加了时间维度的界定，进一步设置了受众商品交易的前提，即受众必须参与到媒体之中，才能作为商品出售。这一观点将受众在交易中的主动性纳入考虑。受众的广告回避行为以及在媒介多任务环境下的受众参与情况增加了交易的不确定性。

北美传播政治经济学代表人物文森特·莫斯可，在斯麦兹"受众商品论"的基础上，考察了媒介与广告商交易的细节。他提出"控制性商品"

（Cybernetic Commodity），揭示媒体对受众的生产实则是媒体对受众的控制。莫斯可指出，媒介与广告商之间的商品交换需要通行的价值判断标准，即媒介测量公司所测量的"收视率"。媒介收集关于受众的反馈信息，并以此为依据将受众商品卖给广告商。收视率调查公司将收视率商品化，这是一种信息商品，而非有形商品。媒体生产的商品不是实际的受众，而是关于受众的信息。受众商品化是延伸的商品化过程，延伸至公共教育、政府信息、媒介文化等公共空间，涉及个体的身份认同与转型，实则是对个人的控制。

3.2.2　媒介经济学与注意力市场

媒介经济学的代表人物罗伯特·皮卡德提出传媒领域的"双重产品市场"或"二次售卖理论"，即传媒企业生产着两种产品——内容产品和受众。传媒企业先将媒介产品卖给终端消费者，然后再将消费者的时间卖给广告商或广告主。传媒收入由两部分组成，一次售卖的低价或者负定价（低于发行成本的定价）由二次售卖的广告收入来弥补。不同媒体的两次销售占比存在较大的不同，代表着传媒企业不同的盈利模式（罗伯特·皮卡德，2005）。如今，很多视频应用、音乐应用都设置了会员服务，用户可以通过支付会员费成为会员，从而获得版权内容、免除或减少广告，非会员可以通过观看广告来获得版权内容的消费。两次销售表现相互作用、相互影响，企业在其中一个市场上的表现会影响另一个市场的表现。

传媒的第二次销售其实是围绕注意力资源的广告交易。媒体将受众的注意力资源物化为广告版面或时段，销售给广告主。不是所有媒介都参与广告市场，而参与广告市场的媒介则以不同的方式向广告客户出售读者、听众、观众的阅读、收听、收看时间。同时，它们提供给广告客户各个级别的广告市场，如本地广告市场、分类广告、活页广告以及全国性广告（罗伯特·皮卡德，2005）。

首先，不同媒体凝聚的注意力资源存在量与质的差异，这也将影响广告费用投入的多寡。媒体所凝聚的注意力资源规模越大（发行量大 / 收视率高 /

网站流量多），获得的广告收入相应也就越高。其次，不同媒体凝聚的受众类型在消费方式、居住地理区域、人口统计学资料、心理偏向等方面存在较大差异，这些特征也影响了注意力的转化效果（转化率／购买力），进而也会影响广告主的支付意愿。当媒体广告的注意力转化为后续行为（点击了解详情、注册、联系商家、预订、购买等）的可能性越高，即转化率越高，媒体受众的经济地位越高、购买力越强，会对广告主的投放意愿产生积极正面影响。这也体现了传媒售卖的注意力商品质量存在较大的差异，增加了传媒广告交易的复杂性。

业界对于广告交易的讨论集中在广告主、广告代理商与媒体供应方之间。如何从媒体采集广告资源，帮助媒体进行流量变现。广告市场的可替代性与媒介内容产品的可替代性相比更加明显，但不同媒介之间还是无法完全相互取代。这是因为他们提供给广告商的受众类型各不相同，存在较大的差异。不同媒介在不同家庭中的渗透程度不同、赢得受众注意力的时间不同、人们利用媒介类型的组合不同。这些林林总总的问题左右了广告客户利用媒介的方式。

詹姆斯·韦伯斯特（2017）在其《注意力市场》一书中关注了由用户、内容提供者及测量提供者所构成的注意力市场，并注意到进入信息时代，用户有限的注意力与无限的信息内容之间的矛盾日益尖锐的情境下，测量机构正在扮演着越来越重要的角色——注意力市场上的关键枢纽，它服务、构建及货币化受众，它帮助人们寻找受众、辨别受众和适应受众需求。媒介测量作为效果反馈的量化表达，已经深深嵌入传媒业中，成为推动其有效运转的重要力量。传统媒体时代，媒介测量是为了供媒体和广告商进行注意力资源的交易与管理，而进入数字媒体时代，媒介测量还拥有了更多一重的功能，为用户的注意力去向提供指引，即"用户信息机制"。韦伯斯特关注传媒领域的注意力市场，虽然对货币化受众的广告交易有所提及，但是其论述的重点仍然侧重于媒体。

3.2.3　注意力经济的相关理论

诺贝尔经济学奖获得者赫伯特·西蒙在 20 世纪 70 年代注意到信息的丰富导致了注意力的贫乏，他指出，"在一个信息丰富的世界，信息的丰富意味着另一种东西的缺乏——信息消费的不足。非常清晰，信息消费的对象是其接受者的注意力"。西蒙将注意力定义为一种在市场上可以交换的并受供求规律影响的商品。

在 20 年后，随着信息科技的进步，信息传播效率的提高，信息爆炸成为广受关注的问题，注意力经济的概念才开始出现。1990 年，心理学家沃伦·桑盖特首先使用了"注意力经济"（the economy of attention）一词，很快被学术界接受，后简化为"the attention economy""attention economy"。

米切尔·高德哈伯是最早研究注意力经济的学者之一，被称为注意力经济学之父。1997 年，米切尔·高德哈伯在网络杂志《第一个星期一》发表了注意力经济学派的开山之作——《注意力经济——网络的自然经济》，在文中高德哈伯指出，如果说，农业社会的核心资源是土地，工业社会的核心资源是能源，那么信息社会的核心资源是注意力。网络时代是一个注意力经济时代，而注意力经济完全不能从传统经济学的角度来理解。高德哈伯进一步指出，人的注意力不是无限的，并在西蒙的基础上进一步提出了"注意力货币"与"注意力是一种珍贵的财产"的概念，注意力经济是基于注意力这种稀缺资源的生产、加工、分配、交换和消费的新型经济形态。

赛斯·高斯坦因将注意力经济理论应用于实践行动。2005 年 9 月，他成立了一个 Attention Trust 的网站，开发了记录用户上网点击历史数据的软件——Attention Recorder 的 Firefox 插件，为用户提供追踪自己上网记录的方法，开辟了 Root Vault 分享平台，提出了注意力银行的概念，等等。高斯坦因认为，注意力是一种内化的心理现象，本身难以被观察和记录，但是人们在网络上的行为却透露了注意力信息，他们在网络上停留多长时间，阅读了什么内容，在哪些网站上进行消费，都代表了他们的注意力。比如，在数字广告交易过程中，业界制定了广告的可见性标准，即根据广告加载的情况、在屏幕上停留的时长间接判断用户是否看到广告。一些广告主也通过点击行为来判断注意力的情况。因此，注意力在越分散、越难以推断的情况下，外界就越需要借助更多的行为数据来说明注意力的实际情况。

托马斯·达文波特从1998年开始关注注意力经济。2001年，他与约翰·贝克合作出版《注意力经济：了解商业的新通货》，设计了注意力测量装置，用以探明注意力的分布。

建筑学家和哲学家乔治·法兰克（1997）在《注意力经济》中提出"虚荣市场"，物质产品的丰富导致人们对荣誉和精英地位的追求，并成为新的欲望中心，其强度超越了人们对金钱的欲望。他将公众事件——会议、音乐会、电视报道、选美比赛、竞争者、剧场表演、展览等在公众领域的所有活动称作"名利场"，由注意力资本的股票交易构成，是价值不断波动的市场。法兰克（2020）将社交媒体比作"扩展的名利场"。大众媒体就像是发行注意力资本的信用卡——分配时间与空间，从而带来更大或更少的回报。法兰克（2020）提炼了一套更加成熟的注意力经济理论，包括分析注意力的功能，作为通货的形式、支付、收入，自我复制以及有效赚得利息等功能。

对西顿（Citton）来说，注意力军备竞赛会产生独特形式的废物和污染，人们需要具备相应的注意力生态意识，使注意力环境更加可控。文学领域的学者理查德·莱汉姆（Richard Lanham）发展了注意力中心的观点，认为从工业社会向后工业社会的变迁发展，卷入了他所说的"从物质（Stuff）到虚无（Fluff）"，从关注一个创意或产品的实用性，到更大的文化背景下的"注意力陷阱"。

3.2.4 从注意力资源看广告交易的特性

注意力资源的特殊性决定了广告交易的特殊性。注意力是一个心理学概念，指人的心理活动指向和集中于某一事物的能力。

1. 注意力与长期记忆之间的关系

在心理学中，注意力的度量单位是片段（Chunk），片段没有绝对的大小，它与特定知识在"长期记忆"中的熟悉程度成正比（徐光远、王旭海，2013）。特定知识在"长期记忆"中的熟悉程度越高，与这一特定知识相关的注意力就越多。由此可见，注意力其实是受人们过去生活经验的影响。在《故事经济学》一书中，作者解释故事发挥作用的机理在于影响了大脑中的布罗德曼 10 区。布罗德曼 10 区是大脑中最为庞大的区域，负责回放记忆、逻辑思考、解决问题、做出选择并且规划行为，大脑中的其他部分负责执行这些决策。人的心智会从过去流向未来，即记住过去经历的因果关系的模式，借此规划未来的行动方针。

在过去事件长年累月的影响下，我们了解到事物如何运行，世间各种力量如何相互连接。当新的情况出现时，心智会根据以往积累的模式，想象出接下来可以采取哪些行动，并预测出这些行动可能会产生的后果。将人们的过去与未来连接起来的不一定是人物过去所亲历的事实，还包括他们在故事中所获得的虚构经验。

注意力跟消费者过去经历与长期记忆成正比，这意味着为了获得更多注意力资源，广告交易一方面需要与消费者过去经历与长期记忆建立连接，对消费者进行深入洞察，创作能够引起消费者共鸣的内容，是广告交易试图获得更多注意力的手段。另一方面，广告传播的累积效应，即留存在消费者长期记忆中的广告传播，将会影响其当下的注意力分布与交易。因此，许多品牌广告主通过持续的广告曝光，促进品牌偏好与品牌资产的形成，消费者的注意力将更有可能被他们所熟悉的品牌所吸引。

2. 注意力资源的深化增值与传导增值

注意力资源不是周而复始的既定存量，它会增值。反省认识过程我们不难发现，个人消耗注意力资源处理各种信息以后，有相当一部分的信息会转化为记忆信息，形成经验或习惯类信息，这是形成偏好的心理基础，它能影响个人对注意力资源再次使用的效率。

因此，伴随着消费者对广告信息处理进度的不断深入，注意力资源被调动的效率也会不同。最开始的消费者注意力是散在的，扑朔迷离、难以捕捉，随着消费者形成了一定的品牌认知、购买及重复购买后，注意力资源会自然地偏向该品牌。注意力资源是随着消费者行为旅程而不断增值的。

早在 1902 年，法国社会学家加布里埃尔·塔尔德（Gabriel Tarde）就将心理学的注意力与经济学联系起来，提出了经济心理学，即大众媒体上广告的中心任务是捕捉和掌握注意力。大众媒体能够将注意力凝聚，产生价值，并可以转化为经济价值，这表现为名人与名声。塔尔德指出这种能力可以自我复制，当一个人已经是公众人物，这一事实也会让他人将注意力导向他，即知名会带来更多的流量。詹姆斯·韦伯斯特在《注意力市场》中提出的"用户信息机制"就指出数字技术给用户提供一种识别什么是热点的信息机制（各种热点事件的榜单与排名），进而引导更多用户的注意力分布。当一个网络事件成为热点之后，将会有更大规模的注意力资源导向这一事件。由此可见，注意力不仅会在个体的信息认知处理的过程中不断深化增值，而且会在人与人之间进行传导增值。

3. 注意力资源在多任务模式中分配

注意力以时间 / 片段来衡量。注意力的所有者在一定时间内关注了某件事，就不能关注另外一件事，这便构成注意力资源的稀缺有限与信息丰富无限之间的矛盾，这种矛盾在现代社会的加速发展中越来越明显，这影响着注意力在个人选择集合中的配置方式。人的注意力受到越来越多的目标牵引，也越来越难以在某个对象上持续集中。谁能够以最快的时间把受到无数信息牵引的目光汇聚到同一个目标上，谁就为传媒社会功能的发挥与产业经营的展开提供了巨大的心理前提。

媒介多任务（Media Multitasking，MMT）是目前媒介消费的常见形态。移动设备的便携性，以及媒介内容的灵活性，允许人们积极地管理他们的注意力，但这也可能让他们分心，偏离原定目标。越来越多的广告讯息在媒介多任务环境下被传递出去，但是我们过往对于广告的研究仍然是"基于受众全神贯注下观看广告"这一假设展开的。菲利普·科特勒在《营销 4.0》一书中提出消费者媒介消费模型（见图 3–3），取代了传统的媒介规划模型，形象地解释了媒介多任务环境对广告信息传递的影响。在这个模型中，科特勒将媒体划分为前台媒介与背景媒介，分配给每个媒介的时间与注意力不同，消费者在各个媒介中来回切换，随着注意力的转移，媒介的角色也在前台媒介与背景媒介之间切换。媒介多任务的消费模式对广告信息的传递，会带来"协同效应"与"碎片效应"两种结果。协同效应是指消费者在不同媒介的接触过程中，信息之间彼此协同，消费者注意力的切换是顺利的，有助于引起信息注意与加工。例如，有研究显示，消费者在从事简单的任务时观看广告，比消费者单纯看广告时对广告的态度更加友好（Chinchanachokchai, Duff, & Sar, 2015）。而碎片效应是指如果消费者的注意力转化经历了信息碎片化而分心，那么信息的效果将会被削弱。

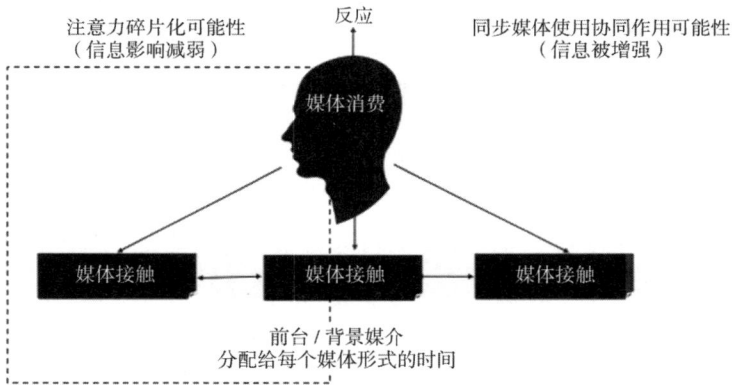

图 3-3　媒体消费模型

　　媒体消费模型揭示了在信息过载、媒体通道过多的传播环境下，消费者注意力分布不再受媒体的安排，而是以自我为中心组织不同类型的媒介使用，媒介消费只是消费者忙碌生活中的一部分。这也给数字广告交易带来了极大的挑战，想要促成注意力资源的交易，营销者必须对消费者有更多的了解，知道他们想要在何时、以怎样的方式、接触什么样的营销信息，从而确保产品或服务的信息传递从消费者角度来说是可以使用的。

4. 用户意向及注意力的追踪与竞争

注意力的存在状态便成为衡量注意力商品的重要指标，当我们对注意力的情况掌握得越多，便越有可能做出正确的注意力资源交易决策与开发决策。因此，关于注意力质量的信息便成为影响广告交易效率的重要因素。传统广告站在商家的角度，将商家能提供的商品信息作为广告投放出去，以吸引注意力。但是，如果站在用户的角度，他们要表达自己的注意力实际上是以自己的意愿体现的。于是 Doc Searls 提出了"意向经济"（Intention Economy）这个概念，也就是说我们应该把注意力放到用户身上，他们的意愿反映了他们会把注意力投放到什么地方。让用户充分表达自己的意愿，然后再让商家进行追踪和竞争，会更有利于用户。意向经济这一概念与媒介多任务环境这一背景紧密相关。在媒介多任务环境中，广告主对于了解受众注意力的情况存在较大的不确定性，需要借助更多的用户数据来预测用户的需求、兴趣与喜好，从而保证广告信息符合用户的意向，最终实现注意力资源的有效交易。

5. 注意力商品的信任品属性

注意力是一种重要的心智资源，其作为内在的心理活动难以被直接观测到，因此，需要外在的、可观测到的行为数据来进行表征。围绕注意力测量、推断以及采纳就产生了特殊的交易模式。学者根据交易双方在质量信息上的不对称程度将商品划分为三类：搜索品、体验品与信任品，分别指在购买前可以通过搜索而得知质量信息的商品、在购买前无法确知但购买后能够知晓质量信息的商品以及在购买前后均难以被确知质量信息的商品。在已有的文献中，维修服务、医疗服务等专家型服务以及食品安全都被视为信任品的范畴。消费者如果想要获得信任品的质量信息，需要在购买商品之外支付更多的信息成本。

依照此标准，注意力商品属于上述三种质量特性中具备信任质量的信任品。在注意力商品的购买前后，买方凭借自身能力无法确定其质量信息，往往需要依靠专业的监测技术机构来对注意力商品的质量进行分析与评定，而这通常需要付出高昂的代价。大型品牌广告主通常需要额外支付媒体购买费用的 1%—2% 给第三方监测机构来监测、核实媒体提供的流量数据是否真实。

相比传统媒体时代的视听率商品，数字时代的注意力商品的信任品属性更加强烈。在传统媒体时代，即使是视听率数据作假，但是广告主仍然可凭借直观感知，大致判断哪些媒体内容是受大众欢迎的，哪些媒体平台的播出是有基本保障的。市场还有其他的信号能够辅助传递受众规模等数据。但是进入到媒体日益碎片化、受众群体日益圈层化的媒介消费环境中，受众接触情况在绝大多数时候是不能直观感知到的、不可见的。在这一趋势中，广告交易对于数据更为依赖，信息不对称的现象更加严重，获取信息的成本更大。尤其是程序化购买加剧了这种现象。广告交易由程序操控，广告出现在何人面前，出现在什么内容旁边，都是不可提前知晓的。

选择何种指标作为注意力商品的信息变得至关重要。第一，以收看、收听、浏览、阅读等，以媒介内容的注意力规模来推断穿插于内容之间的广告注意力规模，这种推断方式可能不准确，因为用户可能会选择性地注意媒介内容和回避广告内容。第二，借助更多的广告观看行为数据，如广告的可见性标准，从而详细记录用户与广告的互动行为，如停留、点击、评论等，但是这种指标门槛较高，而忽视了大多数人与广告的接触其实只是浅接触这一事实。第三，借助更多后续行为，例如，点击广告、了解详情等后链路数据，下载、购买等来事后推断注意力的质量。尽管这一指标最为保险，以实际的经济收益来推断广告的注意力资源，但是因为中间环节较多，很难进行注意力资源的溯源与归因。

3.3　以注意力为对象的广告交易模型

在对广告交易的历史以及相关理论进行回顾后，本书认为广告活动是以注意力资源为对象的交易活动，而广告交易的基本规则是经过交易，交易双方都比交易之前更好了，即对每个个体而言，交易收益大于交易成本。唯有如此，交易才能够持续进行下去。

3.3.1　交易参与者及其交易规则

1. 注意力资源供给者规则

对于注意力资源供给者（用户）来说，当付出注意力资源对自己是有利的，才会提供资源，否则就会关闭交易，比如，注意力资源可以免费交换自己想要接收的媒介内容及服务，支付自己的注意力货币。又如，如果广告讯息对于自己解决生活问题有帮助的时候，愿意支付注意力货币。供给者可以选择支付注意力货币，也可以选择拒绝，当其认为信息对自己没用或与自己不相关的时候（算法匹配错误），就会通过拒绝此广告来自主选择接受与不接受。用户的时间精力是有限的，因此，注意力资源供给是有上限的；而且用户的多任务媒介消费模式更是将其注意力资源摊薄。

2. 注意力资源聚集者规则

对于注意力资源聚集者（媒体）来说，其核心目标是提供有价值的媒介内容，换取用户的注意力资源，与广告主进行交易，实现注意力资源变现。注意力聚集者在获取用户注意力资源之后进行交易时，既可能采取诚信交易的策略，将真实的注意力资源交付给需求者，也可能在利益的驱使下向需求者售卖"掺假"的注意力资源。

3. 注意力资源需求者规则

对于注意力资源需求者（广告主）来说，其目标在于寻求注意力资源转换为商业资本、品牌资产。需求者可以选择通过不同的方式购买注意力资源，储备能够带来销售转化的资源。需求者既可以通过前期投入来创作对用户来说有一定吸引力的内容，如内容营销、关系营销，形成良好的品牌与消费者关系，从而累积自己的私域流量，得以向用户直接推送信息，如短信、邮件、公众号消息等。注意力资源的自主运营需要投入大量的时间与精力，成本较高，其效率跟需求者的数量成反比，需求者数量越多，竞争压力就越大，效率就越低。需求者也可以通过注意力聚集者来实现购买，将内容生产的压力转嫁或者转手给其他优质媒体。用户将对媒体内容的注意转化为对广告的注意，支付注意力货币给媒体及广告主，从而获得媒介内容，如 QQ 音乐推出观看广告 30 秒，获得免费听歌 30 分钟的权益。注意力聚集者也是行动者，他们争夺用户注意力，获得用户注意力的资源更快、规模更大、更容易。注意力需求者通过与媒体交易，从媒体相对高效地获取注意力资源。

4. 注意力交易匹配者与监测者

对于注意力资源匹配者（媒介代理商、交易平台）而言，将媒体汇聚的资源与广告主需要的资源进行匹配，选择组合、精准匹配，抽取相应的平台费用。注意力资源需求者支付信息租金，借助监测者的技术甄别来识别供给者的注意力是真实的还是虚假的、匹配度是高还是低，从而为其注意力资源的交易保驾护航。

3.3.2　广告注意力交易的主要模式

注意力资源的交易模式分为三种（见图 3-4）：

①供给者—需求者，即广告主直接面向消费者的传播；②供给者—聚集者—需求者，即媒体将受众的注意力打包售卖给广告商；③供给者—匹配者—需求者，即借助大数据识别用户需求，进行个性化、精准化的推送。

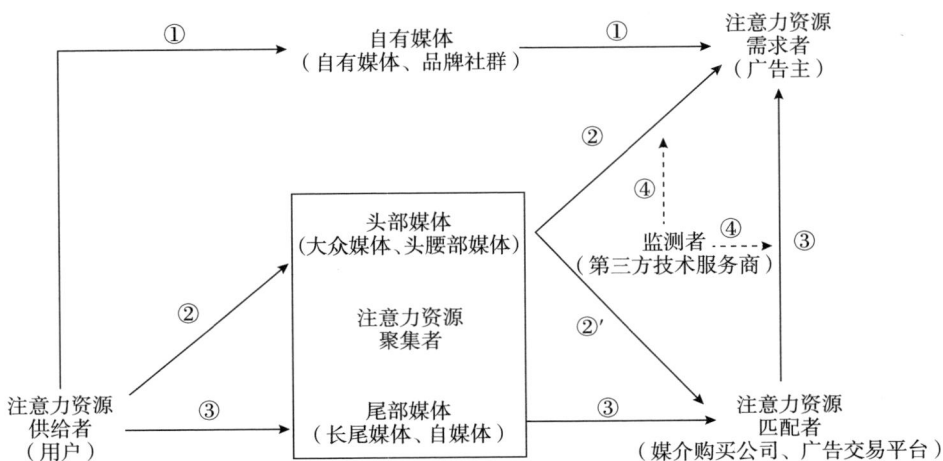

图 3-4　数字广告注意资源交易的模式

模式①：注意力资源供给者与需求者的直接交易模式（图 3–4 中的①所指示的线路）。自有媒体在这里承担的是沟通渠道的功能。注意力资源供给者直接将注意力货币支付给注意力资源需求者。这是一种存续时间最长的广告交易。在过去，这种注意力资源的交易是直接通过吆喝、叫卖、招幌等形式吸引注意力，在如今的网络空间中，注意力需求者也可以与供给者进行直接沟通与联系，例如，推送品牌信息、发送邮件、在官方网站及社交媒体上与用户对话。直接面向消费者的营销（Direct to Consumer, DTC），通过提供有用的品牌资讯，解决用户的生活问题。

模式②：注意力资源供给者经由媒体的凝聚，再打包售卖给需求者（图 3–4 中②及②′ 所指示的线路）。媒体可以凭借优质内容吸引用户注意力资源，从而将其打包售卖给需求者。对于传统媒体、头部媒体而言，注意力资源相对集中、规模巨大、显示度较高，可将流量变现。这类注意力资源通常打包售卖。这种交易方式是通过合约方式对媒介的优质资源（位置、时间）进行协商购买。因为是头部媒体，所以相对来说媒体的注意力资源的真实性、确定性较高，对需求者而言，交易过程中的信息不对称相对较低。头部媒体聚集着大量用户注意力资源。媒体作为注意力银行直接将用户的注意力凝聚在单一媒体通路上。

模式③：注意力供给者与需求者经由尾部媒体与匹配技术实现小规模交易（图 3–4 中③所指示的线路）。这里的聚集者是供应方平台（长尾媒体、头部媒体的广告库存等长尾资源）对分散在不同媒体渠道的用户注意力进行跨平台的追踪，进而进行聚集，通过算法匹配，将供给者与需求者进行匹配。这里的交易不再是对媒介空间、时间的购买，而是对受众注意力资源的直接购买。聚集者通过横向整合将散落的注意力汇聚在一起。

❀ 本章小结

本章继第 2 章对广告交易属性以及广告交易研究价值的讨论之后，从历史与理论两个维度进一步展开，对以注意力为对象的广告交易的发展演变过程进行研究。根据交易形态、卷入的主体不同，广告交易从最初的直接交易到二次售卖、代理交易，再到数字技术卷入之后的自助交易、实时竞价购买以及智能化交易，注意力交易的本质从未改变，但是交易的路径、形式与细节却发生了较大的改变，由此回应了广告概念界定的流动性，不能以固定媒介形态、固定交易形式限制广告的讨论范围。

广告注意力交易的属性在传播政治经济学、传媒经济学、注意力经济领域都有广泛的讨论。在理论与历史的观照下，本章还提炼了广告注意力交易的模型，以交易为框架，统合了注意力资源需求者、供给者、聚集者、匹配者及监测者等多元角色、规则以及多条注意力资源交易路径。

第 4 章

数字技术对广告交易信息摩擦的影响

信息摩擦是数字技术影响广告交易生态的微观机制。

数字技术通过降低广告交易的搜寻摩擦，使海量的中小交易主体（广告主、媒体、自媒体博主）进入广告市场，带来市场交易主体的增量；也使广告交易直接触达消费者个体，实现单次、实时、精准交易，"解锁"了广告交易新形态，逐渐淘汰了传统广告交易形态，促进市场的新陈代谢，提高运行效率，为广告产业创造价值。由于新的交易形态被"解锁"，越来越多的交易超越人类经验感知范围，变得不可见，交易双方的信息不对称，需要借助数据来显现，进而导致围绕数据的收集、存储、分析以及流通产生了新的信息摩擦、逆向选择及道德风险等问题频出。

本章内容是全书的核心，通过引入信息摩擦这一独特视角，阐释数字技术对广告交易的影响机制，理解数字广告交易治理问题的产生根源，从而为后续治理研究及治理建议提供更加清晰的认知框架。数字技术通过降低搜寻摩擦，不仅改善了已有的交易路径，也解锁了过去因为搜寻摩擦过高而无法实现的新的交易路径，为广告行业的快速增长创造了价值。同时，倘若数字广告治理没有解决新的信息不对称问题，交易带来的利益增长将难以覆盖高昂的交易成本，交易也将难以运转。

4.1　广告交易中的信息摩擦

一直以来，以注意力资源为对象的广告交易存在着许多困惑。由于注意力是一种重要的心智资源，其作为内在的心理活动而难以被直接观测到，只能借助外在、可观测到的行为数据进行间接反映，因此交易存在着巨大的不确定性。

正如诺贝尔经济学奖获得者 G. 斯蒂格勒曾言："一个没有交易费用的世界，宛如自然界没有摩擦力一样，是非现实的。"现实的广告交易也充满了摩擦，广告业著名的沃纳梅克之惑——"我知道我的广告费浪费了一半，但是我不知道是哪一半"，便揭示了广告交易中的信息不对称。著名广告教育家威廉·阿伦斯在其著述《当代广告学》中感叹广告的经济连锁效应犹如台球开杆难以预料。广告市场中的双重代理制，也使得协调委托方与代理方之间的信息不对称成为广告行业经久不衰的话题。

相较于传统广告时代，数字技术在广告领域的应用也对广告交易中的信息摩擦带来了潜在的改变。技术乐观派笼统地认为，数字广告交易的信息摩擦，因为大数据与信息的涌入而变得逐渐减少。大量原生态的用户数据让广告主更加了解受众的需求与偏好，进行有针对性的广告投放；数据让广告主了解广告效果的产生过程，衡量广告活动各环节、各渠道对销量的贡献率，从而优化广告的投放策略。然而，这一观点忽视了技术背后由于交易制度更迭而新产生的信息摩擦，这也是数字广告交易研究的盲点。

在信息经济学的研究中，居于核心地位的是信息。其中，信息不完全、不对称是信息经济学需要解决的问题。随着注意力经济的兴起，人们开始反思信息经济。在网络经济中，信息通常是过剩的，相对而言，人的注意力是稀缺的。从注意力经济的观点来看，即使存在信息不对称，也可能并非源于信息短缺，更有可能是人们面对大量信息无法处理甚至真假难分的不对称。

由此可见，即使数字技术使得我们获得了更多关于广告交易的数据与信息，但是并不代表我们解决了信息不对称的问题，围绕数据的获取、甄别、保护、控制及使用又产生了更多新的信息摩擦。

数字技术对于广告交易的影响是多重的、复杂的以及交互作用的。本章将致力于从信息摩擦的视角，揭示数字技术的介入对数字广告交易产生影响的具体机制。

4.1.1　广告交易中的搜寻摩擦

作为信息摩擦的一种，搜寻摩擦（Search Friction）是由于寻找交易对象而产生的成本。

搜寻摩擦理论认为，市场供需双方的需求存在异质性，海量的需求与供给增加了信息的搜寻和匹配的难度，因此，双方都需要付出不可忽略的成本才能够找到彼此并达成交易（李三希等，2021）。当供给方与需求方不知道彼此的存在，或者寻找对方需要花费较多的精力与时间，此时市场上就存在着搜寻摩擦。而当供给方与需求方越容易找到彼此，市场上的搜寻摩擦就越小。搜寻摩擦代表着市场在解决供需匹配方面的效率。

在广告交易中，注意力供给方与需求方在交易需求上存在着较大的异质性。注意力需求方（即广告主）需要寻找对产品或服务有需求或感兴趣的潜在消费者的注意力，那些能够转化为后续购买或拥护品牌行动的注意力资源。注意力供给方，即广告受众，对不同的广告信息有着不同反应及个性化态度。理想的广告交易追求在合适的时机、在合适的场景，将广告展示给潜在的目标受众，促进注意力资源的有效交易，并在可以预期的未来达成更多的经济效果。因此，广告信息、沟通对象、沟通情境是否匹配，直接关系着这场注意力交易能否有效达成，以及在未来的增值可能性。

在很长一段时间，注意力需求方都是通过"大手笔""大声量""广撒网"的交易方式来尽可能多地吸引人们的注意力，其中，总有一定比例的注意力能够转化为后续的注意力，也是需求方渴望获得的注意力，而剩余的不能转化为任何价值的注意力，则被视为浪费，正如上文所说的"被浪费的一半"。广告效果的"漏斗模型"正体现了从注意力到最后购买的每个环节，消费者数量都是逐步递减的。

在以注意力资源为对象的广告交易中，在理论上交易对双方均有利的情况下，搜寻摩擦决定了在现实生活中交易是否会发生，在哪些主体之间发生，以及通过何种方式发生。在早期的广告交易中，商家在车流如龙、人潮如织的街头闹市，通过叫卖、吆喝、招牌等方式唤起路人的注意，通过察言观色招徕与劝说可能会感兴趣的路人。这一交易形态，围绕注意力资源的匹配而产生的成本，如体力的消耗、判断经验的积累、被拒绝被无视的风险等都构成了搜寻摩擦。

大众传播时代，广告交易依赖有限的大众传播渠道来实现注意力资源的交易。有限的媒体渠道与内容凝聚着大规模的注意力，这也意味着有限的广告交易机会。由于注意力规模庞大且只能够批量购买（向所有受众展示同样的媒体内容与广告），因此，广告交易的门槛升高，市场上只有资金实力雄厚的大型广告主能够承担起这笔支出。市场上大众媒体的数量有限，广告主数量有限，加之媒体掮客、媒介代理公司通过汇聚不同媒体的注意力资源，匹配广告主的交易需求，降低广告主与媒体之间的搜寻成本。所谓的双重代理制，即媒介代理与客户代理，其重要的价值在于这一机制降低了广告主与广告媒体进行广告交易的搜寻成本。但这一借助媒体而实现的模糊搜寻匹配方式，导致广告主与目标受众这一层面的注意力资源交易的搜寻摩擦较大。广告主为了达成与目标消费者之间的注意力资源交易，可能需要额外支付那些在媒体受众中、但非广告目标受众的那部分注意力的成本。

因此，媒体目标受众（Target Audience）的"浓度"越高，达成注意力资源交易的概率越高，搜寻摩擦相应就越小。广告交易者可依据媒体的受众测量与调查，判断媒体的目标受众与广告目标受众的重合度（见图4–1）。重合度越高，广告交易的价值就越高。这一规律也能够解释为何某财经网站的首页虽然浏览量高，但是广告刊例价低，需求少，而进入到具体的栏目页面（如期货、基金、股票、保险等频道）时，虽然广告流量整体相对降低，但是广告需求更高，点击单价更高。其背后的主要原因在于细分频道的受众同质性较高，相关金融类产品广告的沟通更加有针对性，被浪费的注意力资源相对较少。

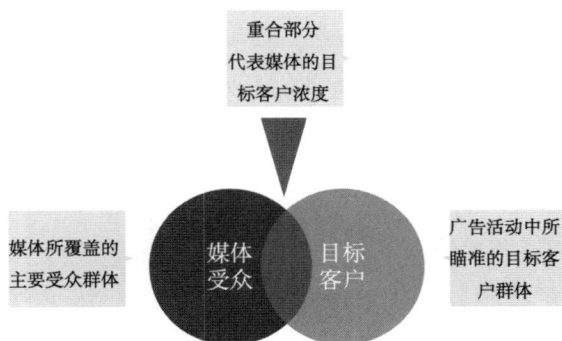

图 4-1　媒体的目标受众浓度

　　随着媒体渠道与内容数量激增，媒体去中心化趋势明显，用户注意力变得日益分散，不再凝结成块，而是"被打散"进入到感兴趣的网站、频道及账号，这也给广告交易带来极大的困难。有限的媒体投放已难以覆盖足够数量的受众。在少数几个大众媒体上足够次数的曝光而获得效果的方法已失去用武之地。

　　广告交易从整批购买，变得更加碎片化、颗粒化、粉尘化，广告的门槛在降低，海量的媒体与中小广告主趁此机会进入广告交易市场，并通过广告交易平台迅速进行供需匹配，完成广告交易。这一部分市场是区别于传统广告市场的增量市场。更多中小广告主与中小媒体可以借助互联网平台的广告自助系统来实现广告交易，且大多数情况下都是按效果（点击、注册、付费等）等来计费。技术让广告市场从头部市场走向了长尾市场，也让广告主能够搜寻到合适的媒体进行交易。随着对用户行为数据的追踪变得日益简单与方便，广告交易开始跳脱出以媒介受众倒推潜在广告受众这一模糊方式，开始实现对用户注意力的单次交易，交易变得越来越精准。

4.1.2　广告交易中的信息不对称

如果说搜寻摩擦是想要交易的双方寻找彼此而产生的成本，是信息摩擦其中的一种来源，那么信息摩擦的另外一种来源就是信息不对称。在交易前后，交易双方中一方掌握的信息比另一方多，则被定义为信息不对称。发生在交易之前的信息不对称是逆向选择，而发生在交易之后的信息不对称是道德风险。搜寻摩擦是双方在找寻合适交易对象的过程中所额外产生的成本。搜寻摩擦经常被应用于劳动市场上的相关研究，即雇主招不到员工、员工找不到工作的现象研究。与搜寻摩擦中交易双方都不掌握彼此的信息不同，信息不对称是指交易一方比另一方掌握更多信息。

关于逆向选择最典型的例子就是二手车交易。经济学家 Akerlof（1970）曾研究二手车的交易，发现买卖双方交易前拥有不对称的信息，即卖家肯定拥有关于二手车情况的更多信息。在信息不对称的情况下，买方基于市场平均水平开出的价格一定低于市场上高质量二手车的价格，进而导致高质量二手车退出市场，"劣币驱逐良币"，形成恶性循环。Akerlof 将这类市场称为"柠檬市场"。

在广告交易中，媒体往往掌握着更多受众情况的信息，这也使得广告主在进行广告交易时处于信息劣势。交易存在风险，风险包括在对广告主的产品不感兴趣的人群身上花钱或是忽略了潜在客户，广告主需要一个可以降低风险的信息系统。传媒市场上的广告交易需要依赖受众测量系统来保障其顺利进行。商业受众研究从 20 世纪 30 年代开始出现，发展至今，研究队伍逐渐壮大，其存在的主要功能就是为广告商与媒体机构之间的广告交易服务。订阅率、发行量、收视率等数据都被应用于反映媒体的受众情况，虽然无法保证每一次测量都精准，但提供了一个合理的可信度，而逐渐被接受。学者 Banks（1981）指出，在经济学范畴内，广告交易能否进行，在很大程度上依靠的是受众数据是否存在。

交易后的信息不对称被称为道德风险。例如，当员工与公司签订了固定工资的合同并知晓自己的工作努力程度无法被观测到之后，往往会采取消极怠工的策略。在广告交易中，广告商一般会进行广告监测以及广告效果调查。前者是对媒体上的广告交易是否按约定如期投放在相应的位置进行的追踪与监测，后者是对媒体广告效果，即是否形成品牌印象、是否对消费者的购买行为产生影响进行的调查。

由此可见，在广告主与媒体的广告交易中存在着大量信息不对称的现象，如果往前进一步探索，在与媒体受众的注意力交易中，注意力的日渐分散与用户的媒介多任务行为，使得广告主通过媒体与受众进行注意力交易时，面临着更多的信息不对称与不确定。越来越多的不确定性源于受众自主性的提升。

过去，在信息稀缺的时候，广告对于受众的价值直接体现为重要商业信息的供给。一直到印刷媒体时代，广告被视为有益市场的信息。近代报刊《申报》《生活》周刊将商贾贸易之利弊作为主要内容，高度重视广告的排版、美观度与可读性。在信息相对匮乏的年代，广告明晰商品类型与功能，蕴含着现代生活的美好范本，提供象征价值，且避开广告相对容易，并不会引起受众对广告的抵制。此时的广告交易是在受众自愿的前提下发生的，相对有序，而交易也为广告主、媒体、受众创造了价值。

进入信息过剩的时代，简单的信息供给不仅可能无法为受众创造价值，还有可能因为制造困扰，打扰了用户的媒介体验，而沦为减损受众价值的方式。这也导致受众的广告回避行为。

进入广播电视发展的成熟期，广告信息过载，且大多是以时间单线程组织起来的媒介体验，广告成为媒介体验时间轴上难以跳过的间断，是媒介体验的中断者。人们对广告的态度转向消极，受众倾向于认为大多数广告更具操纵性，而不是信息性（Mehta，2000）。学者在追溯广告回避研究起源时指出，回避行为及相关研究与西方电视媒体的广泛使用时间几乎同步（陈素白、段秋婷，2020）。电视广告数量的大幅增长让人目不暇接，破坏了收看节目的兴致，是导致受众抗拒广告的主要原因（Zanot E. J.，1984；胡海涛，1987；

Stafford M. R. & Stafford T. F.，1996）。受众通常会采取各种策略回避广告，如身体回避，即离开电视所在的地方；机械回避，即利用遥控设备换台；以及认知回避，即转移注意力，从而逃离广告对其注意力的捕捉。

进入互联网早期，广袤无垠的数字空间似乎为数字广告的展示提供更多机会，网页上充斥着各种形式的广告。互动成为广告的新特征，也被视为消解用户抵制行为的利器。从吸引用户点击的横幅广告、富媒体广告、广告游戏，再到基于关键词搜索的搜索引擎广告、激励用户共创的 H5 广告等形态，广告业对于仅仅是广告曝光已经不再满足，为了获得用户的点击与创作参与，穷尽各种方式与手段，其中不乏关不掉的弹窗广告、垃圾邮件、诱导点击、自动播放声音的广告、遮挡屏幕的大幅贴纸广告等形式，引起用户反感，各式各样的广告拦截插件、屏蔽插件悄然流行，以隐蔽的方式"清扫"广告。

广告变得越来越不友好，变换着形式吸引受众的注意力。此时的广告带给用户的干扰、困惑，已经远远超过了其信息价值。强制观看的广告便意味着不公平的广告交易，消费者的需求与利益没有被充分考虑。因为受众的回避，导致广告交易中部分用户的注意力并未实现真正交付。

大众媒体曾经一度是大规模受众注意力的凝聚者，人们对于媒介内容的选择相对有限。广告凭借受众对媒介内容注意的"溢出效应"而获得关注，完成注意力资源的交易。此时，绝大多数广告通过依附在媒介内容而生存，凭借媒介内容（电视频道、栏目、版面）来识别受众群体，并进行批量购买，交易价格往往与报纸的发行量、节目的视听率紧密挂钩。

凭借有限数量的大众媒体及其强大的影响力所营造出来的传播势能，使得即使受众对广告数量心存不满，但是在很多情况下都无法回避，只能硬着头皮看完。在传统的广告交易中，广告传播被视为"刺激—反应"的简单过程。消费者被视为接受广告信息的刺激之后会产生购买行为的机械化个体，到达率与到达频次被视为决定广告交易广度与深度的重要指标。尽管消费者被广告主充分地研究，但是他们只是被动的被观察者，广告主才是具备"命令—控制"技能的主体。广告传播的主要作用在于影响目标受众的行为，而至于是否为用户创造价值，却并没有被纳入考虑之中。受众的主动性在大众媒体时代的广告交易中被普遍忽略，无论其是否同意，以获取其注意力为目标的广告就在那里。随着受众自主性的提升以及注意力日益分散，越来越多的信息不对称产生于受众一端。广告主与媒体并不了解受众是否看到广告，在什么情境下被看到。

总体而言，在数字技术影响信息摩擦这一问题上，一方面，由于大量数据信息的引入，广告主对媒介效果（注意力商品质量信息）的预测、追踪与监测，营销与销售数据的打通，有了更多的数据与信息的支持，更加了解消费者的偏好（显示性偏好理论），广告投放更加精准、有效。这一效应直接作用于广告交易的流程；另一方面，由于交易平台的生成，交易信息快速传递，使得更多中小企业主、中小内容创作者能够借助平台实现交易，降低了搜寻成本，使得长尾市场得以形成，市场通过改善注意力资源的供需匹配迎来了新的增量。

4.2 数字技术对广告交易搜寻摩擦的影响机制

数字技术通过将广告交易所有主体及主体活动数据化，通过计算将数据转化为交易决策，从而实现广告交易的程序化、自动化甚至智能化，降低广告交易搜寻摩擦，使得广告、媒体、受众实现精准匹配，促进注意力交易高效完成。自然语言处理、计算机视觉、机器学习等人工智能技术在过去几年得到快速发展，也开始逐渐应用于各个行业领域。随着技术落地，商业化的进程也开始加速。Chat GPT 从 0 到 100 万用户仅仅用了 5 天时间，速度远超其他平台。即使我们刚踏入数字时代不久，却已经开始步入智能世界的大门。

4.2.1 自然语言处理与机器学习在广告领域的应用

自然语言处理（Natural Language Processing，NLP）是计算机科学领域与

人工智能领域的一个重要方向。所谓自然语言，即人们日常使用的语言，并非计算机的程序化语言，能够解决更多人与计算机之间使用自然语言进行有效通信的问题。自然语言处理技术在广告领域也被广泛运用。例如，自然语言处理能够帮助品牌掌握其在社交媒体上的用户口碑，实时了解社交用户之间的互动情况，根据用户行为自动触发简单的营销沟通。自然语言处理能够应用于广告投放领域，通过自动识别广告物料中的文字信息及媒体内容环境，结合文本分析与理解，协助判断广告内容与媒介语境是否匹配。自然语言处理也应用于广告效果监测领域，帮助广告主识别广告是否按照媒介计划投放于预期媒介场景中，是否存在投错、投偏的情况。目前，自然语言处理在文本类领域的应用较为成熟。多模态的信息识别，如语音识别、图像识别、视频识别等也逐渐在广告领域中应用。

人工智能在数字广告行业中应用的先决条件是建立对广告行业的认知，机器只有理解了广告行业与具体场景，才能真正实现智能化。在智能化的过程中，有两种方式：一种方式是形成广告行业的知识图谱，帮助机器建立对广告行业的认知与理解，形成关于广告行业运作规律的知识结构与图谱。"知识图谱"（Knowledge Graph）这一概念最早由谷歌提出，用于构建机器可识别的带有逻辑推理关系的知识元发展进程和结构关系的新一代可视化语义网络工具，是人工智能的基础设施。知识图谱的基础是数据和算法，需要应用自然语言处理和深度学习进行数据挖掘，在海量知识中找出关联性，形成知识图谱。如果说机器学习只是简单掌握不同标签的关联性，那么知识图谱则是进一步挖掘标签体系的逻辑关系：因果关系、中间关系、递进关系、推理关系，等等，将各类广告标签关系向量化、可视化，形成语义网络。知识图谱技术目前主要应用于数字广告的推荐与点击率预估领域。

目前，广告行业的知识图谱以用户、媒体类型、广告位置、广告主类型、广告素材五大标签体系为基础，通过建立标签之间的逻辑关系形成广告领域的知识图谱。广告行业的知识图谱试图回答"何种类型的用户、在何种媒介场景（媒体类型与广告位置）、接触哪一个广告主的哪一则广告内容、能够产生兴趣与行为"这一问题（见图 4–2）。这也是广告行业在人工智能层面需要一直探索的问题。一旦形成广告行业的知识图谱，系统就能够根据图谱知晓不同的用户类型与需求，媒介场景、商品类型及广告内容之间的逻辑关系，从而推荐符合用户需求的广告。同时，系统也能够根据图谱和现有的投放情况，预测广告效果，即点击率预估。

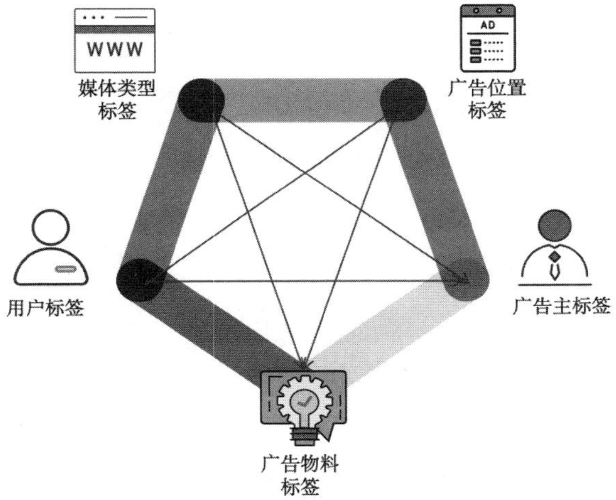

图 4–2　知识图谱是以标签体系为基础建立起来的逻辑关系

　　另一种方式是通过机器学习。深度学习（Deep Learning）是更为复杂的机器学习算法，它通过模拟人类大脑视听和思考活动，使得机器能够像人一样具有分析学习、解释数据的能力。深度学习是实现人工智能的必经之路。

　　广告行业的人工智能应用主要发生在广告的作业环节（见图 4–3）。在用户洞察层面，借助用户标签体系与机器学习对平台上的用户形成更加准确、深入的洞察。机器学习根据用户的行为猜测其属性或心理，完成用户洞察，"猜"的准确性关键在于用于机器学习的样本库的真实与全面。互联网平台企业所拥有的大量用户数据成为训练机器学习的重要对象。在媒介计划方面，基于第三方监测公司所累计的大量广告监测数据，广告主或媒介代理商可以推断在不同媒介平台上的投放可能会带来的传播与转化效果，可以辅助广告媒介计划的生成。

在创意生产方面，大模型的应用使得广告文案、海报及视频都可以根据用户偏好与反馈即时生成。在媒介购买方面，依托自然语言处理与计算机视觉技术，通过对文字、画面、视频场景进行智能化识别，自动判断场景类型，实现广告创意与媒介场景的融合。在效果监测方面，数字广告通常被植入一段监测代码，当用户端加载广告时，系统就会自动记录为一次曝光，且可进一步监测效果多元指标（曝光、可见曝光、独立访客、目标受众占比）。在优化投放方面，广告会根据前期反馈效果数据调控广告的创意、频次及在各个渠道的投放分配。截至目前，数字广告作业各大环节的技术改造已基本完成，广告技术的大局已定，技术的演变趋势只是在多个细分领域迭代升级。

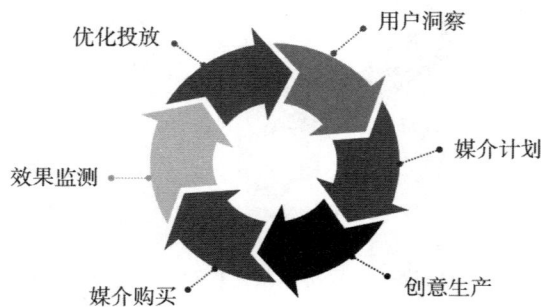

图4-3 数字技术改造数字广告作业各环节

在数字广告领域，深度学习被广泛应用于广告投放优化与流量反作弊，其基本原理均是根据不断反馈的数据，调整之前的行为模式，提升行为的准确度与效率更高。虚假流量问题一直困扰着数字广告行业，侵蚀着广告主对于数字广告效果的信任。流量作弊技术与反作弊技术一直呈现着"道高一尺，魔高一丈"的博弈状态。流量作弊技术不断升级换代，越来越难以被甄别，流量监测机构唯有借助深度学习不断提升系统自动识别问题 ID 的能力。深度学习的具体步骤如下：第一步是训练模型。平台不断地演练已掌握真假情况的流量数据，将 ID 相关的属性数据与行为数据（规则）与其产生真假流量的情况进行匹配与自动学习，训练甄别虚假流量的模型。第二步是进行规模演练。平台将这一模型投入到真实的流量监测情境中，通过深度学习平台持续追踪每一个 ID，根据其表现出来的行为，输入已有模型从而判断哪些 ID 是可疑的。每一个 ID 在监测机构的后台库中都会被标记一个造假系数，即这一ID 有百分之几的概率是虚假的。第三步是调适模型，即根据不断回传反馈的数据，系统通过深度学习，不断调适模型的规则与参数，从而使其甄别的准确度与效率更高。学习、反馈、校正与执行，深度学习在流量反欺诈领域的应用也是一个循环反复迭代和优化的过程。

自然语言处理与机器学习是机器走向智能化的基础，具体到数字技术对广告交易的影响这一问题上，定向技术、个性化技术、优化技术通过持续的数据追踪、验证以及迭代，从而降低广告交易中的搜寻摩擦（Gao B. et al.,2023）。

4.2.2　定向技术快速识别交易对象

广告交易中的搜寻摩擦在于寻找理想的注意力交易对象过程中可能消耗的成本。大众媒体的广告交易是注意力资源的"成块"购买，即使明明知道购买的注意力中有一部分不符合需求，但是因为没有掌握受众的信息，无从知晓哪一部分是非目标受众，在技术上也无法剔除这部分注意力，因而只能全盘交易。在大众媒体时代的广告往往能够获得较高的知名度。

数字广告交易的定向技术是基于对用户数据的详细掌握与分析。当用户登录系统，输入个人基本信息、地理位置，浏览网页，搜索相关讯息，评论转发，购买相关商品，或者在社交媒体上发布个人动态等主动输入行为或隐性行为，都被数字广告交易系统记录下来并被贴上各种标签。最为常见的标签如所在地域、性别、年龄段、行为兴趣、用户所使用的移动终端等基础标签。此外，一些平台还研发一些特殊的深度标签，如生活方式、个性、价值观、心态。有的平台会根据用户行为和内容偏好打上诸如"二次元爱好者""萌宠爱好者""美食爱好者""网球爱好者"的标签。

这些标签能够方便广告主在进行广告投放时进行勾选。当符合需求的用户出现时，系统就会启动广告推荐流程。例如，某以年轻女性为目标对象的汽车品牌，在广告投放前将此次广告交易的对象设置为"女性""25—30岁""二线至四线城市"，当符合投放需求的用户出现时，汽车品牌广告将会向其展示。

不仅仅是用户属性的数据，其他相关数据也可以用于定向。例如，城市天气信息也可以被用来定向目标受众，将热饮广告推送给当天下雨、气温骤降的城市里的消费者，而将冷饮广告推送给当天面临高温酷暑的消费者。

位于收银台附近的货架经常摆放着不同品牌的口香糖，这也是口香糖销量的主要来源。当排队等待结账的消费者将视线停留在货架时，经常会顺手带走一包口香糖。便利店的口香糖销量中的很大一部分都是来自等待结账的消费者的冲动消费。但是这一注意力交易的场景因为移动智能设备的普及而不再出现。人们在等候排队的时候，开始刷手机、回信息，不再注意到收银台货架旁的商品。为了唤醒人们的购买需求，益达口香糖联合连锁便利店对收银台的屏幕及后台系统进行改造。营销人员研究了便利店的食品仓储清单，并给每类食品"贴上"口臭指数。食物引发口臭的可能性越高，程度越高，口臭指数就越高。

当消费者购买水、报纸或者纸巾到收银台结账时，屏幕不会发出声响，也不会跳出广告；而当消费者购买了容易引起口臭的食物，如咖啡、香烟、鲱鱼罐头、奶酪产品，进行结账时，屏幕发出提示音并弹出益达口香糖的广告图片，提醒用户购买口香糖，避免口臭引起的社交尴尬。食物引发的口臭问题越严重，画面会弹出两条口香糖或弹出去除口臭功效更强的产品系列。这一举措挽救了口香糖在便利店场景下的销量下滑。

在这个例子中，其中品牌信息并不是像最开始那样展示给所有的消费者，而是在用户购了容易引发口臭问题的食物之后才会被触发。这里的定向技术所用到的指标实际上是用户购买的其他食物的口臭指数。

万事达卡在新冠疫情期间发起了一项在书中旅行的活动，联合各大出版商、实体书店，制作了一个活动网站。在该网站上，你可以选择相应的目的地，旅行方式、旅行主题，系统会自动推荐与此相关的图书。当用户阅读完毕，系统会自动帮助用户累积阅读积分，之后阅读积分可以直接转化为里程积分，用于旅行。这一活动网站的推广方式借鉴了旅游目的地的推广方式，投放在搜索引擎网站。当热爱旅行的用户在搜索引擎上查询旅游目的地的相关信息时，该网站的广告链接就会出现在页面上，吸引用户参加。在这个活动推广过程中，用户搜索旅游目的地的行为成为定向广告的触发方式。

随着越来越多的用户数据、活动数据、车联网、物联网数据等汇聚在广告交易平台，定向技术将会有更多的创新使用方式，而不仅仅局限在基本的人口统计属性这几个指标上。

基于数字广告数据与算法，系统会自动识别用户的消费需求，并匹配与用户需求高度相关的广告，从而降低广告的无效曝光率。与此同时，用户在这个过程中也会享受更佳的消费推荐。当机器学习不断深入了解消费者，洞察消费者更深层、更多维的需求，在某种程度上，洞察的深度与范围甚至超越了用户对自身需求的了解程度，这就使得系统推荐的广告与商品有可能比用户自己搜索寻找的广告与商品信息更加准确、更加符合用户潜意识的需求。

例如，用户下午 3 点打开外卖程序想要点下午茶，系统会根据用户过往的购买经历识别用户对奶茶有着特别的嗜好，于是，自动向用户推荐附近有折扣优惠的奶茶店，告知用户现在下单这家店铺是最划算的。外卖程序的首页推荐既是广告，也是提供给用户的服务。原本用户可能要至少对比 10 家餐馆，才能够做出勉强满意的选择，而智能推荐能够帮助用户挑选出最满意的商品或服务。

除了广告主自己凭借经验来调用不同的定向指标，人工智能也能够参与其中，辅助广告主进行更加准确、更加高效的定向，优化目标受众范围，显著提高广告投放捕捉细分目标用户的能力。算法根据消费者数据以及过去广告投放的效果数据进行分析，将广告主的定向群体进一步细分为不同的用户群体子集，预测品牌与哪些用户群体的接触最有可能成功，从而辅助广告主进行科学的定向。

此外，广告主可以通过应用人工智能算法，将现有客户的数据与媒体平台的数据进行比对，从而识别出媒体平台上哪些用户与现有客户特征相似，拥有共同的行为模式，从而锁定新的潜在用户群体，有效扩大其覆盖范围。定向技术不仅应用于广告交易对象的识别，而且也有基于媒体内容上下文的定向。这种定向策略不仅提高了广告的适应性和有效性，也减少了用户的反感和干扰，提高了用户的接受度。

4.2.3　个性化技术精准匹配交易双方

如果说定向技术是决定"选取哪些用户来进行交易"，那么个性化技术则是解决"用什么内容来实现注意力资源的交易"。定向与个性化技术在实现数字广告交易过程中紧密相关，定向技术帮助交易者利用人工智能技术分析用户的人口统计信息、行为习惯和偏好，精确地判断哪些用户是潜在的目标受众，最有可能对广告做出积极的反应。同时，基于对潜在目标受众深入的洞察，广告主能够了解潜在目标受众可能感兴趣的内容，进而推送与用户需求紧密相关的广告内容，增强广告的吸引力和接受度。

值得注意的是，个性化不再是一种理想化的追求，几乎成为用户与广告主进行广告交易的必要前提。人工智能营销专家 Emarsys 在其 2018 年的研究中指出，针对性差且不相关的广告正在导致用户远离他们钟爱的品牌。缺乏个性化的沟通会对用户体验产生负面影响，在一项超过 2000 名消费者参与的调查中，超过 60% 的消费者希望他们收到的讯息是准确的，是为他们和他们的利益量身定制的；有 66% 的受访者表示，如果品牌向他们发送了热门信息或者无关信息，他们将会忽略该品牌未来所有的营销；41% 的受访者表示，如果他们收到随意的营销材料，就不会再购买这个品牌。[①] 这一新的变化将会给广告主维系客户关系带来更大的挑战。人们对广告的相关性提出了更

---

① Emarsys. 客户体验研究报告：AI 营销的终结［R/OL］.（2018-11-15）［2023-08-19］. http://www.199it.com/archives/787928.html.

高的要求，也对现实生活中接收到的营销信息的相关性表现非常不满，仅有6%的消费者认为他们收到的产品或服务的讯息与他们特别相关。忽视个性化的广告讯息，将会对品牌客户关系造成无法弥补的长期损害。企业开始将个性化作为战略核心，努力改善相关性，为消费者提供更多量身定制的内容。41%的受访者会因为收到个性化与独特化的信息而再次购买，57%的受访者表示，如果他们能够获得基于忠诚度的折扣时，他们更有可能重复购买。

广告交易搜寻摩擦产生的原因之一，在于交易双方的需求都是异质性的。从上文的调查可见，在注意力高度分散且用户拥有一定控制权的传播环境中，试图以一则普通无奇的广告讯息吸引不同类型的受众，几乎是不可能实现的，甚至会带来负面影响。为了顺利实现广告的注意力交易，广告主需要结合每个用户的情况，进行广告内容的个性化定制与个性化推送。

1. 个性化的广告推荐

个性化广告推荐系统是互联网平台实现广告营收不可或缺的工具。平台借助先进的人工智能技术，向用户提供更符合他们需求与兴趣的个性化广告内容。个性化推荐系统是专门的信息过滤系统，平台汇聚了海量广告主的广告讯息，但并不是随意展示，而是通过分析用户对特定品类、产品或者品牌的喜好，将相关的广告讯息推送给可能感兴趣的用户，从而减少用户的广告抵制行为。不仅如此，平台还可以根据用户对广告的态度，在线评论与评级，帮助广告主创造更加有效的广告活动，为广告信息创作提供参考，引起消费者的共鸣。

当我们对海量用户数据完成标签之后，实现"千人千面"中"千人"的洞察之后，接下来是如何做到广告呈现的"千面化"，这需要广告投放流程的程序化实现（见图4-4）。程序化购买虽然在广告行业已不是新鲜事，但是程序化如何应用更广阔的广告资源，包括传统媒体的广告资源、尚未实现程序化的数字广告投放场景；程序化算法如何更为人性化地捕捉用户的需求，匹配更为合适的广告物料，仍然有很大的发展潜力空间。

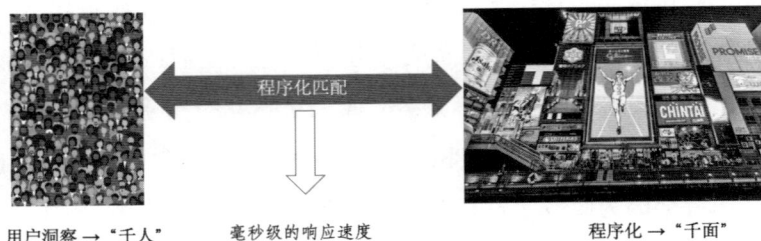

用户洞察 → "千人"　　　毫秒级的响应速度　　　　　程序化 → "千面"

图 4-4　程序化购买实现"千人千面"

2. 个性化的内容生成

虚拟与现实的结合已经为我们无限扩大想象的空间与边界。ChatGPT、Midjourney、Sora 等 AIGC 技术与平台也带来了踏入智能世界大门的钥匙。利用人工智能学习知识图谱、自动生成，AIGC 不仅大幅提高了内容的生成效率，还提高了内容的丰富与多样性。2023 年，AI 赋能为营销行业带来更大的机遇、更灵活的营销手段、更高效的成本控制，以及更具个性化的营销体验。电通也将为生态企业和品牌主搭建合作共赢的桥梁，加强创新力和服务质量，利用新技术和数据帮助品牌提升行业竞争力、驱动品牌持续增长。

个性化广告推荐系统是平台基于海量的广告信息，将其与用户进行匹配，而个性化内容生成则是同一个广告主面向异质化的目标受众，生成更加个性化的广告内容。个性化的元素及内容不仅可以增强用户对于广告的接受度（Nikolajeva & Teilans，2021），而且也可以增强消费者在整个广告过程中的参与度与满意度（Laux et al.，2022；Peng et al.，2010），顺利实现广告交易。

广告信息"千人千面"显然无法由人类完成，需要借助自然语言处理、计算机视觉、生成式人工智能等技术来实现。生成式人工智能技术的门槛大幅降低，通过深入了解与分析消费者数据、兴趣及偏好，可以生成或优化涵盖文字、图像、音视频等多种媒体形式，更具有创新性和吸引力的广告信息，为每个用户打造量身定制的广告体验。

生成式人工智能目前在广告内容创作方面的应用主要体现在三个方面：在广告文案方面，生成式人工智能能够分析用户的行为和偏好数据，为用户量身定制广告文案（Aguilar & Garcia，2017）。在视频制作方面，生成式人工智能能够根据用户数据和偏好实时生成图像和视频，为消费者提供更加个性化、更有吸引力的体验（Jovanovic & Campbell，2022）。此外，人工智能还可以利用自然语言处理技术分析消费者行为数据、偏好数据，以及在社交媒体上的发表动态及评论进行情感分析、策划动态内容。学者 Huang 与 Rust（2021）在研究中分享了雷克萨斯利用人工智能编写广告脚本的案例：雷克萨斯汽车生成了一个由直觉驱动的广告脚本，其内容可以根据用户所处的位置、时间及相关资料进行实时优化。

生成式人工智能不仅可以自动生成广告内容，而且能够与用户互动。机器能够分析和理解人类语言，能够跟人对话。例如，亚马逊的"Alexa"智能扬声器设备以虚拟助理的形式与用户交互。随着元宇宙技术的发展，通过 VR/AR（虚拟现实 / 增强现实）、MR（混合现实）、CR（影像现实）、XR（扩展现实）等人机交互数字技术，打通元宇宙与现实世界的桥梁。人机互动将会呈现出更加沉浸式的体验与场景。

生成式人工智能不仅可以快速生成个性化广告内容，而且还可以实时动态地对内容进行创建和优化，从而在个性化的表现上达到更优状态。广告商可以部署动态创意优化来制作各种广告组合，因为不同的组合可能会吸引不同的受众群体。

个性化和内容创建在广告中的作用是互补的。在广告个性化过程中，人工智能驱动的内容创作发挥着关键作用。这种内容创建不仅限于生成符合用户兴趣和偏好的文本信息；它涵盖了多种媒体形式，包括图像、音频和视频。人工智能可以通过深入了解消费者数据和偏好来制作更具创新性和吸引力的内容。人工智能技术在实时生成的广告内容中，根据每个用户的数据和偏好打造量身定制的广告体验。这会产生更加个性化和有吸引力的广告。这一策略将个性化与内容创作相结合，放大了广告的影响力，提高了用户的参与度和满意度，最终显著提高广告效果。

个性化技术对于用户来说，最直接的影响就是创新用户在广告接收过程中的体验，不断探索着"更好的广告体验"。它可以是沉浸式的深度体验，也可以是灵敏机智的人机交互；它可以让你时刻互联，甚至模糊现实与虚拟的边界，也可以降低自身的干扰属性，通过洞悉需求提供有价值的广告服务。

回顾广告业的发展历程，技术焦点绝大多数是在"广告展示技术"，即前台技术，形塑用户沟通与体验的广告技术。数字广告最初的探索也是局限在广告创意的多媒体呈现，例如横幅广告、富媒体广告、文字链广告、音视频广告。关于广告体验的探索至今仍未停止，例如，近几年涌现的虚拟现实技术、实景增强技术、感知互动技术、物联网技术都在改善着用户的广告体验。

4.2.4 优化技术自动降低搜寻摩擦

在定向技术与个性化技术的基础上，广告主锁定目标沟通对象，并以个性化推荐与内容定制的方式吸引用户的注意力并完成广告交易。基于大量的用户信息，识别并匹配注意力交换的对象，广告交易的搜寻摩擦大幅降低。与此同时，广告优化技术也不断基于前期交易的实际情况及数据反馈调整决策，提升定向技术与个性化技术的精准度与效度，以期在更大程度上降低搜寻摩擦。

机器学习算法通过运行现有客户数据库来识别趋势和模式，在优化广告活动方面发挥着关键作用。它们可以预测广告中的用户表现，并根据目标受众的兴趣和特征选择最合适的广告。交易平台广泛收集海量用户的相关信息，包括用户之前的浏览记录、注册信息、接触广告的时间点、广告位的上下文内容等数据，然后将其输入模型，借助机器学习以及深度学习技术分析数据，选择一个最有可能被点击的广告素材进行投放，并等待用户反馈。然后，平台根据用户第一轮的点击反馈数据（是否点击）返回到模型之中，进行参数的微调。不断迭代模型，提升机器猜测用户点击广告的准确水平。这主要表现在以下几个方面：

1. 创意动态调整

创意的 A/B 测试能使广告主了解网站上哪种形式或主题的内容最具吸引

力，从而确定最有效的组合。人工智能系统根据前期反馈的广告效果监测数据，判断哪一则创意的说服效果更佳，动态征用不同的创意版本，自动帮助广告主完成创意的 A/B 测试，优化投放策略。

随着广告交易重复进行，先前显著有效的广告创意对用户来说可能缺少新鲜感，或者因不能匹配用户当前的认知需求而失去效用。因此，交易系统可以根据目标人群的接受状态以及所处的品牌认知阶段来匹配广告创意。例如，根据用户与品牌建立关系的过程，系统在第一轮投放时会优先投放关于品牌形象的广告创意，在用户心中先留下积极正面的印象；当用户对品牌已经形成基本认知之后，系统接着推送给用户与购买相关的激励广告，如折扣广告或优惠券，或者离用户位置较近店面的打折促销广告。

2. 触点归因分析

广告投放通常都会借助不同媒体渠道与触点进行投放，每个渠道、触点对广告效果的贡献率都不一样，有的渠道可能在促进认知、提高品牌知名度方面效果突出，而有的渠道可能面向的人群规模相对有限但是在促成用户转化方面表现优异。多触点归因算法，即对每个渠道、触点的贡献率进行计算。当第一轮广告投放数据反馈回来之后，系统可以自动统计与分析广告效果的产生过程及机制，主要是哪些平台、渠道和触点的广告产生的效果，并在下一轮投放的过程中将投放预算倾斜给在上一轮投放表现更加优异的平台和渠道，持续地优化投放行为。触点归因对于广告预算较高的广告主来说，可以通过实时数据反馈来控制搜寻摩擦，避免广告预算的浪费。

3. 跨屏频次控制

当同一用户在较短时间内接触到太多同一品牌的广告，这可能会给用户留下深刻的印象，但更大的可能性是用户对于重复的品牌信息产生厌烦与抵触情绪，而对广告主来说，用户足够频次的接触已经达成广告目标，后续的广告展示都是对广告预算的浪费。因此，频次控制也是保证广告注意力交易的效率。当多个媒体渠道的广告监测数据打通之后，系统可以了解用户在不同平台上看到同一个广告的次数，并设置好阈值。如果尚未达到阈值，这意味着此时用户注意力仍然是可以交易的，通过继续投放来实现广告交易；如果已超越阈值，这意味着此时用户注意力已不适宜交易，系统暂缓广告的投放。

除了上述考虑因素之外，广告投放优化领域的深度学习模型还纳入了更多参数，例如，用户处于品牌认知的阶段、用户接触品牌广告的频次、不同媒介触点等，使其更加接近用户接触广告时真实且复杂的情境，使机器思维更加接近人类的思考模式。

随着有关消费者活动或兴趣的外部数据的增长，广告主关于用户的档案更加完整与丰富，进而提高广告内容设计、部署和定位等方面的投资效率，从而获得行业竞争优势。在国内广告市场上，快速消费品企业对深度学习与点击率优化投注更多的注意力。原因在于，这类企业通常对广告营销的依赖度较高，且广告投放规模较大，精准性的微小提升、点击率的微幅上调，都会带来广告预算的大幅节省与广告效果的大幅提升。

人工智能可以使广告购买和投放过程自动化，使广告主能够准确有效地瞄准特定受众。它根据分析广告效果数据来控制广告投放的内容、频率和时间。这决定了哪些广告和消息最有效，帮助广告商优化其广告活动，以实现最大的参与度和转化率。这种方法有利于最大化点击率（CTR）和广告活动收入，为广告商提供直接有效的方法来识别最有效的广告。

广告优化是一种数据驱动的策略，旨在最大程度地提高广告效果和投资回报率。其优化过程与前面提到的目标、个性化和内容创建等元素错综复杂地联系在一起。在了解目标用户、精准推送个性化广告、制作出吸引人的广告内容后，广告优化起到了完美收尾的作用。深入挖掘前期积累的用户数据，实时调整广告策略，进一步细化广告的展示方式、频次、时点，甚至深入到每个用户的反馈模式，增强广告投放效果。这种利用人工智能技术的整体广告优化策略，显著提高了广告效果和投资回报率，使其成为人工智能广告不可或缺的一部分。

定向技术、个性化技术以及优化技术都是人工智能技术在广告交易领域的应用，它以广告交易活动的数据化、数据的信息化，不断将广告交易中注意力的需求方与供给方进行精准化匹配，最大程度地减小交易摩擦。

定向技术根据人口统计信息、行为、偏好和其他数据确定哪些用户群体最有可能对广告做出积极响应，回答"谁应该看到广告"的问题，即"在广告交易中，谁有可能成为注意力的提供者"。而个性化推荐技术与内容生成技术，则在用户数据的基础上将最相关的广告推送给对应的用户；而且在人工智能的支持下，这些内容往往是符合用户偏好的、有吸引力的广告内容，不仅包括广告文案、海报，还包括各种音视频形式。个性化技术解决的是用户差异化的信息需求，不仅能够呈现不同品牌的广告，而且同一品牌的广告也能够根据用户的特性实现内容定制。因此，个性化技术解决的是"给用户看什么类型的广告"，即"广告信息以什么形式呈现能够满足用户差异化的信息需求，顺利完成注意力资源的交易"。而广告优化是一个由数据驱动的持续过程，将广告交易切分成多轮循环，不断基于前序广告交易的数据反馈来调整交易策略，最大程度提高广告效果和投资回报率。它依赖于定向技术、个性化技术的输出，以这两项技术为基础进行优化。

简而言之，定向有助于识别最有可能对广告做出反应的用户，而个性化和内容创建则可确保交付最具吸引力的内容。然后，广告优化根据这些数据和信息调整广告显示的频率、时间和位置。它还涉及测试和调整各种广告策略以实现尽可能高的投资回报率。在大数据与人工智能的辅助下，广告交易被不断地"细分"：从最开始按照媒体受众的"整块"注意力购买，到对符合要求的用户群体的注意力进行交易，再到与每个用户的注意力交易都是以定制化、个性化的广告信息来获取关注。数字技术将广告交易化整为零，大规模的广告投放被细分成单次展示机会进行小规模投放，过去慢节奏的广告活动及效果统计在这里被加速，通过快速试错，快速获取智能。

4.3 "解锁"数字广告交易的新形态

搜寻摩擦的降低，以前不可能的交易渠道，在技术的加持下变得可行且效益更高，这也使得越来越多的交易涌向了新的交易渠道，以往的交易通路要么逐渐萎缩，要么借助新的技术进行改造。

4.3.1 广告市场的长尾交易

由于信息的收集、存储、加工、计算、传送、传播、还原、决策的能力加强，在数字空间中生产与传送的信息内容进一步增长，人们的媒介消费有了更多选择，注意力凝聚状态开始发生改变，原先少量媒体凝聚大规模注意力，如今用户的注意力被分散至更加广袤的数字空间，一些垂直细分、中小规模的媒体组织或自媒体，甚至是冷门网页，因为凝聚了部分注意力而具备了交易的潜力。

此时，数字技术对于广告交易的影响作用体现为长尾媒体的出现，更多的媒介内容生产主体进入数字空间，不断粉碎注意力的凝聚状态，人们循着自身的需求及兴趣，进入不同的内容消费界面，消耗着自身的注意力。

追踪人们在网络空间中的停留情况，促成这部分注意力的交易便成为互联网公司的主要盈利模式。搜索引擎巨头谷歌推出的 Adsense 服务就是实现追踪用户从搜索引擎结果页面跳转到其他网站界面的路径，针对用户搜索关键词推测其需求，进而投放相应的商业广告，并通过加载、曝光、点击、下单等方式统计广告效果，最终收取相应比例的费用。

作为电子商务领域的领头羊，阿里巴巴在 2007 年投资 5000 万创建了阿里妈妈这一广告交易平台，沿用平台的交易模式与信用系统，提出广告即商品的理念，交易双方可以通过平台实现广告交易，主要采取按时长收费与按点击率收费两种收费方式。为了鼓励中小规模网站的站长出让自己的网站广告位，阿里妈妈推出推荐网站即获得现金奖励的方式，提升站长的推荐热情，在短短两个月的时间汇聚了约一万个可供投放广告的中小网站。由于电子商务平台本身汇聚了大规模的商家及广告交易的需求，广告交易平台使得中小交易主体搜索彼此并完成交易的成本大幅度降低。

因为广告投放按照曝光次数来进行收费，相对于过去广告投放预算动辄上千万、上亿的规模，这种交易形态对于中小规模企业来说变得可以承受，广告投入规模可以从几千、几万开始。于是大量中小广告主进入数字空间，将其视为获客的重要渠道。这些曾经被传统广告市场排除在外的玩家以数字广告技术为支点撬动整个市场。尤其是在中国市场上，随着渠道向三线到六线城市的下沉，低线城市的广告主开始重视并掌握数字广告营销的技法，这将进一步驱动数字广告长尾市场的延伸。

数字技术的介入降低了数字广告交易的搜寻成本，使得海量中小规模的交易主体可以参与到数字广告交易之中，在广袤的数字空间中完成注意力资源的开发与交易。长尾市场上对碎片化、非凝聚状态的注意力资源进行交易，最开始只适用于中小规模的交易主体。由于这一交易形式更加灵活，实现了用户注意力的精准匹配，慢慢开始改造头部市场的数字广告交易。广告交易从对热门媒体的时段及广告位的购买，开始转为对用户注意力的直接购买，碎片化、精准化的广告交易逐渐成为主流形态。

4.3.2　消费者入局广告交易

1. 消费者权力的回归

进入数字时代，媒体数量激增，注意力不断分散开来，媒体的中心性在不断弱化；品牌触点倍增，消费者获得品牌信息来源增加，广告主对品牌信息的控制权逐渐向消费者转移，消费者回归到广告交易之中，拥有了影响交易进程的控制权。在这里，我们使用了"回归"二字，因为消费者角色在广告交易中并非一直处于缺位状态，而是进入到大众媒体时代，消费者在广告交易中的主动权才逐渐丧失。在汤姆·斯丹迪奇的《社交媒体简史：从莎草纸到互联网》一书中将社交媒体的出现称为"历史将自己转推"。在作者看来，社交媒体的属性跟人类几千年历史的古老媒体形态并无根本上的差异。相反地，大众媒体才是其中短暂的间隔。就广告而言，这种"转推"现象也同样存在（见图4-5）。

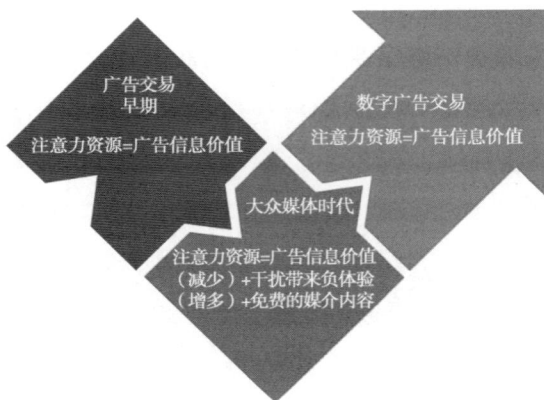

图4-5 广告交易的"转推"

在最开始的广告交易中，注意力资源交易发生在商家与买方之间。商家通过招牌、叫卖、涂鸦等各种手段吸引买方注意，实现注意力资源的自愿交易。受众注意力的出让是以广告中有价值的信息为回报。广告交易围绕广告本身展开，广告信息本身对于受众而言就具有价值。

进入大众媒体时代，商业高度发达，广告数量开始呈现爆发式增长，广告信息价值随着信息量的增多呈现边际效应，而嵌入媒体内容中的广告干扰效应日益明显。对于消费者而言，观看广告本身收益小于成本，在这一层面上，消费者总是试图通过多种方式回避广告。受众的注意力出让是以免费获得媒介内容为回报。由于免费的媒介内容补贴这部分"逆差"，从而保障了广告交易的顺利进行，与广告交易关联的媒介内容交换成为大众传媒运营的关键机制。这一被强制安排观看的广告，本身忽略了用户的广告信息需求，用户在广告交易中处于被动。

进入数字时代，媒体数量增多，媒介内容唾手可得，注意力资源进一步稀缺，消费者的信息选择越来越多，对不相关信息（包括不相关的广告信息）

的容忍程度越来越低，他们通过各种方式回避广告。例如，由于移动设备的个人属性与亲密属性，使得用户对广告的包容度更低，且干扰体验更为强烈，再加上移动支付的便捷性，他们或是通过快速滑走广告，或是支付费用免广告，或是在多重媒介任务模式游走多重媒介、多个任务。除非广告具备其所需要的信息价值，否则它将同其他不感兴趣的媒介内容一样，不被允许存在于消费者的注意力范畴之内。

广告是链接广告主与消费者的重要方式，曾有广告人这样表述："广告，始于广告主的商业问题，而终于消费者的生活问题。"可见，广告不仅仅需要为广告主创造价值，也需要为消费者创造价值。既然所有人都需要从别人那里购买东西，了解所购之物的信息是消费者的本能需求。例如，消费者想要为新家选购网络服务商，他们需要了解市面上网络服务商所能提供的带宽、网速、收费及安装服务等方方面面的情况。在这个时刻，广告是具有信息价值的。但是当消费者没有此项需求，纯粹的信息价值被广告信息泛滥所稀释，甚至产生了负作用（干扰体验），广告成为避之不及、唯恐躲不掉的存在。对广告的抱怨已是老生常谈，人们甚至会通过付费来免广告。数字广告形式的不断创新探索，信息追求精准有效，贴合用户需求，创意追求有趣与有用，为用户创造更加难忘的体验，其根本目的是让广告信息本身具备价值，具备可以被用户瞩目、被用户喜欢、实现用户需求的价值。此时，用户不再被排除在交易之外，而是正逐渐成为广告交易中的重要角色。

整合营销传播（Integrated Marketing Communication，IMC）学者提炼了营销传播发展演变的重要线索，即"消费者权力"（Consumer Power），并以此书写了整合营销传播理论从线性 IMC 到双向 IMC，再到多维 IMC 的演变（Mangold & Faulds，2009）。如图 4–7 所示，线性 IMC 指代的是企业与消费者之间的线性单向传播关系，企业控制着品牌的传播，传播活动在于构建品牌在消费者心目中的形象；双向 IMC 开始关注品牌与消费者之间的关系；而在多维 IMC 中，消费者与企业都对品牌传播拥有一定的控制权，双方的对话、互动与合作，共同创造了品牌。由此可见，消费者在营销传播中的积极性与能动性被激发出来，成为决定广告交易的重要角色。

2. 消费者影响数字广告交易的方式

消费者对于数字广告交易的影响主要有三种方式：支持或拒绝自身注意力资源交易；影响其他消费者与广告主注意力资源的交易；个人数据的授权使用。

消费者可以通过主动搜索、问询等方式来主动搜集广告信息，实现注意力资源交易。例如，在生活中遇到问题时，很多消费者会试图在社交媒体或者搜索引擎询问解决问题的方法与经验。当与品牌相关的讯息作为众多解决方案中的一种出现时，消费者并不会排斥，进而实现注意力资源的交易。

当广告作为一种商业赞助支持优质内容的生产者时，消费者对于广告的态度更加友好。用户对喜欢的内容博主接到广告这一事情，并非一味地排斥。很多用户对初创期的内容博主抱持一种养成系的心态。接到广告意味着该博主开始步入正轨，广告能够为博主带来收入，支持其投入更多时间与精力来经营内容。对消费者来说，此时的广告不再是干扰，而是与其一起支持优质内容的生产。哔哩哔哩的用户经常会在喜欢的博主接到商务之后，纷纷在弹幕上打出"恭喜恰饭"等字样，庆祝博主在内容创作道路上取得里程碑式的成功。

消费者也可以积极地回避广告，拒绝注意力资源的交易。除了上文提到的广告回避、媒体多任务模式，消费者还可以通过多种方式拒绝广告交易。在信息流广告中，广告穿插于丰富的资讯之中，随着指尖滑动而相继呈现。当用户对广告不感兴趣时，可以通过向上滑动而滑走广告。根据国内的可见性标准，当其展示的时间不足 2 秒时，将不会被认定为一次广告交易。很多门户视频网站推出了"会员免广告"的选项，越来越多的用户开始习惯充值会员，享受没有广告或者较少广告侵扰的观看体验。根据爱奇艺 2022 年财报，爱奇艺在会员服务方面的收入为 177 亿元，占同期总收入的 61%，远远超过网络广告服务的 53 亿元。

越来越多的互联网平台开始给予用户更多的广告控制权。用户可以在 6

秒后关闭视频贴片广告，也可以在广告图片右上的选项列表中勾选"不感兴趣""不要推送此广告""投诉广告"等拒绝广告。Google 2022 年公布了新的广告控制中心，允许用户直接控制他们看到的广告内容，用户可以举报、屏蔽或喜欢广告。在新功能中，用户还能选择查看更多或更少关于特定主题或特定品牌的广告。

　　消费者不仅可以管理自己的注意力资源，而且可以影响其他人的注意力资源交易。市场营销学家菲利普·科特勒也注意到了用户彼此连通时代的营销变化。他指出，在品牌（图 4–6 中的 Outer）与消费者（Own）之间还隔着另外一类主体（Others），他们可以引起社交网络中的其他消费者注意品牌、自愿回答其他消费者的提问，他者与消费者之间对话的偏向性，将会增强或者削弱品牌传播的有效性。

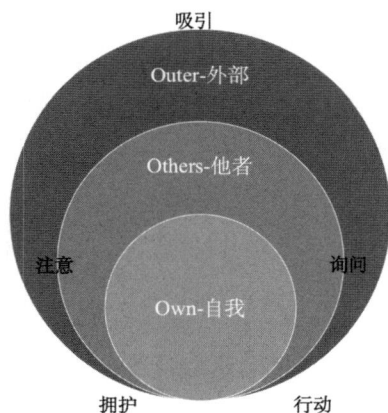

图 4–6　菲利普·科特勒提出的"O3+A5"模型[①]

　　数据作为数字广告交易的重要内容，其权力被掌控在用户手中。这些数据对于消费者个体而言并不能产生经济价值，但是对于广告主、广告交易平台而言，则是重要的生产要素资源，算法依赖源源不断的数据资料来实现精准预测。唯有获得足够多、足够高质量的用户数据，广告推荐系统才能实现

---

① 科特勒等 . 营销革命 4.0：从传统到数字［M］. 北京：机械工业出版社，2018：56.

更加精准的推送，数据要素价值才能得到发挥，广告交易的效率才会更高，进而引发后续的连锁经济效应。

用户日益成为数字广告交易的积极参与者。学者将其角色归纳为三类——创造者（Creator）、元声音者（Metavoicer）和传播者（Propagator）。其中，创作者贡献与品牌有关的原创或衍生内容，如产品评论、图像和视频；元声音者不创建原创内容，而是以点赞、评论或评分形式表达自身观点；传播者通过分享活动来传递他人的信息。这些积极的用户活动不仅影响着当下的广告交易，而且也产生了空前数量的结构化与非结构化数据，为广告商提供了对消费者个体和群体极其丰富的洞察，可以促进个性化广告变得更有效，影响未来的广告交易（Liu–Thompkins Y. et al.，2020）。

在智媒时代，用户对广告的抵制不再只是由广告数量过多导致体验被中断而引起的抵触心理与情绪，更多的是用户担忧自己被广告算法操控与围猎。用户会试图干预平台数据，调适自己的用户画像（廖秉宜、张慧慧，2021），影响输入算法的信息数据，进而左右算法的输出结果，还主动呈现冗余信息，用于干扰现有的算法推荐逻辑，例如，刻意搜集很多自己并不感兴趣的产品等，使其产生越来越多不合理的推荐现象，实现了与技术的反馈，掌握了更多的结构性主动权。用户也有可能积极提供尽可能多的真实数据，使算法以最佳的方式服务自己；还有可能直接关闭算法或卸载应用，拒绝提供数据（Lomborg & Kapsch, 2019）。

用户数据披露意愿，跟用户对风险、收益的感知，以及对平台、商家是否信任紧密相关。这也使得广告主只有积极地传递用户价值，营造友好的广告交易氛围，才能够获得用户信任，进而获得更多的用户数据。

3. 数字广告交易需要为用户创造价值

用户，曾经被遗忘权力的交易主体，在数字广告时代重回广告交易。数字技术让用户显现出来，被赋予了表达的机会，消费者权力不断提升，传播势能的差距逐渐被抹平，甚至消费者声音盖过了品牌方的声音，大规模的、强迫性的广告讯息可能会引起更为强烈的心理逆反与抵触，更容易遭遇用户抵制。未来广告研究将广告定义为"在所有的接触点上为用户创造价值",这并不是哄骗、讨好用户的话术,而是成为广告交易的实质性内容。当用户回到广告交易的"桌面",那么在数字时代,广告交易究竟能够为用户创造怎样的价值,如何创造价值,从而吸引用户参与广告交易,便成为影响交易进行的至关重要的一环。

互惠理论强调广告主与消费者都能够从广告交易中获得价值,不能只是广告主一方获益。当价值的天平发生倾斜,另一方就会撤离。过去对于交易价值创造限定在产品层面进行兑现,广告主在其所售卖的产品中注入价值,而消费者通过购买与使用产品而获得价值。然而,这一层面的价值交换是在广告交易发生之后才有可能实现的。那么,消费者在广告交易中究竟能够获得什么?

整合营销传播的学者在数字赋权的背景下推进 IMC 理论的迭代,认为整合营销传播进入到协商品牌(Negotiated Brand Theory)的阶段,品牌内容既可以是企业创建的,也可以是用户创建的,通过整合企业与用户的连接点及内容,从而提升品牌资产。经由用户与企业共同创造价值的品牌,也被称为协商品牌。

服务主导逻辑(Service Dominant Logic),即以服务换服务,是协商品牌运转的底层逻辑。对于消费者而言,营销传播成为一种服务。每个人都需要从别人那里买东西,需要作出购买决策,营销传播不应是噪声,而应该成为消费者在决策过程中最值得信赖的伙伴,为消费者的解决方案提供服务,此时消费者将非常乐意将销售东西的权力交给广告主。直播电商作为近年来新兴的营销传播方式,主播团队的选品能力、展示与讲解能力以及价格折扣都为消费者提供一种服务,缩短了用户搜索、对比的决策过程。

亚马逊也在不断降低消费者决策与购买的时间、精力成本。相较于在 PC 端网页购买以及手机端 APP 内购买,2015 年,亚马逊开发了一种新的移动终端产品 Amazon Dash Button(见图 4-7),通过内置无线连接功能,可以实现购买单一商品的物联网购物按钮。用户只要按下这一物理按钮,系统将自动在亚马逊网站一键下单，免去烦琐的购物流程。按钮贴近家庭场景，可以安装在相应的房间或者家电上。例如，消费者经常会将汰渍洗衣粉的 Dash Button 安装在洗衣机附近，方便提醒自己及时补货。后来，亚马逊抛弃了物理的按键设计，转换为 Dash Replenishment 服务，用户可以在智能家电的控制面板上订购需要的产品。

图 4-7　亚马逊推出的 Dash Button 服务

当用户在广告交易中获得了高质量的内容、令人愉悦的生命体验、解决生活中棘手问题的解决方案时，用户以自身的注意力资源进行投票，愿意提供真实数据、购买商品、生成口碑，在社交媒体及品牌社区积极地拥护品牌。消费者愿意为品牌效力服务，即"以服务换服务"（见图 4-8）。一切以用户价值为出发点，广告注意力资源的交易不是哄骗、操控，不是处心积虑，而是用户出让注意力，获得了其认可的价值。

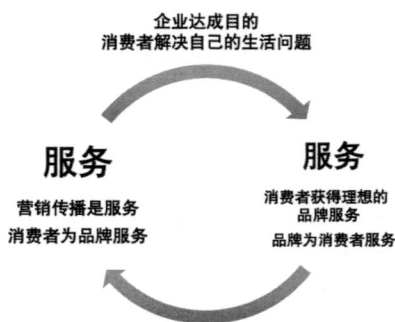

图 4-8　服务主导逻辑

　　以服务换服务的主导逻辑下，无论是企业还是消费者，他们都参与到了品牌讯息及接触点的创建过程中，且相互影响。因此，掌握实现价值共创的方法（Value Co-creation method），引领营销传播、品牌形象及品牌意义塑造走向协作。面对来自消费者的品牌内容创建，企业应该调整自己的组织架构以及营销理念，摒弃过去"命令—控制"式的单向、线性、封闭式的广告交易，而是保持一种开放与灵活的姿态，培养社区精神与用户创造力，刺激原始内容、想法、故事的发展，适应消费者共同创造内容的需求。

　　以瑜伽服著称的运动品牌 lululemon，其市场推广方式并不似竞争对手Nike、Adidas、Under Armour 依靠体育明星代言人收获注意力，而是通过融入瑜伽社群，透过关键节点的个体实现品牌介绍与引入。品牌一开始专门设置瑜伽教育家，深谙品牌价值观与产品特性，同时物色门店大使。门店大使往往是瑜伽工作室的创始人或运动达人，品牌提供新品试穿、赠送以及专业摄影服务。这些门店大使的照片将作为品牌方的宣传物料，展示于门店橱窗以及线上社交媒体。服装赠送及品牌宣传对于门店大使而言也是有利的，他们也可以借助品牌宣传，进一步在瑜伽社群中拓展自己的知名度，吸引更多的学员。对于品牌而言，借助门店大使，可以较低的成本对社群中的其他用户形成影响。对于普通消费者而言，品牌也提供了免费优质课程、开辟门店空间专为顾客提供瑜伽练习场地，以及一年一度瑜伽聚会活动。无论是教育家、门店大使、消费者，品牌都为其提供独特用户价值，正是这些价值吸引着用户的注意力及其转化。

　　在协商品牌理论视野中，企业通过为用户创造服务价值，从而获得用户的注意以及后续的行为转换。而用户的后续行为，如口碑、原创内容、拥护行为又成为影响其他用户继续实现注意力资源的后续交易。企业与用户的价值共创，反映了数字广告时代的广告交易不是企业完全控制的，甚至并不一定是由企业发起的，用户也可以发起广告交易，影响他人的注意力交易。当无数的广告交易以裂变式、病毒式的方式在用户的社交媒体网络中不断发生，而很多时候并不需要企业花费大手笔的广告预算。

通过整合用户价值与企业价值，协商品牌就激发了用户发起数字广告交易的积极性。在此基础上，整合营销传播学者马特豪斯教授进一步提出了整合更多利益相关者的 P3 理论（融合消费者、股东利益以及地球环境的多元利益相关者方法，Multi-stakeholder approach for People, Profits and the Planet, P3），强调整合更多利益相关者的价值诉求，通过广告交易，使得各方利益（员工、消费者、股东、环境、社会）都得到提升，促进整个交易体系整体价值曲线的外扩。

因此，擅长为用户以及其他利益相关者创造价值的广告活动，才能够在数字时代真正实现注意力资源的交易与转化。那些尚未意识到数字广告交易本质变化，或者虽意识到但未能掌握以恰当方式为用户创造价值的广告主，将难以在数字广告交易时代生存下去。

4.3.3 技术代理商加入交易

正如上文所言，因为数字技术的介入，过去"打包式"的媒介购买变得日益碎片化、小规模化，甚至变为对每次曝光机会进行实时竞价拍卖。因此，数字广告交易必须依赖技术及技术商的帮助，才能够实现自动化的交易。这有别于传统广告交易，直接发生在广告商与媒体之间，或者广告商、媒介代理商、媒体之间。数字广告交易卷入了更多的交易主体。

因此，数字广告交易系统变得日益复杂，除了传统的注意力资源交易主体（广告受众、广告媒体、广告主、媒介代理商），还卷入了更多的技术参与者（供应商平台、需求方平台、广告交易中心），广告交易链条在无形之中被拉长。

如图 4-9 所示，在《媒体是如何购买：数字营销生态系统》报告中，研究者揭示了广告主的营销预算是如何在诸多参与主体中分配的。传统广告的预算分配，按照 15% 佣金制的国际惯例，广告主预算 85% 流向了媒体发布者 / 出版商，15% 流向了广告代理商。这一利益分配格局正在被打破。数据显示，广告主的预算在每个环节、每个主体之间的分配，每个参与者都会分享广告支出。其中，广告主预算部分，有 6% 流向了广告代理商、12% 流向了需求方平台、1% 流向了广告服务器、9% 流向了数据服务商、15% 流向了供应商平台、58% 流向了出版商 / 发布者。广告主支付的每一美元中，只有略多一半被出版商接受，其余的则被各种中介机构和平台接受。报告称，未来的趋势显示，广告主将在交易平台（DSP 和 SSP）上花费更少，而将更多的预算用于使用目标数据来改进算法。[①]

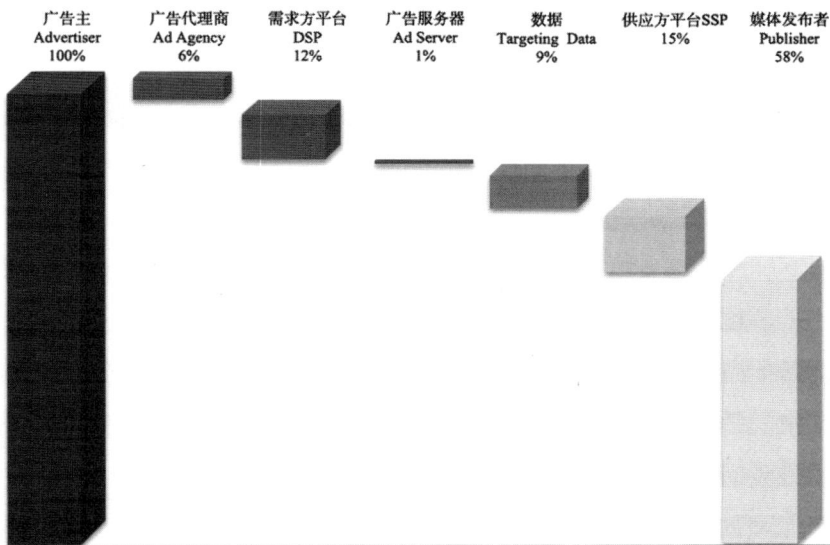

图 4-9　广告预算在不同主体之间的分配

4.3.4　数字广告程序化交易逻辑泛化

广告交易的自动化与智能化不仅在互联网原生媒体上进一步强化，而且也将蔓延到更多的传统媒体，如广播电视、户外媒体的广告资源。传统媒体

---

① World Health Organization.（2019）. How media is bought: the digital marketing ecosystem. In Monitoring and restricting digital Marketing of unhealthy products to children and adolescents ［EB/OL］. http://www.jstor.org/stable/resrep41222.8.

的"数字化""网络化""自动化""智能化"将会引领数字广告行业的新一轮增长。公共电子屏的日益普及促使户外广告程序购买走上正轨。谷歌自2015年开始就对户外广告程序化购买展开测试，目前正在进军德国户外广告程序化购买市场，接下来计划向美国与英国拓展，广告主可以远程线上购买户外广告资源。消费者在日趋数字化、互动化的户外广告中获得乐趣，同时也乐意贡献自己的位置数据。定位追踪、数据优化、人脸识别、深度学习、增强现实等广告技术均被应用于数字户外广告的创新。

程序化的触角不仅延伸到了更多的媒介形态，而且也渗透到内容的更深层。未来精准营销、千人千面的理念将会在更多领域贯彻下去。即便是与内容情节高度纠缠，不可更改的广告在未来也有望突破固定化的束缚，寻求更加灵活的植入与展现，探索更多创意性的广告植入，探索更多领域的精准性与灵活性的投放。

通常，广告植入是内容制作前先商谈好的合作，结合品牌方的需求，在相应的情节植入产品或品牌。这种植入方式具有明显的排他性，确定了一家品牌，其他品牌可能就很难合作了。在这种植入模式下，所有受众观看同一条品牌植入的广告。然而，这一广告植入的固定模式也被技术打破。优酷与英国广告公司MirriAd合作推出"移花接木"的广告植入形式，通过数字插入或影像叠加，将品牌形象嵌入优酷播放的节目。当视频画面为户外场景，场景中的广告牌可以在制作后期不断更换内容，甚至可以根据不同用户更换不同的广告牌。男性在视频中的植入广告看到的是运动品牌，而女性在视频中同一位置看到的可能是美妆品牌。

程序化不仅仅限于我们传统理解的广告范围，未来将会有更多的程序化触点，如微信、朋友圈推送、微博推送等个性化的触点，都在通过程序化、智能化的应用推动广告投放、广告创意的灵活化与智能化。以前，广告内容植入媒介内容的具体工作是由人工识别标记，例如，播到第几分钟时可能会出现什么样的场景，在这一场景下应该投放什么样的广告。现在，这一工作逐渐交由机器来识别、判断与匹配。这一技术能够实现广告投放的精细度。

视频网站的创意中插形式与边看边买形式便是这一技术的应用。例如，当视频网站的某一热播剧中的主人公正在饮茶，计算机能够迅速识别这一场景，并将其与广告类型进行匹配，很有可能会在右下角弹出茶叶广告。又如，剧情出现女主角的穿戴样式或者使用物品，旁边就会弹出女主角同款衣服、帽子、手包、首饰或者其他物品的广告，供消费者边观看边购买。不仅如此，场景的智能识别还能够帮助广告主与媒介代理公司监测广告是否投放在正确的媒介场景，如视频网站上定剧包投的广告是否出现在广告主所预期投放的剧目内容周边。

4.3.5　旧交易体系的逐渐萎缩

"一个行业衰落的首要标志就是失去对那些有资历、能力与野心的人们的吸引力，而这一幕已在广告业上演：广告业正在丧失对优秀人才的吸引力。广告岗位起薪与营销岗位差距高达 100%，与数据分析岗位的差距更大。曾经梦想进入传统媒体与代理商的年轻人们现在更想为谷歌效力。"（Uslay，2018）

与数字广告一路高歌猛进不同，传统广告业遭遇到前所未有的生存危机。数字广告发展的数据抽象地反映了市场的转变，数据背后的故事并非如此云淡风轻，而是充满更多惊心动魄的细节，有对旧时代的叹息，也有对新时代的茫然。

数字广告对传统广告的规模反超，带来的不仅仅是数字广告市场份额多寡与地位高低的变化，更是广告本体论、认识论与方法论的变革。一场关于广告新与旧、生与死，以及未来去向何处的讨论由此揭开序幕，吸引了业界与学界人士纷纷下场讨论。他们的观察与思考为我们提供了市场数据背后的故事。

本节将从数字时代广告行业所遇到的问题与危机入手，透过行业标志性事件与数据来回顾、梳理这场危机的始末，并试图从交易视角解读这场危机的原委，即旧广告交易体系的崩溃，新广告交易体系的出世。交易视角下的广告业危机，其实是一场重塑广告交易价值的产业运动。

《快公司》杂志（*Fast Company*）率先吹响了号角，2011年1月刊登专题"被谋杀的麦迪逊大道"。文中指出，作为20世纪60年代广告黄金年代象征的麦迪逊大道正在被时代所抛弃。数字时代的传播是累加增值的、实验性的、不断优化的、永不结束的过程，而不是传统时代的作品交付与发布就结束了，从业者必须彻底更换自己的DNA才能跟上时代。

变局之下，行业外部的竞争者趁广告公司尚未反应过来，抢食广告市场——技术公司让创意与媒介购买程序化，节省大量人力；互联网媒体直接与品牌客户合作，将广告公司排除在对话之外；创意分包形态的新传播公司抢走了广告公司合作多年的大客户。

时间快进到2018年的中国广告市场。国际4A集团WPP关闭旗下老牌4A公司扬罗必凯（Y&R）北京与广州办公室，并将其与数字营销公司VML合并。新组建的VMLY&R定位品牌体验代理商，以此抵抗来自埃森哲互动等咨询公司业务延伸后的竞争。智威汤逊（J. Walter Thompson，JWT）和伟门（Wunderman）合并，组建新公司Wunderman Thompson，至此，全球第一家广告公司、拥有154年历史的智威汤逊就此消失。业界人士再次感叹，智威汤逊的消失，是麦迪逊大道消亡的隐喻。[①]"去乙方化"浪潮也在《IT经理世界》2016年10月刊登的"再见了，4A公司"一文继续被关注。文章引用数字营销协会2015年的报告，报告指出，27%的品牌正在进行"去乙方化"，即减少或终止与广告公司的合作，转而与媒体共建或自建品牌内容中心。

性价比低、出活儿慢、"大公司病"、供应链上的沉疴、价值低等问题成为甲方抛弃合作多年的广告公司的主要原因。尤其是当与消费者的沟通内容从"面向一群人的创意"变成"面向一个人的服务"，4A广告公司已经力不从心。相较于创意广告，越来越多的品牌开始关心满足消费者需要的实用内容，如体验视频、信息图、用户测评等；抑或消费者感兴趣的娱乐内容，如

---

① 虎嗅转广告常识：https://m.huxiu.com/article/277324.html。

电视节目、网剧、音乐等。① 无论是媒体自营广告，还是品牌自营内容，可以肯定的是，在过去承担双重代理（媒体代理与客户代理）重任的广告公司，在广告交易的谈判桌上，开始面临被踢出局的风险。

上述从业者、观察者以及学者讲述数据背后故事的种种危机，与其说是广告业的危机，不如说是广告代理商的危机。不可否认，现代广告业的高速发展与独立广告公司的出现紧密相关，广告传播能力因专业分工，交由市场中最为擅长的机构与专业人士，并通过交易的形式保障专业分工与目标达成。在这一过程中，广告代理商的价值创造能力是被认可的。

近十年来，在广告产业研究领域，技术话语主导下的转型研究占据主流。从数字化、网络化、移动化、大数据到物联网、虚拟现实、5G、人工智能，技术虽快速更迭，但这些技术归根到底均属于"以任意对象的数字化、普遍连接、海量信息储存和计算为基础"的互联网技术群落（胡贝贝等，2019）。由大数据、算法模型与智能决策构成的计算广告技术（段淳林、杨恒，2018）已跃升至这一技术群落发展的前沿，推动广告产业朝向数据密集型、技术密集型方向发展。

随着计算技术的大量涌入，曾令广告代理商引以为傲的创意城墙不断陷落，创意经验与计算技术之间的冲突愈加激烈，融合也愈加迫切。如何重塑广告产业的价值创造能力等一系列问题已成为全球广告业所面临的共同挑战。无论是"被谋杀的麦迪逊大街"，还是去乙方化浪潮，归根到底，这一危机皆源于广告代理商价值创造能力的旁落以及在广告交易中出局。

广告代理商的交易地位不保。争议的核心议题就是，在广告交易链条中广告代理商是否还有存在的必要性。存在的必要性的前提就是，其他交易主体与广告代理商的交易能否让其看到交易价值。是否交易、与谁交易都成为交易价值评估的重要对象。广告代理商的中间环节正在被省略掉，广告主、媒介、咨询公司正在蚕食广告代理商的业务，去代理商的中介化，直接达成

---

① 数英（Digitaling）转载：https://www.digitaling.com/articles/31508.html。

交易。

学者 John Sinclasir（2020）在《重压下的崩溃：全球广告业趋势》（*Cracking under pressure: current trends in the global advertising industry*）一文中指出，全球广告产业结构在适应数字化和金融危机的压力下瓦解。

广告数字化已经深刻改变了过去半个世纪广告行业的舒适生活。尽管广告产业主动构建广告技术，来迎接技术公司如谷歌和脸书的"去中介化"挑战，但是在面对全球金融危机的复苏时也需要格外警惕。

由于广告主的成本管控，内部建立了广告公司，使得服务统一化，机构型代理商挣扎着显示他们与顾客资产相关的可持续功能，还要面临来自管理咨询的业务争抢。一些广告功能被广告主"内部化"。这些广告主虽然仍与外部代理商合作，但是正在积极地节省开支，通过建立内部的媒体购买及创意部门来获得品牌的控制权。相对于更加传统的创意一方，技术营销的重要性提升。广告代理商发现他们与全球管理咨询在竞争，而他们可以向已有客户提供更多的服务，包括广告服务。

学者 Uslay（2018）在《广告教育期刊》发表评论文章《广告业陷入进退两难了吗？》（*Is Advertising Stuck in the Middle?*）开篇点明，一个行业衰落的首要标志就是失去对那些有资历、能力与野心的人们的吸引力，而这一幕已在广告业上演：广告业正在丧失对优秀人才的吸引力。广告岗位起薪与营销岗位差距高达 100%，与数据分析岗位的差距更大。曾经梦想进入传统媒体与代理商的年轻人现在更想为谷歌效力。

在数字时代，所有的事情都被快速地测量。数字化转型迅速抽空传统营销预算的空气。而传统代理商想要遗忘组织化记忆（institutional memory）并不容易，数字化与移动化的转型制造了很多头疼的问题。更多的复杂问题是越来越多的业务从传统广告领域流失——直销、意见领袖营销、社交媒体口碑、品牌植入、内容营销、程序化购买越来越不需要广告，消费者更不需要广告。消费者使用更多的时间与网络接触，更少的时间看电视或者听广播，他们不希望被广告打断。最大的营销市场不是数字营销或移动营销，而是品牌植入。而在过去，品牌植入领域被传统广告公司所忽略。广告公司同时陷入咨询机构和技术公司的夹击。

在过去，规模经济与专业化都有各自的优势。大公司可以享受规模经济，而专业化公司专注于细分市场，更好地服务客户，但是介于这两种公司之间的其他类型的公司财务表现并不好。现在大公司也感受到这种状况。大型传播集团与技术公司之间的广告收入差距越来越大。分拆将会更多地出现，而不是并购。

《哈佛商业评论》在 2013 年 3 月刊登了题为"传统广告已死"的专题，用长达 30 页的篇幅提出：传统广告已死，广告业的未来是基于大数据分析与 APP 形态的广告。专题中颇具革命性观点的文章《广告分析 2.0 时代来临》开始将数字广告带来的改变聚焦于广告作业与交易的后台逻辑，进而指出，基于大量数据分析、云计算和新型分析模型的广告分析 2.0 由归因、优化、分配三大步骤组成，它通过改变广告市场回报的计算方式，进而影响企业的广告交易决策。[①]一些广告主发现需要对广告预算投入进行反复查验，而之前已经多年不做这样的事情了。一些广告主发现，停止广告投放后商品的销量并没有下滑，公司的整体营收反而稳步上升了。例如，2018 年，很多互联网公司发现尽管获得的广告收入少了，但是公司的整体利润并没有下滑，主要原因在于公司自身用于广告投放的开支也相应减少。业界对于广告所能够产生的价值产生了高度怀疑。

价值创造能力是产业发展的前提，一旦失去价值创造能力，将会产生黑洞效应。传统广告产业价值在适应数字化压力与金融危机的过程中全面瓦解：其中既有来自广告主成本管控的压力、代理内部化的威胁以及对传统媒介代理的信任危机，也有来自技术公司去中介化的挑战以及来自咨询公司产业链延伸的竞争（John Sinclasir，2020）；还有由于薪酬福利待遇相对较低，广告产业失去了对有资历、有能力与有野心人士的吸引力而导致的人才脱节问题。

---

① 网易汽车转载：https://auto.163.com/13/0402/10/8RESUJPT00084TV5.html。

（周丽玲等，2017；Uslay，2018）。

人工智能技术最先替代的是广告作业领域中的程序化工作，随着生成式人工智能的发展，广告创意的工作也逐渐被收编。这场变革是技术所掀起的、对人力与人类智慧的全面替代。当广告的价值创造能力逐渐被技术所接替的时候，并不是广告业没有了，而是广告业从人潮汹涌中退席，进入了一个技术的全新时代。

4.4　新交易形态引发的信息不对称

数智技术将原先传统媒体时代广告注意力的批量交易切分为与"每个用户"的"每次注目"进行交易，消除了过去模糊交易中的浪费情况（即购买了不符合要求的注意力），依据对每个用户的属性数据与行为数据的掌握，高效地识别注意力资源，并凭借个性化的广告信息，顺利完成注意力资源的交易，且在反馈回来的广告数据的基础上不断优化广告交易策略，降低搜寻摩擦。搜寻摩擦的大幅度降低，提升了市场的运行效率，使得广告交易的新形态被不断"解锁"，但是数字广告交易超越了人类经验的感知范畴，逐渐变得"不可见"进而需要依赖"数据"呈现交易，围绕数据的收集、控制、运用等活动又产生了新的信息不对称，即新的信息摩擦。而数据的收集带来了信息保护问题；数据的控制带来了信息垄断问题；数据的运用带来了信息使用问题。

4.4.1　长尾交易主体的权利主张受限

由于大量交易对象的涌入，使得广告交易变得越来越频繁，加大了监测广告交易的难度，而很多中小广告主并没有资金、技术实力实现对广告交易的监测，只能够依靠广告交易平台的数据反馈。其中存在较多的漏洞，而平台很有可能罔顾客户利益，选择对自己最有利、收益最多的数据监测结果。

2016 年，多家小广告主向加州联邦法院起诉称，脸书（Facebook）采用不准确的广告观看量计算标准，大大高估了用户观看视频广告的时间。这是一种不公平的商业行为。在此之前，脸书曾承认会将用户仅播放了 3 秒的视频计入播放量中，而这种统计方式将视频的平均观看时长增加了 60%—80%。流媒体平台奈飞（Netflix）对外宣称，多达 4500 万个账号观看了某部电影，这一标准非常模糊，因为账号并不等于观众数量，且并未说明观看时长，但因为平台掌握着流量数据，在广告交易监测数据报告中占据着绝对优势与话语权，也对依赖平台进行广告交易的中小媒体及中小广告主形成威胁。流量价格的攀升也促使很多中小广告主热衷购买低价流量，而这些低价流量很有可能是虚假的，或者低质量的，即广告出现在网页底端，没有被用户看到，导致广告费的浪费。

因为搜寻摩擦的降低，使得海量中小交易主体得以加入数字广告交易，在更加广袤的数字空间中寻求注意力资源的交易与开发。同时又带来了更多的信息不对称。中小媒体的流量质量良莠不齐，一些媒体可能会谎报流量数据。流量数据的虚高使原本诚实的中小媒体处于劣势，要么选择加入谎报，要么被挤出市场。同时，中小广告主普遍没有额外资源委托第三方进行交易验证，导致他们极有可能沦为交易的受害者。脸书曾经推出一项广告联盟的交易服务，但是因为无法治理流量欺诈现象，导致其自动关闭这项服务。

4.4.2　交易流程延长导致的责任推脱

除了日益增长的技术成本之外，数字广告交易链条延长，卷入更多交易主体，使广告交易变得更加复杂，增加了交易环节的不确定性。每个环节的交易主体对于交易的判断都是基于自己的上下游，判断感知的范围相对有限，在信息不完全的背景下作出最有利于自身的决定。每个环节因为信息不对称产生的信息摩擦随着环节的增长逐步累积，导致处于交易链条末端的广告主对交易的整体情况所知甚少（见图 4-10）。

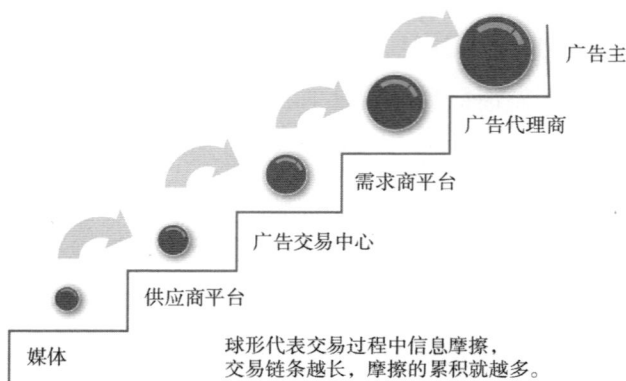

广告主

广告代理商

需求商平台

广告交易中心

供应商平台

媒体

球形代表交易过程中信息摩擦，
交易链条越长，摩擦的累积就越多。

图 4-10　交易链条延长所产生的信息摩擦

由于交易链条变长，使得交易过程中的流量欺诈被发现的可能性变小，交易主体被监测到作假的概率变低。2019 年，央视财经频道"经济半小时"栏目就曾曝光了抖音平台上虚假的顶级网红及其销售神话背后的运作机制。平台则成了抖音流量数据造假的"下线"，形成一条欺骗消费者的灰色产业链，对流量数据造假行为广开绿灯。抖音商户曾对媒体表示："公司不管产品质量，它们只为了赚广告费。"[①] 追求自身利益的最大化，这在平台的广告交易中非常普遍。当流量数据造假没有危害到自身利益，平台通常都是"睁一只眼闭一只眼"。

不只是平台如此，数字广告交易链条上的每一个主体都有可能为了自身的利益进行流量欺诈。对于媒体而言，为了获取更多的广告费用，它们有动机放大自己的流量数据。对于中间的交易平台（SSP、DSP、ADX）而言，它们根据交易提成，自然希望更多的交易在平台上撮合，流量数据越大，交易额度越高，对于自身就越有利。对于广告代理商以及广告主内部营销团队而言，投放效果越好，数据越漂亮，越能够向委托方或者上级领导汇报。如此看来，每一个交易主体都有流量作弊的动机，没有清理无效流量的意愿。

---

① 央视网. 曝光！抖音"网红"带货也刷单！还有三无产品！［N/OL］.（2019-07-16）［2024-02-05］. http://news.cctv.com/2019/07/16/ARTI8khfEWiT2laP7sTxDP4a190716.shtml.

广告效果监测机构 White Ops 首席执行官 Michael J. J. Tiffany 打了个比方："如果一帮抢劫团伙作恶却没有受到惩罚，而且没人能知道哪些街道是安全的，就开始根据平均计算所有的劫案，然后得出每个人的钱包都必须丢失20% 钞票的结论，这听起来很愚蠢，但这就是我们一直面临的问题。"① 当数字广告交易链条中的每个主体都只顾自身利益的时候，长期而言，摧毁的将会是整个行业的价值与信任。

每个环节的虚假导致最后累积到广告主这一环节时欺诈现象越来越严重，进而加速了他们在交易中的退出。清理广告流量欺诈耗费成本，生态系统中的每一家企业都能从中受益，但是谁也没有动机去清理。清理欺诈根据监测到的印象数量收取费用，通常由广告交易平台或者广告商支付。

4.4.3　交易过程隐蔽引发的风险升级

传统媒体广告的"曝光"是公开的，任何人接近大众媒体便能简单确认。在大众媒体时代，媒体渠道的相对有限、统一与开放，广告交易流程完全由媒体广告经营部门、媒介购买公司、广告客户等交易主体推进，广告何时出现在哪个频道、哪档栏目、哪个版面是高度确定的事情。广告监测人员只需要在预定时点进入相应媒体版面或者频道，制作剪报或者录音录影，就可以记录广告投放情况（是否按时 / 按量投放），对广告投放进行确认，并结合媒体的发行量、收视率等数据，推测广告曝光情况。

由于大众媒体对所有人开放，广告在媒体上得以曝光展示是百分百确定的，唯一不确定的是展示的人数规模，虽然传统媒体也存在注意力数据作假，受众调查数据可能存在着虚高、谎报作假等情况，但是因为少量有限的媒体凝聚了大规模受众的注意力。因此，广告是能够被受众接收到的，广告投放是真实的。大众媒体时代，注意力资源分布在有限的媒体渠道中，因此捕捉

---

① Mediapost. 敲山震虎：大品牌广告主卧底抓机器人欺诈［N/OL］.（2014-07-22）［2023-12-05］. https://www.rtbchina.com/big-brands-to-pose-as-unsuspecting-advertisers-to-research-bot-fraud.html.

受众注意力，完成广告交易相对简单可控。

进入数字媒体时代，媒介渠道及信息内容呈现爆炸式增长的趋势，受众注意力散落在无边无际的网络空间中，呈现碎片化甚至是粉尘化的分布状况，受众在不同媒体间游走，捕捉受众注意力就变得日益艰难。在过剩的信息衬托下，受众注意力成为稀缺资源。大众媒体时代广告交易对媒体广告版面/时段的购买，变得难以操作，有些媒体渠道及内容极有可能在"角落"中无人问津，即便其拥有大量的时段/空间可供投放广告，但是因无人注意而缺少交易价值。

因此，数字媒体时代的注意力分布状况决定了广告交易不再是通过购买媒体版面/时间，进而实现对注意力资源的间接购买，广告投放方式的思路转变，逐渐转向直接购买受众的注意力资源，甚至是一对一的购买。广告投放由此进入分众化与精准化时代。对广告展示情况的监测变得逐渐隐蔽，不太可能像过去打开电视、翻开报纸，投放的广告就能映入眼帘。

数字广告交易过程彻底从现实的原子世界进入虚拟的比特空间，交易逐渐实时化、定向化、精准化甚至个性化，广告在何时出现在哪里，变得高度不确定。同一媒体、同一页面、同一位置的广告，因为不同用户打开而呈现不同的广告。这意味着数字广告并不是对所有人开放，只对符合人群设定的分众化群体甚至是单个用户展示。因此，广告展示机会（时空）并不固定。

数字广告交易的对象、时间与地点都不确定，且不直接可见，只能依靠广告数据监测来显示。从传统广告到数字广告，交易过程从整体的可感、可知与可控，变得更加分散、隐蔽，无法通过直接经验感知。因此，交易主体需要借助各种数据、指标来实现对于交易过程的监测、还原与评估。我们无法像传统媒体时代依靠人工监测来判断广告的展示情况。此时，我们依靠每个广告背后的代码被加载次数、点击次数以及后链路的数据（预期的行为数据，如注册、下载、购买、预约等）来监测广告效果。具体而言，每一则数字广告都会被嵌入一段监测代码，一旦广告被触发就会以 HTTP 请求的方式回传给平台与第三方机构一条包含广告、媒体和用户三方信息的广告观看日志。其中，触发的时机主要是广告加载（曝光）与点击，而回传的客户端信息包括观看基本信息与标准 UA（User-Agent）信息。观看的基本信息是指"谁""何时""在哪个媒体""看到哪条广告"；标准 UA 信息包括设备类型、操作系统、浏览器、联网方式及 APP 信息等。这些信息以参数的形式嵌入代码中，并回传给监测平台。此外，还有一些后链路的数据（广告曝光或点击后的后续行为，如注册、下载、购买、预约、到店等）也可以被收集运用于广告效果的判断。

数字广告交易由于隐蔽不可见，且与大手笔的广告投放预算沟通挂钩，使得一些"套现"广告费用的灰色产业出现，消耗广告主的广告预算。数字广告交易在按照预期计划实现交易的过程中，可能面临着重重风险与挑战。数字广告交易的"旅程"中风险重重。

第一重风险是机器刷量生成的注意力资源。广告注意力数据不是由真人产生，而是通过机器与程序刷出来的虚假流量。市面上有多种方式凭空生成虚假流量，冒充真实流量。最为原始的刷量方式是通过服务器直接刷量。欺诈者通过爬虫程序，自动装填各种参数，发起 HTTP 请求。由于服务器的 IP 地址大多属于同一 IP 段，很难体现用户身份，且这种刷量的方式会占用大量带宽，很容易被识破。相较于服务器集中式的刷量方式，客户端的刷量方式不仅可以体现用户的身份信息，更加自然、隐蔽，而且 IP 地址多元，避免占用服务器带宽，更加快速。

欺诈者先通过漏洞（Wi-Fi 网络、包含恶意代码的广告、被劫持的家庭路由器、垃圾邮件和黑客入侵）的代码，解码用户电脑的密钥，恶意软件操作者可以通过安装程序获得用户电脑的控制权。这些被劫持的个人计算机被称为无人机。这些无人机结合在一起就形成了僵尸网络。它们在用户完全不知情的情况下，操纵用户的计算机，在隐藏的窗口浏览网页。僵尸网络中的无人机的 IP 地址与地理位置多样化，可以避免被运营商发现，而且也可以分散它们发送流量时的负担。成群结队的电脑以一种协调的方式浏览互联网，目的是尽可能多地耗尽广告商的资金。二进制文件（代码）是僵尸网络的引擎，指导受感染的计算机如何浏览网页，告诉它们访问哪些网站、停留多长时间、在那里做什么。这个二进制文件包括了很多操作，从 150 个到 2000 个左右，每个操作都有一个特定的指令，来模仿人类网络访问者。该程序指示所拥有的计算机创建一个隐藏窗口，并将窗口设置为全屏、禁用声音，随机移动鼠标并偶尔点击。150 个动作的程序相对简单，一些僵尸网络包含 2000 多个动作。一些二进制文件非常详细，从其动作的设置来看非常接近真人用户的动作，给识别带来了较大的困难。

此外，挂机平台还通过购买大量廉价手机以及真人实名身份信息，注册和解封账号。同时又从真人那里购买真实的账户数据——设备、手机号码、实名身份证——获取用户账号与设备信息。在一些运营商管理不是很严格的海外市场购买电话卡，从而掌控多个用户设备终端。通过机器与程序来操作这些设备完成广告浏览与点击。在一些挂机平台上授权登录，供平台方完成刷阅读、刷投票、刷点赞等刷量任务，就可以赚取佣金，一个账户月收入为两百元。很多用户甚至使用家人的身份信息注册账号，赚取多份佣金。在国内，这样的网络挂机用户数量已经达到了百万量级。采取"真人＋挂机＋群控"的模式，可以通过电脑操控多台手机刷量，解决人工刷量效率低的问题。

第二重风险是真人非自然状态下生成的注意力资源。欺诈者除了通过恶意软件或程序生成虚假的注意力资源之外，还通过聊天群或者自助平台招募征集大量的真人用户，使用真人账户及其身份信息完成刷量任务，制造"人肉流量"。参与者可以获得报酬。由于流量监测机构对于机器刷量的识别能力逐渐提升，欺诈者开始使用真人刷量的方式来制造非自然状态下的注意力资源，而且为了防止被识别出来，欺诈者会控制真人用户刷量任务的频次、任务下发速度、间隔时长，从而避免被识别为可疑用户。相较于机器刷量，真人用户刷出来的流量，其账号、设备、IP 地址真实、不聚集，被识别出来的可能性较小，更容易逃脱监测机构的筛选。

腾讯安全团队曾经对人工刷量团伙进行持续监控和层层追溯，还原出"头部接单员—高级派单员——般派单员—前线派单员—投手"5 层人员结构网络。"派单员"客户资源丰富，负责接需求，再将需求分发给一众投手，从中赚取差价；"投手"数量最多，门槛最低，本小利微，负责完成刷量任务。在这个以人际网络为渠道的庞大产业中，有的人能够赚得盆满钵满，有的人却夹缝求生，吃力不赚钱。还有团队专门聘请社会闲散人员，点击广告、留资料、接电话、到店访问，伪造后续的行为数据。

　　第三重风险是虽然是真人产生的流量，但是并非真实可见。由于流量数据统计的是页面被打开、广告被加载的情况，这与用户的实际观看情况其实也有差距。很多时候广告虽然被加载了，但是广告并非处于可见状态，如展示的时间过短、展示的面积过小、在屏幕边缘的位置等。因此，国内关于数字广告形成了一套可见性的客观标准，要求广告展示的面积要超过 50%，视频类广告播放的时间要超过 2 秒，才可被视为一次有效展示，才能真正实现广告交易。在加载数据与广告真实可见情境之间，也有很多交易者钻漏洞。

　　嵌套网络的欺诈策略主要使用到了 HTML 的 iframe 标签，它可以在当前页面中插入其他网页的内容，iframe 有诸多属性可以设置，其中通过设置宽度和高度两个参数，可以将网页从肉眼可见变成不可见。网页可以相互嵌套在一起，打开一个网页的同时可以在后台打开多个网页（嵌套的层级多达 99层）。只要访问这个作弊网络中的任何一个节点，就等于访问了这个节点背后所有的嵌套页面。网站之间相互嵌套，用户每触发一个节点，就会触发网络中所有节点的网页，这些网页上的广告代码也会被加载。

　　流量交易平台让不同的流量供应方互相嵌套，实现流量虚增和交换。媒体的网站或 APP 页面将成为其他媒体的嵌套目标，进而成为作弊网络的节点。只要访问了作弊网络中任何一个节点，就等于访问了该节点背后的嵌套页面，为每个页面广告展示带去与节点倍数的流量。现在被发现的嵌套页面层级从10 层到 99 层不等。将 A 页面嵌套于 iframe 节点中，布局于 B 页面；同时，A 页面某广告位旁添加了一个 Tracking Pixel（追踪像素），来对该广告位进行第三方监测。当 B 页面加载时，A 页面及其中的广告位、Tracking Pixel 会一并被加载。基于浏览器及 APP 底层设计的独立性安全机制，尽管 A 页面与 B

页面同时被加载，但仍属于完全独立的两次对话。通过 A 页面中广告位旁的 Tracking Pixel 监测到数据将显示为正常，与独立打开 A 页面的监测数据相同。

这一欺诈技法由来已久，在数字广告早期，曾出现过"横幅农场"，即网站能够加载许多看不见的横幅广告。结果，一个用户发出的单独请求加载了数不清的横幅广告，几乎都是看不见的。当广告主按照 CPM（千人成本）来支付费用，即按照广告被加载的次数来支付相应的费用，这一展示方式导致广告主的广告投入全部打水漂。

第四重风险是非符合展示要求的流量数据。很多广告主会对广告展示的媒体环境有要求，要求投放在一些热门、优质的媒体资源页面，但是这类型的广告展示机会总是有限的，相对于需求而言是比较紧俏的。此时，平台可能会将广告投放在一些非约定类型的媒体页面，从而缓解需求的压力。例如，平台将广告主原本计划投放在某部热门电视剧的贴片广告投放在其他视频页面。

更有甚者，为了缓解流量需求的压力，将广告投放到色情、极端暴力内容的网页，这些网页通常流量很大，但是对品牌广告来说，广告环境是不友好的。联合利华首席营销官 Keith Weed 在戛纳创意节上表达了这一担忧，数字广告环境下的品牌安全问题与谷歌及脸书上的负面内容不无关联。[1] 数字广告与媒介内容极易让人们产生关联联想。例如，在发生空难的新闻报道页面刊载航空公司的广告，引发甚至提示人们考虑出行方式的风险，可能会产生与广告主预期相反的广告效果。因广告出现在冒犯性的图片与视频内容旁，日产汽车、全英房屋贷款协会以及多芬等 15 家品牌遭到民间团体起诉，不得不撤下并暂停广告。[2] 英国《泰晤士报》公布的调查结果显示，数百家全球知

---

[1] 凤凰科技. 宝洁、联合利华和阿迪达斯，这些甲方在戛纳上说了什么？［N/OL］.（2017-06-26）［2022-11-11］. http://tech.ifeng.com/a/20170626/44643502_0.shtml.

[2] 199IT 中文互联网数据咨询中心. 全球四大广告传媒集团齐发声：品牌安全是程序化广告布局的重中之重［EB/OL］.（2015 -06 -10 ）［2022-11-11］. http://field.10jqka.com.cn/20150610/c573480233.shtml.

名品牌、政府机构、电视台的广告出现在谷歌或优兔网站上宣扬极端主义或者种族歧视的视频旁。[①] 根据谷歌的广告分成规则，视频旁边的广告带来的收入部分会支付给视频上传者。这一规定使这些品牌与机构的广告在不知情的情况下出现在不适宜的内容旁边，而且间接成为这些极端主义个体或组织的赞助者，引发了品牌丑闻。

第五重风险为是否展示给符合要求的受众。广告主可能会对广告展示的人群有特定要求，但是这一特定人群在流量中的占比并不高，为了满足广告主的需求，或者为了获得更多的收入，平台并未按照广告主指示的目标人群投放广告，导致流量中的目标受众浓度较低（见图 4-11）。

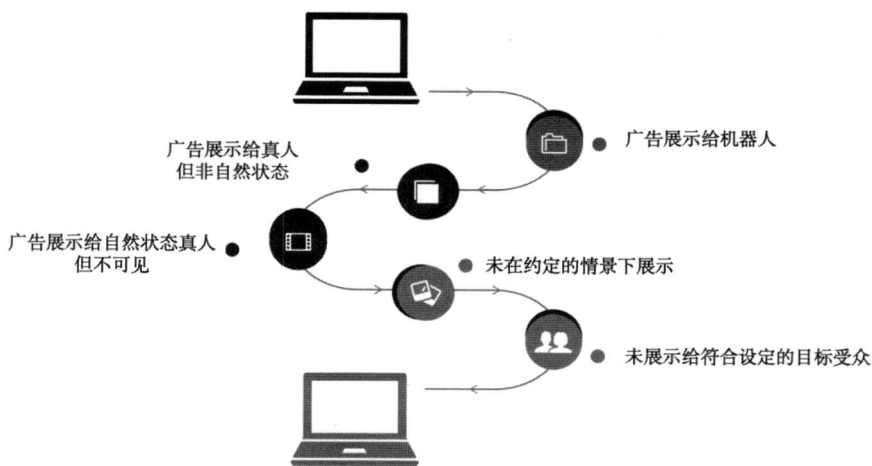

图 4-11　数字广告交易的"冒险"旅程

数字广告交易过程的隐蔽性增加了交易中的信息不对称，广告主不知道广告展示的流量是否是真人流量、是否是目标受众，不知道是否出现在约定的媒介位置，因而需要更多的数据与指标来使数字广告交易的过程透明化。无论采取什么指标——按曝光收费、按点击收费、按广告后链路行为收费，

[①]　央视新闻频道"世界周刊"栏目."极端"广告［N/OL］.（2017-04-02）［2022-11-11］. http://tv.cctv.com/2017/04/02/VIDE61kGhobmlI6XhRDNtKNT170402.shtml.

逐渐提升的收费指标反映了广告交易中的信任在不断瓦解。而讽刺的是，无论采取何种指标，欺诈方都有相应的技术与策略消耗广告主的广告预算。

交易的数字化毕竟只是对现实的反映与还原，并不是实际情况，交易双方可能存在统计指标的分歧、监测结果的分歧，甚至居心叵测者会伪造数据，这些问题都会给数字广告交易的过程带来更多的信息摩擦与交易费用。

4.4.4　精准交易迷思：成本拐点及陷阱

当交易不再是对热门媒体的时段及广告位的购买，而是实现对符合要求的用户注意力资源的实时直接购买时，获取用户的个人数据及信息，用以推测用户浏览痕迹背后的消费意向，成为提升数字广告交易之后商品交易效率的关键。

在注意力经济研究的基础上，Doc Searls 提出了"意向经济"（Intention Economy）概念，认为用户的意愿表现为他们将注意力投向什么地方，即通过追踪与分析用户的注意力，可以帮助商家判断用户的意愿以及注意力资源交易的价值。Dolgin 指出，信息的超流动性阻碍了个人的决策，而个人会持续地搜索和比较产品。研究机构、个人和公司正在花费大量资金设计吸引目标受众注意力的方式和方法。数字广告交易除了需要对目标受众进行深入研究，以确定他们的兴趣领域和正在寻找的具体信息，还要特别研究目标受众的媒体和互联网习惯，以便了解他们经常访问的网站、搜索历史、访问时间和频率等，便于公司或机构能够将其网站与这些热门网站进行超链接。但是，这就产生了隐私问题和道德问题。

在数字广告交易中，注意力资源的交易不再是关于受众群体的笼统推测与模糊交易。正如前文所提到的"浪费掉的一半广告费"。正是基于媒体广告时段与广告位置的购买，媒体受众与广告受众有交叉，但是不可能百分之百重合，只能尽量让两者重合。媒体受众之中总有一部分受众并非潜在消费者，因此广告费总有浪费。数字广告交易是基于用户个人注意力数据的分析与计算，从而实现广告主、用户、媒体三者匹配。这一广告交易方式显然会提升用户后续行为的转化效率，节省了广告预算，但是事实上并非如此简单。交易过程的数字化使用户每个细微的行为都被清晰记录，可以进行追溯与分析，相较于过去广告交易的模糊记录，现在记载广告交易过程的数据颗粒度更细。广告主对交易对象更加了解，当对比消费者的行为数据，进行归因分析，广告主知道了"浪费的是哪一半的广告费"。

然而，精准并非绝对。广告主获得了精准的数字广告交易，同时需要为精准交易支付技术成本。一般来说，当广告经费小于一定数量级的时候，精准投放的效率远远低于传统营销。当企业的广告投放金额小于一定规模的时候，搭建数据中台，实现更高水平的精准广告，其收益是低于成本的。例如，一家机构之前的广告投放是千人成本模式，点击成本（CPC）大概为 3 块钱。平均 1000 次曝光中，大概有 5 次点击，点击转化率为 0.5%，效率很低。广告主为 5 次点击需要支付 15 块钱的媒介费用。在搭建数据中台之后，广告效率更高，大概每 10 次曝光中就有 5 次点击，广告传播的点击转化率为 50%，效率提升了 100 倍。而在叠加了数据成本与技术成本之后，这家机构发现 CPC 的成本涨到了 500 块，是原本的 200 多倍（见图 4–12）。

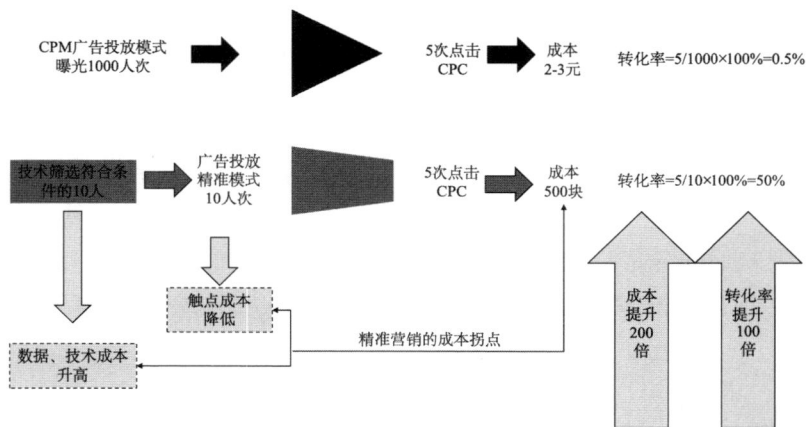

图 4–12　互联网精准广告的成本拐点

精准营销技术固然可以提升广告效率，实现品牌与有需求、有兴趣的消费者直接对话，但是找到这一小群消费者需要支付一定的成本，而且可能筛选的技术与数据成本很大，甚至超出了节省的广告费用。由此可见，不同行业、不同规模的广告主不应对精准营销抱有执念，而应试着平衡精准营销的收益提升与成本提升之间的相互作用，为企业的广告投放寻找最合适的策略。现实情境中的数字广告交易并非越精准越好，倘若为了实现精准交易而产生的额外的技术成本过高，或者广告算法模型所挑选出来的目标人群较少、有偏向，或者困于现有数据及现有客户结构而缺少创新拓展的动力，极有可能会导致广告交易受阻。模糊投放会获得潜在客户。

4.4.5　数据资源流通中的隐私担忧

数据是驱动数字广告高效运转的"燃料"。没有高质量的数据输入，就难以输出高质量的广告决策。即便人类社会已经步入智能化时代，数据依然是决定智能化程度的关键要素，而且发挥着日益重要的作用。人工智能的国际权威学者吴恩达发起"以数据为中心的 AI"运动，呼吁大家将目光从以模型为中心转向以数据为中心[①]。大语言模型的最新进展也主要依赖更高质量、更丰富的训练数据集。2023 年 10 月 25 日，国家数据局正式成立，其核心功能之一就是统筹数据资源整合共享和开发利用，这体现了国家战略层面对数据治理的重视。

上文所述的数字广告交易，都依赖于数据的流通，无论是用户行为数据、广告主需求数据，还是媒体供应的数据，都在促成交易的过程中发挥着不可替代的作用。"计算广告"最早由美国雅虎研究员 Andrei Z. Broder 于 2008 年提出，其核心任务是"实现语境、广告与用户三者的最佳匹配"。只有掌握了语境、广告、用户数据，才能够"喂养"广告算法的机器，实现广告投放决策的优化。

数据在流通中才能创造更大的价值。在数字空间中流通的大数据往往是

---

① Eliza Strickland. Andrew NG: Unbiggen AI［N/OL］.IEEE Spectrum.（2022-02-09）［2023-12-08］.https://spectrum.ieee.org/andrew-ng-data-centric-ai.

非结构化数据，存在数据稀疏的问题——虽然数据规模大，但是单条数据的信息量却很少，往往需要融合才能够形成更加完善与全面的图景。例如，当数据使用者经用户同意后获得了用户手机的位置数据，单独这一组数据难以分析出用户的任何属性，但是如果将这一数据与城市居住小区的地理数据、商场的地理数据以及写字楼的地理数据一同分析，加之时间线索的指引，数据分析家大概可以推断用户的居住小区、工作地址以及习惯消费的购物场所，从而形成关于用户更加全面、准确的画像，但这一准确性却令消费者觉得"毛骨悚然"。

2021 年，世界经济论坛在《良好的数据：共享数据并促进公众信任和意愿》的报告中指出，数据利用已经从特定组织和群体为了特定用途收集数据的阶段，转向为利用流通中的数据创造更大的价值。[①] 如图 4-13 所示，如果说一手数据所产生的直接效应是 1，那么二手数据使用者所能够产生的价值是10—20，对于整个经济来说会产生 20—50 倍甚至更高的价值。

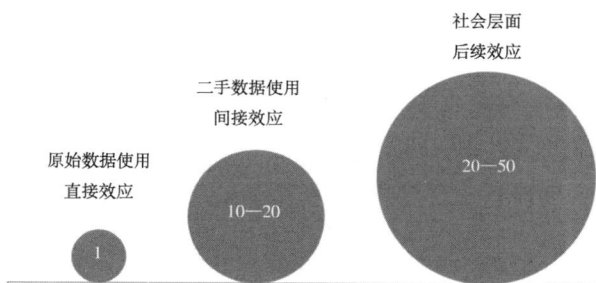

图 4-13　数据的价值效应（参考世界经济论坛报告图表修改）

在报告中，研究者绘制了贯穿于数据生命周期的信任缺失发生机制演示图（见图 4-14）。在数据的计划收集、获取、加工、使用以及共享过程中，数据使用者都需要就计划收集的数据类型、目的用途、收集方法、使用方法

---

① World Economic Forum（2021）.Good Data: Sharing Data and Fostering Public Trust and Willingness［R/OL］.（2021-04-30）［2023-08-07］.https://www.weforum.org/publications/good-data-sharing-data-and-fostering-public-trust-and-willingness.

与用户进行充分沟通，以便用户形成关于数据的清晰认知、价值评估及合理预期，任何环节的沟通不当都会导致数据使用者与数据主体之间的信任沟壑加深，从而导致公众层面对于社会数据收集与使用的整体不信任。

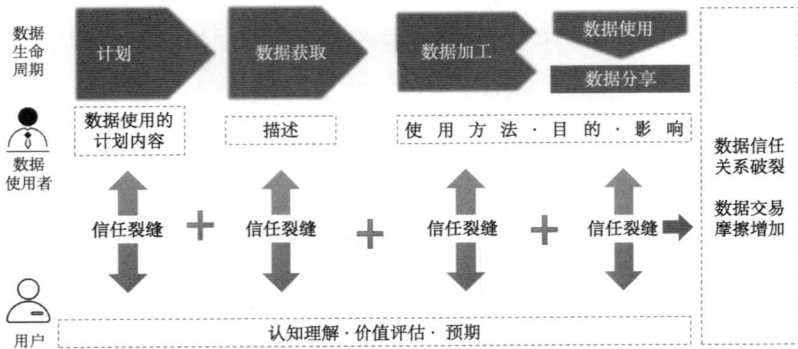

图 4-14　数据生命周期中的不信任累积（参考世界经济论坛报告图表修改）

越来越多企业意识到数据的重要性。2018 年，一些与数据治理相关的术语 DMP、CDP、CEM、Data Lake 成为广告行业热议的话题，数据中台（CDP）更是成为一些大中型广告主在数字营销领域的升级配置。不同行业的企业在拓展第一方数据收集与管理能力，对数据的收集与利用状况有很大的差异。

互联网平台不仅凭借用户流量变现，还逐渐凭借累积的数据资产来强化自己的合作价值。

对于国内广告主来说，他们想要在数据技术领域大有作为，就必须与互联网媒体巨头合作。因为即使广告主掌握大量的数据，如会员数据、广告投放监测数据、官方网站分析数据、微信微博粉丝数据，如果没有将这些数据的 ID 打通，是很难被用于分析与挖掘的，其价值更是难以实现的。

源自用户的隐私担忧促使政府出台并完善数据安全与用户信息保护的相关法律法规。这一系列政策将直接影响广告数据的收集与应用范围，也将影响数字广告技术生态中的底层大数据状况。优质广告联盟开展的一项全球消费者广告态度调查的数据显示，消费者对广告的抵触情绪与消费者对广告的有用性评价几乎呈现完全的负相关关系。这也给了广告行业更加强烈的信心，只要广告能够更快、更准确地识别用户的真正需求，更好地为用户消费决策服务，用户就不会抵制广告。用户与广告之间的抵触心理与行为这一长期难以破解的难题，在智能广告面前终于找到破解的法门。事情远远没有想象中那么简单，个性化广告传播又引发了新的忧思。尽管算法广告更具价值和相关性，个性化的信息流广告却引发了公众对隐私风险的担忧（Jung et al.，2016；Sheehan，K. B.，Hoy，& M. G.，1999）。尤其在脸书通过 Cookies 向第三方网站出售大量个人信息（Davranova & M. D.，2019）等事件后，用户逐渐意识到自己的隐私数据正被商品化出售，自我隐私保护意识的强化加深了对于算法广告获取隐私信息的戒备心理，从而产生心理抗拒。杨嫚与温秀妍（2020）的研究发现，隐私关注会对用户回避精准广告有显著作用。

由于用户对个人隐私的担忧日渐增长，用户逐渐养成了删除浏览记录、清理内存、故意提供错误信息等谨慎的行为习惯。此外，杀毒软件也设置了自动删除 Cookies 的选项，这使得以 Cookies 为线索识别用户身份的广告数据相对来说并不准确。广告如何在不触犯用户隐私的情况下，向用户推送更加个性化的内容，这应该是未来数字广告发展的重要课题。

伴随着用户信息保护相关法律法规的逐步完善，未来的数据采集与应用将会受到更大限制，这也意味着目前的技术生态需要适应政策的转变而作出调整。在匿名化与数据安全领域寻求突破：一方面保障用户的隐私安全，另一方面确保商业使用的效率。

4.5　信息摩擦视角下的数据信任赤字

4.5.1　数字广告交易信息摩擦总览

数字化技术推动广告交易模式的急遽变动，导致交易过程中因信息不完全或不对称而产生的信息摩擦，其形态及生成机制发生大幅转变。曾经的信息摩擦逐渐减少甚至消除，而新的摩擦却不断涌现。搜寻匹配算法降低广告交易双方的搜寻摩擦；排序、声誉机制、消费者行为数据降低了信息不对称；与此同时，由于大量数据的收集、控制及使用而引发数据保护、垄断、滥用与欺诈等新的信息摩擦。交易主体应对新的信息摩擦所采取的交易行为与治理决策，在无形中推动旧交易生态的瓦解与新交易生态的形成。当然这只是理论化、理想化的推演与构想。在现实的交易情境中，经常上演着广告交易中的信息摩擦产生了大量损耗，交易主体的利益被侵占，信心被摧毁，数字广告交易形态不仅没有形成，反而落入更加无序、混乱与原始的交易状态等情形。因此，如何正视数字广告交易模式下新涌现的信息摩擦，如何适应并治理新的信息摩擦，如何推动更加高效、有序、健康、可持续的数字广告交易生态的形成，是数字广告交易治理的重要使命。

数字技术的引入对广告交易中的信息摩擦产生了正反两方面的效应（见图4-15）。

在降低信息摩擦方面，一方面，由于大量数据信息的引入，广告主对媒介效果（注意力商品质量信息）的预测、追踪与监测，营销与销售数据的打通，有了更多的数据与信息的支持，更加了解消费者的偏好（显示性偏好理论），广告投放更加精准、更加有效。这一效应作用于广告交易的流程。另一方面，由于交易平台的生成，交易信息快速传递，使得更多中小企业主、中小内容创作者能够借助平台实现交易，降低了搜寻成本，使得长尾市场得以形成，市场迎来了新的增量，作用于广告交易的供需匹配。

同时，由于数字广告交易形态的改变而产生了新的信息摩擦，这对于市场运行效率也产生了新的减损效应。由于广告的精准化投放，广告曝光的隐蔽性与复杂性，需要更多的数据与信息来掌握广告交易的情况；由于数据与信息直接影响交易金额，谁是价格指标的制定者、解释者、仲裁者也会带来新的信息摩擦；由于广告交易链条的纵向延长，交易环节增多，每个环节卷入的利益相关者都会追求自身利益最大化，而进行信息隐藏、匹配欺诈；由于交易主体规模的横向扩展，市场变得分散，也会带来新的供需匹配挑战；

用户在交易终端的反作用以及可供性的凸显，使得数字广告交易又增加了新的不确定性。

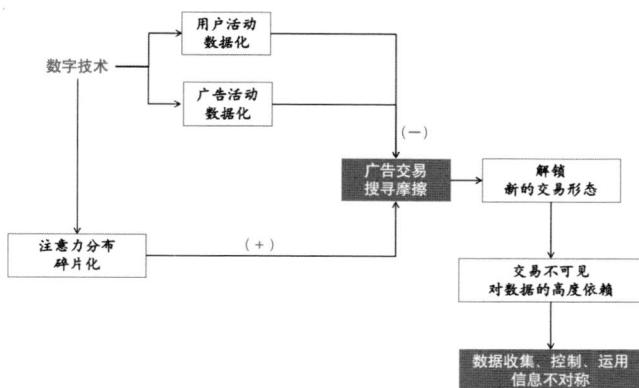

图 4–15　数字技术对广告交易信息摩擦的影响模型

　　数字广告交易中的信息摩擦直接影响了数字广告效能的发挥。正如阿伦斯的台球开杆比喻所言，数字广告对经济的连锁反应虽然难以预料，但是与击球力量和经济环境紧密相关。信息摩擦作为环境中吞噬击球力量的副作用，可能会产生信息租金、信任危机、逆向选择、交易萎缩，甚至广告生态破坏等一系列负面影响。每次交易的信息摩擦看似微小，但是长期累积与叠加，可能会破坏广告交易规则，增加市场运行的成本。因此，对数字广告交易的信息摩擦研究至关重要。

4.5.2　数字广告交易的逆向选择

　　所有广告主都希望"广告"在适宜的情境下被目标市场人群看到，并能够对其发挥作用，促成其拥护品牌的各种行为（购买、重复购买、忠诚、推荐等）。而在这一路上，道路非常艰辛：他们可能会买到假的网站、假的页面，做得非常像真实的知名网站；他们的广告在传输过程中被拦截、被替换；即使广告顺利地传输到受众端，但是观看的是机器人 / 程序，不是真人；即使广告被传输到真人受众端，但是没有用户看到；用户看到了，但是不是目标受众；广告传输到真人目标受众端，但是广告出现的场景（媒介内容上下文、版面空间）不符合约定。

因此，反映数字广告交易的"数据"是显示交易发生的必要前提，一旦数据缺失，或者不可信，就会导致交易无法进行下去。由于信息不对称，很多广告主曾一度表示，会暂时退出数字广告交易市场，被迫投向传统广告市场。

在大众传播媒体时代，许多大型品牌广告主都对自己的媒体投放业务非常放心，绝大多数品牌在过去的三到七年间都没有对自己的业务进行评估。例如，Visa 已有七年没有审查其媒体业务了，花旗银行也有十多年没有审查了。然而，情况却在发生变化，电子商务和移动终端的影响推动营销变革，也促使广告主重新审视多年来一直没有操心的业务。宝洁计划 20 年来首次对其在美国的媒介购买进行审查。可口可乐、联合利华、欧莱雅等巨头也正在重新考虑在何处以及如何花费媒体资金。如果广告主感受到交易过程中的不确定性风险以及欺诈问题，它们要么选择为风险定价，评估风险所带来的收益与成本，要么选择其他方式实现交易，例如原生广告或者社交媒体，抑或传统媒体。例如，雷克萨斯曾对广告交易中的欺诈行为感到不安，督促媒体总监将广告资金从数字转向电视、户外媒体等传统媒体平台。[1] 广告主的焦虑也转嫁到了代理机构身上——它们面临着前所未有的挑战：可视性[2]、广告欺诈、程序性交易、透明度和社交媒体。广告主希望代理机构不仅仅是创意、内容规划方面的专家，也应是技术、数据方面的专家，能够帮助它们掌握和分析最新的数据。如果广告主意识到欺诈问题，它们要么选择为风险定价，要么转向更新潮的营销方法，比如原生广告或者社交媒体。它们几乎没有打击欺诈的动机。

---

① Bruell Alexandra. Media Reviews Multiply［J］.Advertsing Age, 2015, 86（10）.

② 可视性即广告可以被用户看到，通常来说，平面广告在加载 50% 以上，视频广告被停留 2 秒以上均被视为达到用户可视标准。

　　虚假流量和欺诈问题使媒体丧失了信任，这种信任问题直接导致媒体购买度下降。2016 年，联合利华在美国的数字广告上投入了 8.18 亿美元，但相较于 2017 年上半年的支出下降了 17%，部分原因是担心透明度和缺乏测量工具。

　　互联网平台在广告流量欺诈监测过程中应当承担的责任范围一直是模糊地带，互联网平台与广告商之间的认知存在明显错位，这也导致更多矛盾与纠纷的产生。通常，广告商会使用互联网平台提供自助广告投放系统来投放广告，用它们的话说"这些人把食物放在你桌上"，平台理应对"食物"负责。现实情况下，广告商在流量欺诈情况的获知以及争取退款方面非常被动。广告商很有可能在欺诈已经发生一段时间，直到收到平台的退款才知道被欺诈了。如果广告商自己监测到流量欺诈并要求退款时，实际收到的退款只占据损失金额的一小部分；更为糟糕的是，平台并未提供流量欺诈的细节信息，无法让营销人员判断哪些点击受到了欺诈性影响，进而无法在下一轮投放中避开风险较高的投放。[①] 在互联网平台看来，广告自助服务意味着广告商需要自己追踪网站的点击行为与转化率，控制价格并自动调整他们的账单价值。自助意味着互联网平台不参与投放决策，而广告主自身需要对自己的行为负责。对互联网平台来说，一方面，法律与合同都没有明确规定平台公布流量欺诈细节信息的责任与义务；另一方面，基于商业竞争与机密的考虑，平台并不会主动公布欺诈流量的占比及点击欺诈的数字。即使互联网平台尽力剔除不合格的流量，但是这一行为也被视为担心广告商起诉的自保行为。在纷争之中，对抗并不能解决问题，而是应该结合各自的动机与能力划分解决问题的责任范围、提出具有操作性的行动方案。互联网平台应该更好地告知营销人员，并对其合作的公司与发布商更加谨慎，而广告主的营销人员也应该密切监控点击行为。

　　逆向选择还体现在广告主从开放平台的交易走向封闭的交易平台，面对

---

① 　Oser Kris. Marketers Fume over Click Fraud［J］. Advertising Age, 2005, 76（11）.

更广阔的媒介资源，不敢轻易投放，转而投放更加放心的媒体平台。黑白名单制度就是"逆向选择"的典型代表，随着投放经验的累积，越来越多的广告主注意到广告交易的欺诈行为，于是制定了黑白名单。其中，白名单就是一些基本可信、允许投放的网站。一般是主流的媒体网站或者技术平台，如谷歌、优兔、脸书、推特等。在那里虽然广告展示的机会不多，但是能够保障展示给真人。而会将一些存在较高风险的网站列为黑名单，阻止这些媒体平台的广告交易。

4.5.3　数字广告交易的道德风险

数字广告交易的道德风险是指在交易之后，由于信息不对称，使得其中负有责任的经济行为主体不承担其行动的全部后果，在最大化自身效用的同时，做出不利于他人的行动的现象。相较于逆向选择的事后机会主义行为，道德风险是交易的一方由于难以观测或监督另一方的行动而导致的风险。数字广告交易的流量欺诈就属于道德风险。双方在达成交易的契约之后，由于大多数广告主缺少自己进行广告流量监测的能力与资金实力，只能够依靠平台提供的流量数据来判断效果，并支付费用。从广告交易中提取佣金的互联网平台，为了促进自身利益的最大化，可能会对流量欺诈行为"睁一只眼闭一只眼"。因为即使是虚假流量，也会给平台带来用户活跃的繁荣景象，以及随之而来的佣金增长。

数字广告交易的道德风险还体现在消费者授权数据使用者的收集与使用自身数据的权限，但数据使用者没有尽到保护消费者权益的责任。由于数据交易复杂，涉及的沟通环节与细节较多，导致数据使用者与数据主体之间存在严重的信息不对称。在很多平台上，用户如果不授权数据使用，甚至无法使用平台提供的服务。即使用户授权平台使用数据，其中很多用户不会仔细阅读隐私条款，也对于平台收集了自己哪些数据、如何收集、如何使用、是否分享给第三方并不了解。

信息技术的进步常常要求用户做出复杂且重要的隐私与安全决策。随着数字广告继续朝向泛联化、个性化、智能化方向深入演进，越来越多的用户数据与复杂算法被卷入，面向广告推荐系统的用户数据披露决策正变得日益艰难。处于信息不对称且心理资源有限的用户，很难确定系统可以收集多少数据、如何使用数据，难以判断系统是否存在安全风险与隐私漏洞，更难以评估其行为的所有可能选项及后果。这导致过度披露与过度保护两种极端情况并存，一些广告推荐系统甚至会利用人们的认知行为偏差来诱导用户违背自身意愿进行数据披露（Stutzman et al., 2013）。信息泄露、大数据"杀熟"、隐私侵犯、数据滥用等事件接连爆发，不仅侵害了用户的信息权益，也严重消耗着公众对广告业的信任，急剧挤压行业未来发展空间。很多数据使用行为可能超出了用户实际的授权范围，而给用户的上网体验以及隐私安全带来负面影响，引发信任危机。

此外，已经开始在广告领域应用的 AIGC 技术，也面临着许多科技治理的挑战。例如，AIGC 引发个人肖像权、名誉权、个人隐私权、知识产权等新型风险，已经成为整个行业亟须解决的迫切问题。

4.5.4　数字广告交易的信息租金

如果使用简单的公式来对传统广告与数字广告交易的区别进行展示，如图 4–16 所示，传统广告的交易成本主要体现在促成交易的广告代理商环节，即 15% 的佣金。而数字广告的交易成本开始偏向技术环节的支出，如数据成本、算法开发成本、无效流量监测成本等方面。数字广告的技术税，即企业因应用数字技术提升投放效率与营销效率而支付给技术商的成本。通常情况下，在广告主的媒介预算中约有 40%—50% 的费用支付给了技术供应商，而只有 50%—60% 支付给了媒体，我们称前者为"技术税"。很多技术效应的发挥是需要前期大量的投入，建设企业的数据中台，汇聚来自企业内外多源数据，分析以提升效率。

传统广告交易的成本=触点成本

数字广告交易的成本=触点成本+数据成本+技术成本+……

触点成本 —

数字广告
交易成本

技术成本
广告流量监测成本

—— 数据成本

图4-16　传统广告与数字广告投放成本比较

❋ 本章小结

广告，无论是作为商业社会的基础信息结构发挥功效，还是作为交易让参与交易的多方能够以更低的成本获得更大的收益，"价值创造"始终是广告得以顺利进行的前提。以注意力资源为对象的广告交易，逐渐从消费者与商家之间的直接交易，"裂变"生成更加多元的路径，其中卷入的参与者越来越多，交易体系变得愈加复杂，每个参与者都在各自擅长的领域"生产"，在市场上交易。广告专业领域的一次次分工与交易，都将广告行业推向更高的发展水平。

广告存在的前提条件依然成立，并不代表广告交易体系是稳定的、一成不变的。当广告交易体系中的主体间的交易不能为彼此创造价值，或者当与其他主体的交易选择能够带来更高的价值时，广告交易体系就会发生变动，更多资源将会流向更高价值的交易路径，而原先的交易路径因为途径的资源越来越少而日渐荒芜。这也是广告生态系统中的新陈代谢。

在过去，以人力密集型为特征的传统广告交易缓慢地自我更新；进入到数字时代，从数字化、网络化、移动化、大数据到物联网、人工智能、虚拟现实、实景增强、元宇宙、通用人工智能，新兴数字技术在广告领域的大显身手，技术作为行动者入局广告交易，推动广告业从人力密集型向数据密集型、技术密集型发展。技术以超出人类感知的速度快速更迭，推动数字广告交易体系加速变迁，旧广告交易体系不断崩溃、坍塌，而新的广告交易形态也在不断涌现与重构。

　　需要注意的是，通常所谓的广告业危机往往是交易主体的危机，即危机并非因广告丧失了其存在的社会价值，而是由于广告交易体系变化，某些主体所获资源减少，生存空间被挤压，或者被淘汰出局。类似于电流不再经过，河水不再经过，交易路径因为没有途经的"交易"而逐渐"干涸"。

第 5 章

演化博弈视角下广告交易欺诈及治理

　　本书前半部分先从交易视角重新界定广告活动的属性，并借助信息摩擦这一微观机制理解数字技术对于广告交易的影响，从而进一步理解数字广告治理中新涌现的问题及其产生的根源。从本章开始，本书将进入对数字广告治理话题的讨论，分别从演化博弈、协同治理及技术治理三个方面讨论数字广告治理的特征。其中，第 5 章及第 6 章就广告交易中的演化博弈现象进行讨论。本章基于前期的文献研究与深度访谈，从数字广告交易现状中抽离关键变量，借助计算机仿真软件 Netlogo 构建了数字广告交易流量欺诈的行动者模型，设计并运行六项仿真实验，重点考察数字广告流量交易的收入、成本、净收益、增长阈值、欺诈者占比、需求方起始数量六项变量对市场均衡状态的影响作用，从而展现数字广告交易流量欺诈现象的产生机制。研究发现，相较于流量需求方相关的内生变量（起始数量与增长阈值），市场环境相关的外生变量（收入、成本、净收益与欺诈者占比）对市场均衡状态的影响更显著；"高利诱惑"与"欺诈容忍度"在对市场均衡状态的影响上势均力敌。此外，模型也提供了探索市场临界状态（介于全部退出与市场饱和）的方法，对数字广告交易流量欺诈现象的治理也有一定的启示。

5.1　演化博弈视角下的市场交易分析与建模

20 世纪 70 年代，生物学界大量引入经济学博弈论的分析方法，发展了进化博弈理论；到了 80 年代，经济学家们将进化博弈理论应用于研究经济、金融以及贸易等领域问题；进入 90 年代，社会科学又将其引入研究社会问题，逐渐形成了演化博弈的分析视角。相较于传统博弈论，演化博弈论从有限理性的假设出发，建立在动态博弈基础上，系统考察参与者的行为演化规律和稳定策略，强调市场均衡是不断学习和调整的结果而不是选择的结果（张维迎，2013；于斌斌，2013）。

5.1.1　演化博弈理论在市场交易研究中的应用

演化博弈理论被广泛应用于证券、保险、电商、地产以及农产品等各类市场交易的分析中（夏茂森，2009；杨德勇等，2007；张付标等，2012；徐妍，2014），其中一些研究重点考察了交易主体在信息不对称的情形下，由于无法观察对方的行动或观察成本太高，一方行为变化导致另一方利益受损的道德风险问题，如有学者考察了网购市场中买方与卖方的不守信行为（李苏文、吴清烈，2007）、保险交易中被保人欺诈索赔的问题（李秀岩，2017）以及电子商务平台卖方高价售卖劣质产品的问题（杨肃昌、董甜甜，2018）。这些研究均采用动态博弈论的分析方法，结合交易双方的博弈策略及每种策略的收益，运用仿真软件建立模型，调整参数设置，推演出不同情形下长期博弈的稳定均衡状态。在数字广告流量交易中，由于交易主体数量庞大，观察成本高，流量商品的质量信息难以评定，交易存在严重的信息不对称，双方只能根据局部信息进行策略选择，导致流量欺诈问题。

本章将以数字广告流量交易的演化博弈策略与收益为模型底层的行为规则，通过计算机仿真软件建构行动者模型，模拟交易双方的互动，调节相关参数设置，从而推演不同情形下的市场稳定均衡状态。"数字广告流量交易生态"的行动者模型对流量欺诈现象的解释力度，取决于该模型对真实流量交易的模拟程度。基于流量交易欺诈的市场案例与专业人士的深度访谈，研究者试图厘清流量交易与欺诈现象的真实状况与丰富细节，并以此为依据建构模型。

5.1.2　数字广告交易与模型建构

随着广告投放进入程序化时代，相较于传统模式，流量交易的进入与退出门槛大幅降低，交易日益碎片化、高频化与灵活化。流量交易规则逐渐明晰，剔除了之前广告投放的不可测、人为的因素干扰，这为模型建构提供了方便，提升了研究结论对真实情境的解释效力。程序化技术的兴起也使广告得以定向投放，不为广告主所见，流量欺诈现象也越来越难以被发现，因而也越来越严重（廖秉宜，2015）。流量交易的不透明导致广告主对流量监测数据非常依赖。然而，广告主是否采用第三方机构监测流量取决于广告预算额度。技术专家在接受笔者访谈时表示，目前，在国内广告市场上，由于技术成本问题，一般年度广告投放预算上亿的广告主才会采用第三方机构监测流量，改善投放策略。[①]对于市场上绝大多数流量需求者来说，真假流量信息无法甄别，只能依据后期的长期效果及转化率来模糊判断流量质量。基于这一实际情况，本研究模型设计了符合目前数字广告流量交易的情境。

5.1.3　数字广告流量欺诈的参与主体与模型中的行动者

在广告流量交易的产业链上，多方主体皆因流量欺诈而获益：内容生产者发布的内容更容易被纳入热门推荐列表，进而获得更多的广告收入；流量

---

① 资料来自深度访谈。访谈对象：刘沛（第三方营销数据技术服务商秒针系统技术副总裁，MMA 中国移动营销协会技术专家），访谈时间：2019 年 4 月 18 日下午，访谈形式：面访，访谈地点：秒针公司。

交易平台也可按照广告费用的一定比例收取更多的平台费；媒介代理商反馈给客户的效果数据更加令人满意；第三方数据监测公司也通过帮助客户清除虚假流量而获利；提供流量造假工具与服务的"流量工厂"更是享受高额收益（Kantrowitz A.，2014）。由此可见，流量欺诈并非某一主体的行为，而是涉及产业链的多方主体，位于流量交易的上游供应者在利益的驱使下均有动机做出欺诈交易的决策，位于下游的需求者的利益遭受损失。因此，在本研究中，行动者模型将数字广告流量交易欺诈涉及的多方主体简化为两类行动者——位于上游的流量供应方与位于下游的流量需求方。

5.1.4　数字广告流量交易是多方主体间博弈与动态演化的过程

在数字广告流量交易过程中，流量供应方有两种策略：欺诈交易与诚信交易。模型将流量供应方划分为欺诈与诚实两类，假定总数固定，但是欺诈者占比可以调整。对流量监测技术专家深度访谈发现，虽然欺诈流量在整体市场上的占比并没有出现大波动，但是流量欺诈现象会因时、因地、因人而异：在流量供应紧张时，欺诈比例更高；一线城市流量欺诈占比相较于三四线城市更高；大型平台欺诈比例相对于中小媒体、垂直媒体更低；视频广告形式的欺诈流量相对于展示型广告更低；交通行业异常流量最高，其次是美妆个护、食品饮料与母婴用品行业。因此，模型将"欺诈者占比"列为关键变量，便于模型结合流量欺诈现象的严重程度进行设置。

流量需求方也有两种策略：增加预算与退出市场。在现实中，广告主因担忧流量欺诈问题，减少投放网络媒体数量，缩减数字化平台的开支，对媒介购买决策更加谨慎，甚至退出市场，回归传统媒体，以期减少流量欺诈带来的损失。尽管对于绝大多数流量需求方来说，无法实现对流量信息的充分掌握，但是仍然可以根据流量转化率或实际效果来间接判断流量的价值。随着流量数据与下载、注册、销售等后链路效果数据打通，流量需求方的判断将会更加直接与便捷。流量需求方根据效果判断是增加投入，还是退出市场。

因此，流量交易的"净收益"与"累积资本量"是流量需求方决策选择的主要依据，也是模型建构的重要变量。至于累积到何种程度才会做出增加预算的决策，这与流量需求方的谨慎程度相关。如果流量需求方非常担忧流量欺诈，就会在交易决策上更加谨慎，需要多次交易累积到较高的资本量之后才会认可效果，增加广告预算，这在模型中表现为"孵化"新的流量需求方，谨慎程度则体现为"增长阈值"。最终，模型以"流量需求方的数量"反映整个流量交易市场的繁荣程度——市场饱和与全部退出。

综上所述，研究者从供应方维度、需求方维度、交易维度提炼了 13 项关键要素建构与真实世界相对应的"数字广告流量交易生态"仿真模型（见表 5-1）。

表 5-1　数字广告流量交易生态模型建构的关键要素

	模型要素	说明		模型要素	说明
供应方维度	供应方角色	诚实交易与欺诈交易	交易维度	交易成本P	可设置
	供应方整体数量	固定值1089		交易收入G	可设置
	欺诈供应方的占比P_f	可设置数值		交易净收益I	I=G−P
需求方维度	需求方起始数量N_0	可设置，最大值1089		需求方增长阈值T	$C_t \geqslant T$时，孵化需求方
	需求方实时数量N_t	可监测，最大值1089		运行周期ticks	每个周期发生一次交易
	需求方起始资本量C_0	［0—2倍交易收入］随机取值		市场均衡状态	$N_t \geqslant 1089$，市场饱和
	需求方实时资本量C_t	可监测，C_t=0需求方死亡			N_t=0，全部退出

5.2 基于仿真模拟软件 Netlogo 建构交易行动者模型

5.2.1 基于行动者的建模方法

社会学基于行动者的建模方法（Agent-based Model）被列为计算社会科学的重要方法之一。它通过计算机仿真模拟方法，构建以行动者为中心的世界，自下而上对现实世界进行映射、抽象和分析。基于行动者的模型由行动者、互动规则和互动环境三要素构成。其中，行动者可以是多元的、多主体的，即可以表示个人、组织或国家等不同抽象水平的行动者。其次，互动规则是简单明确的。行动者依照简单的规则进行局部互动，但是交互影响可能会产生宏观涌现的现象。最后，互动环境，环境通常是对多元行动者的相对空间位置进行建模。

计算机仿真实验是构建与检验演化博弈模型的有效途径。

为获悉从流量交易主体的微观行为到流量欺诈整体现象的产生过程，本书采用的主要研究方法是基于行动者的计算机建模，并辅以流量欺诈的相关文献研究。基于行动者的计算机建模是一种计算社会学的研究方法，它通过建立计算机程序的模型，创造行为规则，控制行为主体的策略，从而创建"社会现实"的简化代表，使研究者通过创建、实验和分析由在环境中互动的行动者构成的模型，从而描述人类行为及社会机制的复杂系统（奈杰尔·吉尔伯特，2012）。由于无法在真实的数字广告流量交易市场进行实验，所以，本研究创建了"数字广告流量交易生态"的行动者模型，通过设置一系列的参数与允许一些因素的随机变化，尽可能清晰地展现数字广告流量交易双方的行为策略、博弈过程以及均衡状态。

5.2.2　模型中的主要行动者及其属性

在计算机模拟软件 Netlogo 6.0.2 平台上，我们构建了一个"数字广告流量交易生态"的行动者模型（见图 5-1）。我们将广告流量交易产业链上的多方主体简化为两种角色——流量的需求方与供应方，分别对应 Netlogo 模型中的"海龟（Turtles）"与"瓦片（Patches）"。

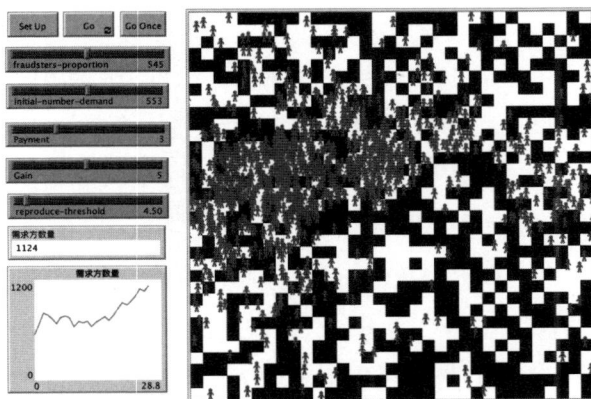

图 5-1　数字广告流量欺诈行为模型的 Netlogo 界面

流量供应方的属性设置：在流量交易市场模型中，流量供应方"瓦片"有白色与黑色两种颜色，分别代表着两种不同的交易主体——"诚实交易者"与"欺诈交易者"，前者提供真实流量，能够给流量需求方带来收益增长，后者提供虚假流量，耗尽流量需求方的交易预算。在本模型中，我们假设市场上流量供应方的总体数量不变。模型共有 1089 块"瓦片"，代表市场中共有1089 名流量供应方，其中欺诈供应方占整体流量供应方的比例 P_f 可以使用"滑块"进行调整。

流量需求方的属性设置：流量需求方"海龟"使用红色的人形图标来表示，其初始数量 N_0 可以使用"滑块"进行调整，最大值为 1089。由于流量供应是有限的，因此，模型假设市场流量需求方的数量等于流量供应方的总数时，流量交易市场即达到饱和。流量需求方还有一项关键属性——资本量

Capitals。在初始状态下，每名需求方都有一个初始资本量 C_0，其取值的范围为［0，2* 收益 Gain］。

5.2.3 行动者的行为规则

在模型开始运行时，市场上存在着 1089 个流量供应方，其中欺诈流量供应方占比为 P_f，起始数量为 N_0，持一定资本量的流量需求方在市场上自由活动。

每次交易之后需求方资本量会发生变化。在每个周期中，与供应方完成一次流量交易。由于真实的广告展示（真实流量）会带来生意的潜在增长，而虚假的广告展示（虚假流量），除了消耗广告费用之外，并不能带来生意的任何增长。在真实流量交易时，流量需求方付出一定的成本（Payment），而收获流量带来的生意价值（Gain），因此，每次交易的净收益值 I=Gain-Payment，资本量累积值 $C=C_0$-Payment ＋ Gain，而在虚假流量交易中，流量需求方付出成本，而没有带来任何生意价值，每次交易的净收益值为负，I=-Payment，资本量 $C=C_0$-Payment。

多次交易之后，流量需求方数量会发生变化，市场最终达成均衡状态。模型持续运转，当流量需求方收益累计值到一定规模（增长阈值 T）时，即会采取增加投放规模与频次，表现在模型中即为原先的流量需求方会"孵化"一个新的流量需求方，流量需求方的数量增加，饱和值为 1089。反之，当流量需求方收益累计值跌为零时，流量需求方则会"死亡"，即退出市场，流量需求方的数量减少。经历一定的周期运转之后，模型最终会达到两种状态"市场饱和"与"全部退出"。

5.2.4 计算机仿真实验的具体步骤

第一步：提炼关键要素，创建行动者模型；
第二步：调整参数设置，进行仿真实验，观察市场博弈的过程及均衡状态。

模型重点考察六项变量——需求方起始数量 N_0、欺诈供应方占比 P_f、每次交易的收入 G、每次交易的成本 P、每次交易的净收益 I、需求方增长阈值 T 的变化将会对市场均衡状态产生怎样的影响（见图 5–2）。通过设置不同参数的取值，观察模型从微观流量交易主体行为规则触发，到最后宏观现象的涌现的整体过程，获得一个关于流量交易系统复杂性与流量欺诈现象产生机制的解释，从而了解不同变量对于市场现象产生的影响作用。

具体设置过程是：实验一至四均是通过控制其他变量，考察单独变量对最终市场均衡状态带来的影响；实验五是观察临界状态在打破与恢复的过程中，哪些变量发挥了作用、作用层级及机制；实验六是以真实世界的欺诈流量占比为线索，推演真实市场在临界状态对应的收益值。

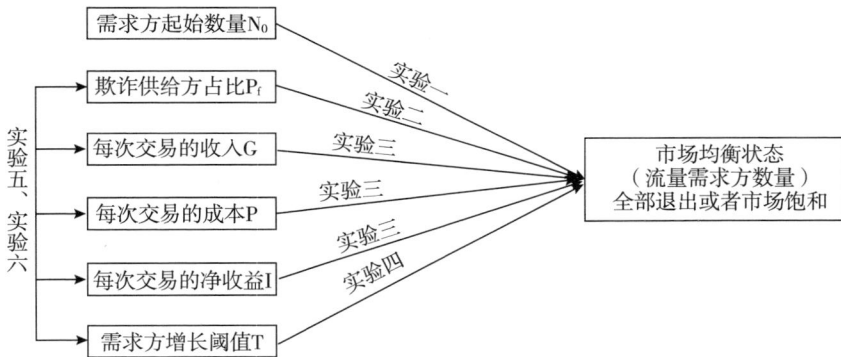

图 5–2　研究模型的关键变量与相关实验

5.3　仿真实验的结果分析

在上述模型中，保持其他变量不变，考察某一因素的取值变化会对市场均衡状态的达成带来怎样的影响，由于随机因素的存在，每种情况之下，我们进行 30 次实验取平均值的方式来反映各个因素对市场的影响。

5.3.1 实验一：流量需求方初始数量 N_0 对市场均衡状态的影响

在其他因素不变（欺诈者占比 $P_f=50\%$，每次交易收入 G=5，成本 P=3，净收益值 I=2、增长阈值 T=4.5）的情况下，流量需求方的初始数量取值分别为饱和值 1089 的 10%、33.3%、50%、66.7% 和 90% 时，除了极端情况（$N_0=980$，占饱和值 90%），初始买方数量多寡并不影响市场博弈均衡状态的分布，最后市场的均衡状态均有可能是饱和或全部退出（见表 5-2）。

表 5-2　流量需求方初始数量 N_0 的市场影响实验结果

	数值设置	实验次数	实验结果		平均周期（ticks）
			达到饱和	全部退出	
买方初始数量 N_0	109（10%）	30	17	13	194
	363（33.3%）	30	23	7	192
	545（50%）	30	17	13	307
	726（66.7%）	30	20	10	145
	980（90%）	30	30	0	1

5.3.2 实验二：欺诈供应方所占比例 P_f 对市场均衡状态的影响

在其他因素（流量需求方数量 $N_0=545$，每次交易收入 G=5，成本 P=3，净收益值 I=2，增长阈值 T=4.5）保持不变，欺诈供应方所占比例 P_f 非常显著地影响最后的市场均衡状态，总体来说，欺诈供应方所占比例越低，流量需求方数量就越有可能达到饱和的均衡状态。在市场欺诈者占比较低时（$P_f=10\%$ 与 $P_f=33.3\%$ 时），流量需求方的数量迅速达到饱和值。值得注意的临界值在 50% 左右出现。当 $P_f=50\%$ 的时候，市场均衡状态开始发生变化，出现既有可能达到饱和，也有可能全部退出的状态，且达到均衡状态所需要的平均周期为 307，比其他几种情况的周期数量明显增加，这表明交易主体的博弈进入到一个相对不稳定的状态，交易主体之间的博弈最为复杂与紧张（见表 5-3）。

表 5-3　欺诈供应方所占比例 P_f 的市场影响实验结果

	数值设置	实验次数	实验结果		平均周期（ticks）
			达到饱和	全部退出	
欺诈方比例P_f	109（10%）	30	30	0	2
	363（33.3%）	30	30	0	3
	545（50%）	30	17	13	307
	726（66.7%）	30	0	30	17
	980（90%）	30	0	30	7

5.3.3　实验三：每次交易的收入 G– 成本 P– 净收益值 I 对市场均衡状态的影响

在其他因素（收入 G=5，流量需求方数量 N_0=545，欺诈方占比 P_f=50%，增长阈值 T=4.5）保持不变的情况下，通过调节成本 P 的取值，进而调整净收益值，观察市场的均衡状态。显然，净收益值越高时，市场上流量需求方的数量越容易达到饱和。其中，当净收益值 I=4 或 3 时，市场流量需求方数量均稳定地达到饱和。当净收益值 I=2 时，市场均衡状态出现扭转，开始出现"达到饱和"与"全部退出"两种市场结果，且达到均衡状态所需要的平均周期的数量为 188，明显高于其他情况，表明此时市场开始进入压力状态，流量交易主体之间的博弈需要较多回合才能达到均衡状态（见表 5-4）。

表 5-4　每次交易的收入 G– 成本 P– 净收益值 I 的市场影响实验结果（1）

	数值设置	实验次数	实验结果		平均周期（ticks）
			达到饱和	全部退出	
净收益值 I	4（=5-1）	30	30	0	2
	3（=5-2）	30	30	0	2.3
	2（=5-3）	30	22	8	188
	1（=5-4）	30	0	30	21.4

当收入 G=5，成本 P=3，净收益值 I=2，流量需求方数量 N_0=545，欺诈方占比 P_f=50%，增长阈值 T=4.5 时，流量交易市场进入关键的临界状态。这

一结论也适用于"收入 G– 成本 P– 净收益值 I– 阈值 T"成倍联动变化的时候（见表 5–5）。当"收入 G– 成本 P– 净收益值 I– 阈值 T"四个数值成倍联动变化时，市场的均衡状态不会随之发生变化。

表 5–5　每次交易的收入 G– 成本 P– 净收益值 I（成倍变化）的市场影响实验结果（2）

倍数关系	数值设置				实验次数	实验结果		平均周期（ticks）
	G	P	I	T		达到饱和	全部退出	
1	5	3	2	4.5	30	17	13	306.8
1.5	7.5	4.5	3	6.75	30	18	12	196.9
2	10	6	4	9	30	23	7	149.1
2.5	12.5	7.5	5	11.25	30	17	13	322.1
3	15	9	6	13.5	30	20	10	182.1
3.5	17.5	10.5	7	15.75	30	19	11	216
4	20	12	8	18	30	19	11	164
4.5	22.5	13.5	9	20.25	30	20	10	178.7
5	25	15	10	22.5	30	19	11	174.5

5.3.4　实验四：流量需求方增长阈值 T 对市场均衡状态的影响

增长阈值反映的是流量需求方根据之前的交易经验与资本量的累积情况，作出增加流量需求方数量的决策依据，在一定程度上反映的是流量需求方增加投入时的谨慎程度。增长阈值越高，表明流量需求方越谨慎，需要经过前几轮交易累积到较高的资本量之后，才会增加一名流量需求方。

从表 5–6 可以得出，在其他因素（收入 G=5，成本 P=3，净收益值 I=2，流量需求方数量 N_0=545，欺诈方占比 P_f=50%）保持不变时，增长阈值 T 值越低，则市场流量需求方达到饱和这一状态出现的概率就越高。当流量阈值 T=6 的时候，流量需求方非常谨慎时，市场最后的均衡状态是流量需求方全部退出市场；当流量阈值降低，T=5.5 与 T=5 的时候，市场最后的均衡状态中逐渐出现流量需求方达到饱和的情况；T=4.5 时，市场最后的均衡状态中饱和与全部退出两种情况同时出现，且达到均衡状态所需的周期数明显更多，此时市场进入相对胶着的压力状态；当 T=4.25 时，饱和的均衡状态开始大范围出现，直至 T=4 时，饱和的均衡状态开始稳定出现。

表 5-6　流量需求方增长阈值 T 的市场影响实验结果

	数值设置	实验次数	实验结果		平均周期（ticks）
			达到饱和	全部退出	
增长阈值 T	6	30	0	30	122
	5.5	30	2	28	133.2
	5	30	5	25	209.7
	4.5	30	17	13	306.8
	4.25	30	28	2	149.7
	4	30	30	0	8.2

5.3.5　实验五：欺诈者占比 P_f、每次交易的收入 G- 成本 P- 净收益值 I 与流量需求方增长阈值 T 之间的交互作用

上述实验分别考察了不同要素对市场均衡状态的独立影响，没有考察这些要素之间的交互作用会如何影响市场。因此，为了了解要素的交互作用，我们设置了这样一系列的操作：设置市场环境，使得市场达到临界状态（全部退出与达到饱和的概率相等）；然后，增加欺诈者占比 P_f 时，市场均衡状态又会"倒"向全部退出这一状态；接着，分别调整"收入—成本—净收益"的组合与"流量需求方增长阈值 T"看看市场系统是否能够重新回到临界状态。

这一实验选取了上述实验验证过的临界状态，即收入 G=5，成本 P=3，净收益值 I=2，增长阈值 T=4.5，流量需求方数量 N_0=545，欺诈方占比 P_f=50%。

第一步：提升欺诈供应方的占比，从 50% 到 66.7%，实验结果可参见表 5-7。随着流量欺诈供应方占比的提升，原先的临界状态被打破，市场开始稳定地出现"全部退出"的结果。

第二步：保持收入 G=5，成本 P=3，净收益值 I=2，流量需求方数量 N_0=545，欺诈方占比 P_f=66.7% 不变，降低流量需求方增长阈值 T。从表 5-7 可见，无论怎样降低增长阈值 T，市场最终"全部退出"的结果仍然无法改变。从图 5-3 可以看出，图中曲线呈现增长后减少，降低流量需求方的增长阈值 T，可以在短时间内带来流量需求方的数量增长，即短暂的市场繁荣，但是这一繁荣是不持久的，随后市场便快速衰退。

表 5-7　增长阈值 T 对临界状态的回归影响实验结果

	数值设置	实验次数	实验结果		平均周期（ticks）
			达到饱和	全部退出	
增长阈值 T	4	30	0	30	28.2
	3	30	0	30	22.9
	2	30	0	30	26.5
	1	30	0	30	23
	0.5	30	0	30	34.5
	0.1	30	0	30	36.2

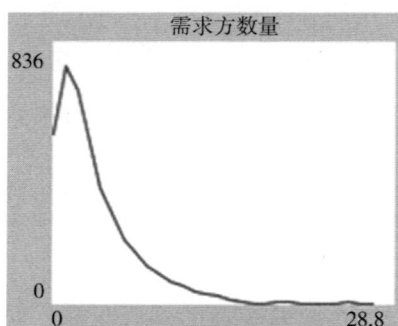

图 5-3　调节增长阈值对临界状态回归的影响

第三步：保持成本 P=3，增长阈值 T=4.5，流量需求方数量 N_0=545，欺诈方占比 P_f=66.7% 不变，增加每次交易的收入 G，净收益值 I 随收入增长而增长。从表 5-8 可以得出，欺诈方占比的提升对市场临界状态的打破，可以通过收入 G 的增长来缓解。

表 5-8　收入变化对临界状态的回归影响实验结果

	数值设置	净收入值	实验次数	实验结果		平均周期（ticks）
				达到饱和	全部退出	
收入 G	5	2	30	0	30	17.2
	5.5	2.5	30	1	29	32.1
	6	3	30	4	26	82.7
	6.5	3.5	30	11	19	104.5
	7	4	30	30	0	15

第四步：保持收入 $G=5$，增长阈值 $T=4.5$，流量需求方数量 $N_0=545$，欺诈方占比 $P_f=66.7\%$ 不变，降低每次交易的成本 P，净收益值 I 随成本降低而增长。从表 5-9 可以得出，欺诈方占比的提升对市场临界状态的打破，可以通过降低成本 P 来重新进入临界状态。

表 5-9　成本变化对临界状态的回归影响实验结果

	数值设置	净收入值	实验次数	实验结果		平均周期（ticks）
				达到饱和	全部退出	
成本 P	3	2	30	0	30	17.8
	2.5	2.5	30	1	29	61.2
	2	3	30	6	24	121.6
	1.5	3.5	30	30	0	3.1
	1	4	30	30	0	2.7

5.3.6　实验六：根据真实市场上 30% 的异常流量推演市场临界状态的基本情况

从上文引用报告数据得知，国内流量交易市场的异常流量占比平均为 30%，对应着模型中欺诈供应方占比 P_f 这一变量，通过上面的方法，我们可以推演出市场临界状态时，市场对应的收入—成本—净收入值以及增长阈值的大概取值。市场状态的设置情况：流量需求方的起始数量 $N_0=108$，欺诈供应方占比 $P_f=30\%$，收入 $G=5$，增长阈值 $T=4.5$，通过调节成本 P 的取值来找到临界状态（见表 5–10）。由此可见，当成本 P=3.9，I=G–P=1.1（比例关系固定）时，市场两种均衡状态出现的概率大致相等。

表 5–10　根据 30% 的欺诈供应方占比推断市场的临界状态实验结果

	数值设置	净收入值	实验次数	实验结果		平均周期（ticks）
				达到饱和	全部退出	
成本 P	3.85	1.15	30	29	1	136.3
	3.9	1.1	30	14	16	280.7
	3.95	1.05	30	10	20	345
	4	1	30	1	29	159.2

5.4　结论及治理启示

5.4.1　研究结论

本研究致力于打开数字广告流量交易的"黑箱"，揭示数字广告流量欺诈现象的产生机制。研究借助计算机仿真软件 Netlogo 模拟数字广告流量交易市场生态，设定行动者属性与行动规则，并观察在不同的情境设置下，市场均衡状态（全部退出与市场饱和）的达成情况。

1. 模型的价值在于揭示影响市场均衡状态的机制与细节

本研究的贡献之一体现在探索了关键因素对市场均衡状态的影响机制。虽然依据交易常识，不难推测上述因素（收入、成本、净收益、起始数量、增长阈值、欺诈者占比）影响市场均衡状态的大致方向，但是影响程度、机制与细节却是未知的。本研究通过仿真实验的方法，保持其他因素不变，改变某一变量的取值，从而获知单一变量的影响程度与市场演化的过程。此外，仿真实验还探索关键变量对于市场均衡状态的交互影响机制。

2. 外生变量显著影响，内生变量微弱影响

基于上述实验结果，我们形成了数字广告流量交易的影响机制初步结论：外部环境设置显著地影响市场的发展趋势，需求方难以左右市场。"高利诱惑"与"欺诈容忍度"是一对势均力敌的影响因素。这一方面表示，一定比例的欺诈供应方对应着一个最低限度的净收益数值；另一方面也表示，市场对于欺诈的容忍度会随着流量交易收益的增加而提升。

与流量需求方相关的两大影响因素——流量需求方的起始数量与增长阈值，相对来说影响更弱。流量需求方的起始数量基本不影响最后的市场均衡状态。而与流量需求方增加流量交易规模的谨慎程度（即增长阈值），只有在净收益与欺诈供应方占比可行的情况下才能发挥影响作用。当净收益值低于这一欺诈者占比的市场情境时，单纯地降低增长阈值，虽然可以短期提振市场，但是市场的长期走向仍然是"全部退出"。由此可见，在这一影响机制中，"欺诈供应方占比"与"净收益值"是位于高阶的影响因素，而增长阈值是位于相对低阶的影响因素。

3. 探索在不同情形下的市场临界状态，预测真实的市场趋势

本研究的贡献之二在于提供了探索市场临界状态的可能性方法。临界状态是介于全部退出与市场饱和两种均衡状态之间的中间情境。在临界状态时，市场上既有 50% 的可能性出现"全部退出"的均衡状态，也有 50% 的可能性出现"达到饱和"的均衡状态。基于市场的基本情境，可以在模型中推演出临界状态，并将其对应还原于真实市场，从而判断目前市场的承压状态，预测未来市场的发展走向。在一定的欺诈供应方占比的情境下，可以推演"收入—成本—净收益—阈值"的取值，由于四个变量的比例关系固定，在确定其中一项的取值规模后，可同比例推演其他变量，进而推演真实的流量交易。

5.4.2 治理启示

目前，数字广告流量欺诈的治理尚处于探索阶段，各种治理建议与手段不断涌入市场。这些治理手段大多来自实践经验，孰优孰劣，缺少评判与验

证。技术路径虽直接见效，但仅仅依靠技术容易陷入循环反复之中，在利益的驱使下，反欺诈技术终会被破解。经济路径抹去欺诈的高收益，遏制欺诈行为，但谁才是制定评判标准与执行的"裁判"，如何平衡各方利益，执行起来却不易。信用认证的制度路径，媒体通过加入组织认证，由第三方组织向市场传递信号，但信用认证是一种自律承诺，约束力比较有限。每项治理手段都有各自的优缺点，都会对市场产生或多或少的影响，同时也会耗费大量的治理成本。当务之急是对多种治理手段的有效性进行评估，从而制定最有效的治理策略。本研究的发现也在一定程度上回应了上述治理难题，为提升治理水平与效率提供了相关建议。

1. 流量欺诈治理应着眼于生态改善，协会、平台及大规模交易主体应联手治理

本模型以数字广告流量交易市场生态为对象，强调治理并不是针对单一环节、单一主体、单一问题的简单遏制，而应着手改善整个交易生态。流量欺诈创造了流量数据虚假繁荣的景象。从短期来看，产业链多方主体因流量欺诈而获益，从系统中清除虚假流量可能意味着更高的媒体价格与更低的效果数据，尽管数据更加准确，但结果并不一定受欢迎。广告主作为最末端的流量需求者，为此蒙受经济损失。此外，当竞争对手虚报流量获取更多收益时，发布真实流量的媒体发布者的实际收益将会受损。从长远来看，市场会因需求方在信息不对称下的逆向选择而出现"劣币驱逐良币"，欺诈将会愈加泛滥；当越来越多的广告主因流量欺诈泛滥而退出流量交易市场时，数字广告流量交易生态将会崩塌，所有交易个体都将无法生存，重建信任将会是更加漫长与艰难的过程。

治理流量欺诈将从根本上惠及市场生态及所有个体，但并非每个个体都有能力治理。流量欺诈治理需要耗费大量成本，小规模交易主体选择放任的收益始终是高于治理的收益。因此，在规则的制定与实施过程中，真正有能力与动机去治理的主要集中在大规模流量交易的媒体、平台、广告主及具有行业影响的协会等主体。这类主体应该承担更多的市场责任，投身或资助流

量治理技术与制度完善，联手治理欺诈问题。

2. 技术手段与经济手段搭配使用，可显著提升治理效率

从"高利诱惑"与"欺诈容忍度"这一对平衡关系中，我们得知，数字广告流量欺诈治理的关键在于平衡流量交易净收益与欺诈占比。经济手段与技术手段协同使用、双管齐下，流量欺诈治理效率将显著提升。

降低欺诈供应方占比的根本办法是反欺诈技术。目前，反欺诈技术的应用场景主要是：在投放广告时，广告主针对消费者的地理、行为与兴趣进行精准定位，从而使信息更多地被消费者看到，控制机器人流量（Rich Kahn，2015）；在投放广告后，对实时数据与微观数据追踪，分析异常情况，降低无效流量（Aaron Fetters，2016）。新的技术工具也不断被研发出来，如 IAB 技术实验室推出 ADS.TXT 项目、Meta X 构想的区块链技术等均被用于清理虚假流量（Scott McDonald，2017）。反欺诈技术的核心在于运用规则判别流量来源终端是机器还是真人，大多数流量监测机构发展出多重复杂规则来帮助流量监测系统甄别真人流量还是机器流量。随着反欺诈技术的进步，"道高一尺，魔高一丈"，欺诈技术也变得更加复杂、隐蔽，甚至可以做到让机器人模仿真人的浏览行为，欺诈更加难以被察觉，反欺诈技术陷入无休止的对抗之中。单独使用技术手段来清除市场流量欺诈，体系脆弱且成本高昂。

提升流量交易净收益可缓解流量欺诈泛滥对市场生态的破坏。一方面，可通过降低流量交易成本来提升净收益。谷歌自 2017 年 7 月宣布，向遭遇流量欺诈的买方（媒介代理公司或广告主）退回平台费用。一些媒体购买商为了打消广告客户对于虚假流量的顾虑，承诺在虚假流量超过 3% 的情形下，对虚假流量部分进行退款（George Slefo，2016）。另一方面，可通过提升流量交易收入来提升净收益。这意味着广告行业需要不断创新流量的使用方式，更加精细地管理与经营流量，改进其经济效益，从而平衡流量欺诈现象所带来的经济损失。近两年，行业频频出现探讨流量经营的热议话题，"流量池""裂变流量""流量变现""带货""私域流量"等新词汇相继诞生，均体现了行业在提升流量价值方面的努力。随着互联网流量红利时代的结束，未

来数字广告的流量交易也将从规模关注转向价值关注，高质量的流量交易将会是未来市场存续的关键。

3. 治理时机与手段匹配，可提升治理水平，降低治理成本

该模型提供了识别流量交易市场临界状态、预测市场走向的工具，从而帮助治理者判断何时需要介入干预，何时可依赖市场生态自我恢复。治理时机判断取决于市场的临界状态。当市场临界状态被打破时，我们需要使用强劲的治理手段——经济手段或技术手段，降低欺诈供应方占比，或者提升流量收益，从而保证市场走向健康。而当市场临界状态未被打破时，我们仅仅需要使用温和的治理手段——消除流量需求方的顾虑，降低流量需求方的增长阈值，促进市场朝有利的方向发展；或者让市场生态自我修复。因此，信用认证的制度路径，能够传递积极的市场信号，降低流量需求方的担忧，适合在临界状态尚未打破时使用。

作为信息优势方的流量供应方应通过可靠的手段向流量需求方传递信息，消除顾虑。提供真实流量的供应方如果发现自身说真话也无法取信于人时，就要放弃任何人都可以轻易发送的"廉价话语"，而应主动发送可靠信号，证明自己在"讲真话"（陈友芳，2011）。例如，媒体可主动邀请第三方流量监测机构、媒介代理商、广告主等流量需求方前去媒体内部调研，披露流量统计标准以及虚假流量的识别与清理技术等；也可以加入信用组织，参与流量质量的评级，并接受组织的定期巡检。行业组织 Trustworthy Accountability Group 提供 TAG 认证，从公司认证注册与支付确认系统两个方面推进交易的透明化（ARF，2015）。媒介评估委员会（Media Rating Committee，MRC）以及中国媒介评估委员会（China Media Assessment Council，CMAC）等类似组织会发布指导手册，要求所有 MRC 和 CMAC 认证组织加强内部控制，包括规范雇员行为政策、审核合伙人资格、分析获得或支付的流量、定期评估风险、完善工作流程、删除无效业务（Erik Sass，2015）。此外，流量转化所带来的真实价值与市场成功案例，作为一种积极的市场信号，也可降低流量欺诈给广告主带来的不信任感与不安全感。

❀ 本章小结

正如第 4 章所述，数字技术的引入，使广告交易中的搜寻摩擦发生改变，新的广告交易形态相继涌现，而新的信息不对称问题也频出。由于数字广告交易超越交易主体感知经验而变得不可见，交易依赖于更多数据来确认交易真实发生且符合预期。这也导致以骗取广告预算为目的的广告流量欺诈现象盛行，啃噬着广告主对数字广告交易的信任根基，也成为数字广告交易亟须治理的头号难题。本章基于数字广告交易的现实情境建立了行动者模型，模拟数字广告交易主体的微观博弈，呈现在不同的市场情境下，不同数字广告治理手段（经济、技术、制度）以及手段叠加，对整个数字广告交易生态的影响。

第 6 章

用户与广告算法的互动博弈及治理启示

广告算法正以海量的数据规模、更高的智能化程度与更广的应用范围，全面浸入用户的日常生活领域，接管并掌控着用户的消费决策，带来便利的同时也引发了大量担忧。用户开始通过各种方式与广告算法进行互动反馈，协调着自身与广告算法的关系。本章内容基于一项面向18—40岁的青年人群的广告算法体验调查。基于调查数据分析，研究构建了用户与广告算法互动模式的结构方程模型。

在模型中，用户与广告算法互动存在正向与负向两种情形以及不同的形成路径，具体表现为：感知焦虑直接抑制正向反馈，并刺激负向反馈，用户与广告算法的关系处于情绪宣泄与紧张状态；绩效期望在感知控制对用户反馈的影响过程中发挥中介效应，即当用户相信自己能够与算法互动，且预期算法会根据互动进行调整时，他便会做出反馈，对算法纠偏，与算法合作。研究认为，以算法焦虑为主导的情绪宣泄型的冗余互动会导致算法系统失效与崩溃，而以感知控制与反应效能为主导的算法合作才能促进算法系统繁荣。由此可见，用户在算法时代可以通过奖励、合作或者抵触来影响数字广告交易活动。博弈不仅存在于数字广告交易的产业主体之间，也存在于用户与广告算法之间。被赋予主动权的消费者可以通过不同的数据提供策略来影响算法的准确性。用户与广告算法基于数据提供策略的互动也被视为数字广告交易的新构成，也是数字广告交易治理的重点对象。

6.1　用户与广告算法的互动现象

在当下信息过载、用户需求不断细分、注意力愈发稀缺的传播环境中，推荐是平台信息呈现的有效方式。从早期的人工编辑代码到如今的机器智能学习，推荐算法黑箱背后的索引系统已经发展到包括亲密度、分类权重、近期交互、关键字相关性，以及其他基于多维用户信息的推荐。算法正成为互联网基础设施中越来越重要的一部分。它们深深扎根于我们的日常生活中，无所不在，而且不可避免。它们被用来做出几乎所有事情的决定，融入我们生活的方方面面，包括交通、警务、医疗保健、银行贷款、社会福利、新闻、音乐和产品推荐。

人们开始担心算法是否会危及人类的自主性（Sankaran et al.，2021）。与算法的交互被视为自主性被唤醒的一个重要标志。面对算法时，人们不仅仅被动接受算法的安排，还会抵制算法，或通过与算法交互逐渐驯服它们。北京大学互联网发展研究院（2021）发布的报告称，近70%的用户认为算法在利用自己。一些用户甚至采用了反算法的策略。例如，把自己伪装成普通的访问者，每天浏览不同的内容，故意点击"不感兴趣"，卸载和重新安装软件，清除过去的痕迹，以及使用其他方法来混淆算法，以避免成为它们的"囚犯"。[①] 因为怀疑某电商平台的"邀请朋友'砍一刀'"的折扣算法，一名科技博主在有6万人观看的直播间现场直播获取免费手机的砍价过程，测试电商平台的折扣算法。尽管当时直播间及聊天群里的很多粉丝及朋友加入砍价，砍到小数点后6位之后，结果显示仍未成功。用户开始对该平台操纵了算法

———————————

①　北京大学互联网发展研究中心.中国大安全感知报告（2021）[EB/OL].（2021-12-29）[2022-02-24].https://new.qq.com/rain/a/20211229A03W6X00.

的事实表示愤怒和不满。

一项调查结果显示，近 80% 的用户在安装应用程序之前不会阅读隐私协议。[①] 成千上万的人在新闻的评论区抱怨称，如果不同意一个应用程序的隐私协议就无法安装。这些事件揭示了用户对平台及算法的控制的无助感、不满感和阻力。然而，随着算法机制的透明度和开放性的增加，关注算法操作逻辑中复杂的用户行为可以帮助促进算法的公平性，并为算法的长期发展提供不同的视角。

广告推荐系统是数字广告的主要运行机制，它通常应用于网页展示广告、移动端信息流广告、社交媒体、电商平台，可有效降低用户广告回避、提升营销效率。媒介的互动可供性、用户在广告传播中的地位提升、个性化广告所建立的关联、原生广告对干扰体验的影响，都可能会激起用户与广告算法的互动，他们构成了用户与广告算法互动的影响因素。

6.1.1　媒介的互动可供性

可供性概念最早由美国心理学家吉布森（1986）提出，用于解释动物与环境的关系，后来的研究将这一概念拓展到一种理解人与技术互动关系的方法（Evans et al., 2017; Leonardi, 2013），用以解释技术产物或平台如何限制特定行为和社会实践的方式（McVeigh–Schultz & Baym, 2015）。在媒介的研究中，可供性被用来指涉媒介技术的物质性关系，即它赋予人们何种行动能力，塑造了何种生活体验（Darling–Wolf F., 2021）。在学者看来，媒介可供性提供了一种介于技术决定论与社会建构论之间的中间方法论（Nagy P. & Neff G, 2015），是一种"技术—文化共生论"思维（常江、田浩，2021）。媒介环境学派观点强调，不同媒介在塑造人与社会的能力方面表现大相径庭。

---

① 光明日报 . App 隐私协议现状调查：规范化程度较低，侵权风险高［N/OL］.（2021-08-19）［2022-04-02］. https://www.thepaper.cn/newsDetail_forward_14113618.

潘忠党（2017）将新媒体的可供性分为信息生产可供性、社交可供性与移动可供性，强调新媒体赋予用户行为的多重可能性。

广告作为商业媒体的主要盈利模式与内容组成部分，其形态和效果与媒介技术高度关联。不同媒介设置了品牌与受众沟通的基本情境，也供给用户不同的广告反馈手段，在无形之中形塑着用户的行动。媒介的互动可供性是用户与广告算法互动的基本前提。用户与广告互动行为维度不断拓展。在广播电视媒体时代，用户对于广告只能是要么规避，要么接受；进入网络媒体时代，媒介的互动可供性提供了更多用户与广告互动的行为与机会，用户可以通过转发、收藏、评论、点赞来表达自己对广告的态度。到了智能媒体时代，用户不仅仅与广告内容互动、与广告中的品牌互动，还能与广告算法互动，参与到广告传播逻辑的制定与改写之中。

用户可以通过多种方式参与和管理广告传播（Belanche et al., 2019）。随着互动界面和选项的不断丰富，用户和广告之间的互动不再局限于接收或避免的二元情况；相反，有更多的选择。用户可以通过关闭广告页面、快速滚动页面、点击跳过广告按钮、安装广告拦截插件、支付会员费等方式避免广告。用户也可以点击广告、"点赞"、评论或转发广告。用户也可能会抱怨他们不喜欢的广告，点击"投诉"或者"不感兴趣"，这往往需要更多的时间和精力。同时，算法通过收集这些用户反馈行为数据，进一步调试自己的广告推荐策略（Liu–Thompkins et al., 2020）。如图 6–1 所示，点击信息流广告界面左上方的相关按钮，会出现一些提示"不感兴趣""投诉""屏蔽此广告""为何会看到此广告"的选项。用户可以通过这些选项来实现与广告算法的简单互动。

图 6-1　社交媒体平台信息流广告交互界面

谷歌在 2022 年的 I/O 开发者大会上宣布了适用于 Google 搜索广告、Youtube 广告及 Google Discover 广告的个性化广告控制中心——我的广告中心（My Ad Center）。[①] 该中心为用户提供了调整个性化广告隐私设置的选项。

在该中心，用户可以选择是否开启个性化广告（见图 6-2），也可以查看自己被系统贴上的标签，如年龄、受教育程度、性别、国籍和人种，而且可以选择停用特定标签（见图 6-3）。

图 6-2　用户可以选择是否激活个性化广告

---

① Google.Your ads, your choice［EB/OL］.（2022-10-20）［2023-11-05］. https://blog.google/technology/safety-security/my-ad-center.

图 6-3　查看标签的页面

此外，用户还可以对想要看到的品牌、广告主题及敏感主题进行设置。新的 My Ad Center 接口中，将一般标签、品牌标签和敏感主题的管控选项集成在同一个菜单（见图 6-4）。针对酒精饮料、约会交友、赌博、怀孕与育儿、减重等敏感主题，用户可以选择减少相关广告的显示。用户还可以针对个别品牌，选择增加或减少相关广告频率。

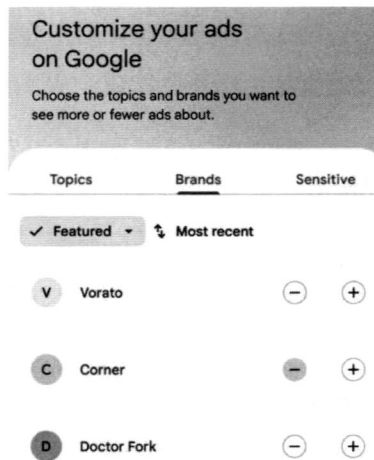

图 6-4　用户可选择调整某品牌广告的展示频率

除了直接进入 My Ad Center 页面，用户还可以在单个广告上添加个性化选项和广告透明化资讯，用户点击广告上的相应按钮，可以选择喜欢、屏蔽、举报该广告，也可以针对广告的主题标签及品牌标签，调整出现的频率。菜单中还会直接显示广告出资者，并说明用户被投放此广告的原因（见图 6–5）。

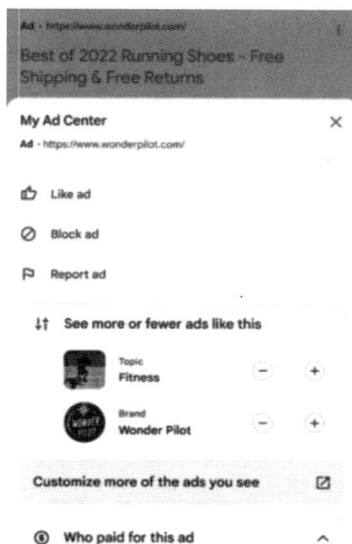

图 6–5　单个广告界面上的个性化设置

　　尽管并非所有用户都知晓广告算法，并非知晓算法的用户一定会与广告算法互动，但是，数字广告的推荐界面至少提供了可以实现互动的渠道与可能性。

6.1.2　用户的互动动机

　　用户的数字广告体验是影响互动的直接因素。越来越多的数字广告以信息流形式呈现在用户界面，这意味着它们比之前的广告更加隐蔽，用户可能会觉得广告对自身媒体使用的干扰较小而直接忽略它，接受并包容广告算法。但是也有可能因为原生广告与媒体内容相似而感到困惑，进而产生被欺骗的感觉（Youn & Kim，2019），对隐蔽性质的广告产生反感。正如现实生活中，用户将广告误认为是媒介内容，点击之后才发现被欺骗，甚至跳转到另一平台，这一现象往往会激起用户对广告的强烈态度，进而试图通过与广告算法的互动来改变。

广告算法已经建立了一种以用户为中心的个性化沟通模式。个性化的广告传播会让用户觉得广告与个人更相关，并刺激他们产生相应的适应性行为。在对社交媒体上用户观点进行简单观察时会发现，用户经常会对广告算法为什么会给自己推荐某款产品表示惊叹或者质疑，进而促使他们产生想要肯定、否定或者改变算法的动机。用户可能会因为欣赏广告创意（Porter & Golan，2006）以及被其中的情感元素打动（Berger & Milkman，2012；Dobele et al.，2007；Eckler & Bolls，2011），或因契合他们心中的理想自我而肯定广告算法。例如，在本研究的深度访谈中，一名大学生用户表示会点赞系统推荐给自己的某奢侈品品牌的广告。对于该行为的原因，她解释道，奢侈品的广告海报精美、好看、有格调，符合自己的审美，观看广告也是一种美的体验，所以她并不排斥其出现在自己的社交媒体页面。她补充道，虽然自己无法承担这一品牌的消费，不是该品牌的目标消费者，但是这一推送投射了一种愿望——成为理想自我的愿望。她进一步表示，她会点赞广告，进一步告知系统自己非常喜欢这一广告，在未来希望接收到更多类似的广告。

用户也可能因为算法包含冒犯性的内容（Sheehan & Hoy，1999），不符合他们的自我认同与期待而质疑或者抱怨算法；或者算法因为过度个性化，引起隐私担忧而避免或抵制广告算法。个性化推荐系统提升了用户对广告精准性的期待，当广告出错或者未达到期待的时候，用户就会产生抱怨、质疑甚至抵触的情绪。

总体来说，他们可能会因为个人性格、对体验的开放性态度，想要提升自我与自我肯定而肯定广告算法；也可能因为广告不满足他们关于自我身份的期望而质疑或者抱怨广告算法（Alexandrov，Lilly & Babakus，2013）。

在焦点小组讨论及深度访谈中，我们注意到，用户与广告算法的互动有两种截然不同的态度与行为：一种是用户对算法的训练——"练号"。他们会积极地奖励符合自己期待的算法，积极地惩罚不符合自己期待的算法，从而使广告算法符合自己的需求；另一种是用户对算法的算计。用户通过种种行为来迷惑算法，提供错误的信息，混淆算法的视听，从而使广告算法摸不透自己的需求。当然，用户与广告算法的互动行为并非只有这两种，还有更多的行为。

6.2　演化博弈视角下用户与广告算法的互动

鉴于算法在我们生活中的主导地位，算法研究已经在社会科学中引起了越来越多的关注。研究人员越来越关注算法中涉及的社会问题和关系，以及人们如何控制算法，从而与它们共存。这类研究大致可以分为两类：逆向工程和文化研究。前者关注算法供应方面，并建议研究人员应该通过查看平台文档、采访软件开发人员和算法工程师来打开算法的黑匣子（van Dijck, Poell & de Waal, 2018；Bishop, 2018）。而文化研究的方法更倾向于对算法的实证研究，通过定性方法，如深度访谈或非参与性观察，帮助研究人员深入描述日常实践中用户和算法之间的交互，包括用户如何识别和理解算法，以及他们如何使用算法来组织他们的生活（Gillespie, 2014；Seaver, 2017；Noble, 2018）。这两个方向都可以为研究提供有启发性的视角。

用户不再只是简单的广告信息接收者，他们拥有稀缺的注意力资源与宝贵的数据资源，决定着数字广告交易最终能否达成。用户可以与广告传播者在互动博弈中协同进化，推动传播系统的运转。这一研究领域正因算法的介入而面临挑战。本书将用户视为积极使用、抵制、颠覆或者重写广告算法的活跃用户，利用定量方法收集广泛的经验数据，探索用户与算法之间的交互模式和影响机制。

6.2.1　传播领域的新入局者：算法行动者

在算法引导的传播范式革命中，传播主体由人扩展至"技术物"的算法（全燕、李庆，2021；Sundar，2020）。随着机器学习与深度学习的引入，算法不再是工程师设定好的一套指令，而是卷入更多的用户行为与反馈。

"算法系统"这一概念被提出，指由算法内部信息、用户、两者之间的互动以及由此形成的行动者网络（Ananny & Crawford，2018）所构成的人类行为与非人类行为的集合（Turilli & Floridi，2009；Gillespie，2014）。拉图尔（2005）拓展了行动者的范畴，认为行动者不单指人类，还包括技术、观念等；只要能"通过制造差别而改变事物状态"，都可称为行动者。算法通过介入信息匹配、个性分发、情境构建，改变既有的传播形态，其行动者属性明显。

从"用户借助媒介技术来沟通（Communicate via）"到"与媒介技术的交流（Communicate with）"，这一转变意味着用户不再将技术视为中介，而是作为他们可以与之互动的自主社会行为者（Reeves & Nass，1996；Sundar，2007，2020）。从技术角度来看，算法只是处理信息数据或指令以产生输出的一组已定义的步骤（Gillespie，2014）。但从社会的角度来看，算法在嵌入社会的过程中，不断激发用户将情感投射其上，并与之形成强烈的情感关系（Turkle，2004），如算法厌恶、焦虑、信任等（Noah et al.，2019；Berkeley et al.，2015）。用户甚至将算法视为具有个性与意图的个体（Kaisa，2021；皇甫博媛，2021）。

学者 Sundar（2020）认为算法具备让用户将其作为交流源（Source Interactivity）的能力。算法是系统中可以作出决策、改变事物状态的行动者，也是用户心中可以与之互动沟通的人格化对象。在行动者网络理论的视域下，算法与人类行动者之间相互联系、彼此建构，推动传播领域的动态运转。

6.2.2 控制与反控制：用户与算法的互动博弈

Shaw（2017）结合了 Stuart Hall 的编码 / 解码模型和 James Gibson 的可供性概念，解释用户与新兴交互技术之间的交互行为。其中包括主导的、协商和对立的解码立场来指导用户与算法的交互。用户通过体验系统而意识到算法，并以不同的方式使用算法，甚至抵制、颠覆和改写算法的意图，将算法嵌入自己的生活（Kitchin，2017）。这包括满足信息认知和使用需求的消费

型互动、提供需求与数据以作用于内容生产与分发的生产型互动、创建解决
方案来避免算法负面结果的抵制型互动（Rader et al.，2018）。

在不同的算法解码立场中，用户通过与数字媒体的交互实践来加强或颠
覆算法的运行逻辑。在主导立场中，用户积极提供尽可能多的真实数据，使
算法以最佳的方式服务；在协商立场中，用户故意提供虚假数据，干扰算法
行为；在对抗立场中，用户关闭算法或卸载应用，拒绝提供数据（Lomborg &
Kapsch，2019）。

一些用户对算法非常信任，相信算法推荐的信息比自己搜索获取的信
息更符合需求。因此，他们愿意将自主权交给算法，并提供尽可能多的数
据。例如，许多用户习惯使用 Netflix 的评级系统来帮助他们找到合适的电影
（Lomborg & Kapsch，2019），这种解码行为是主导地位。当算法推荐难以令
人满意时，这些用户可能会试图通过影响数据输入——如调整他们自己的用
户档案——从而控制算法的输出来干预算法（Huangfu，2021）。他们既不完
全反对算法，也不完全接受算法，这被称为协商立场。然而，用户—算法交
互并不总是涉及主动的信息输入。当用户感知到越界行为时——如对私人数
据的过度使用和剥夺自主权——一些人会限制他们的行为，避免与算法的交
互，或者可能做一些破坏性的事情。例如，一个素食者可能会在脸书上将涉
及肉类的帖子标记为暴力或非法帖，以降低看到此类帖子的可能性。这种类
型的解码被归类为对立立场（Lomborg & Kapsch，2019）。

由此可见，散见于多元算法场景中的互动行为，并非漫不经心的指尖游
戏，而是上演着用户与算法之间的博弈，双方都试图控制对方，拓展自身的
能力范围。用户与算法的动态博弈表现为算法赋能用户、用户诠释算法、算
法异化用户、用户驯化算法（蒋晓丽、钟棣冰，2022；彭兰，2021；师文、
陈昌凤，2020；喻国明、杨雅，2020）。已有研究大多聚焦内容生产者这一类
特殊用户，关注其为了影响自动化内容排序而取悦、欺骗和愚弄算法的行为
（Bishop，2018；Cotter，2019；Taneja & Webster，2020；王一楠，2021；黄
淼、黄佩，2021）。

6.2.3 民间理论与算法想象：用户与算法互动中的有限理性

由于算法系统复杂不可见，以及平台拒绝向用户过多公开算法细节等缘故（Bucher，2018），用户与算法的互动基于用户对算法的认知、假设、期望以及对系统如何工作的想象。这类关于算法的默会知识而非专业知识，即民间理论（DeVito，Gergle & Birnholtz，2017；Siles et al.，2020）。也有学者将其进一步总结为"算法想象"，即用户通过想象来弥合他们对算法系统理解的差距并指导他们使用算法（Bucher，2017）。已有研究注意到用户通过捕捉算法信号（Bishop，2018）、听信算法谣言（Taneja & Webster，2020）、玩可见性游戏（Cotter，2019）等方式获得关于算法的有限信息。用户与算法的互动，并不是在完全理解与掌握算法的情境下达成的，是一种有限理性的博弈行为。

6.3 用户与广告算法互动的模型及验证

6.3.1 模型中的变量及测量信效度

算法融入社会的过程也是一个改变用户体验的过程。因此，算法的研究不应该仅仅是为了探索算法的一般规律，而是为了进入算法的具体语境，在算法整合了媒体和生活场景后，探索场景的混合。行业需要从用户的角度来理解算法的集成所带来的实际变化。对于用户来说，算法广告构建了一种个性化的广告沟通模式，这使得用户认为广告沟通环境与自己更相关。人们倾向于关注与处理与自身相关的信息。一旦用户意识到这一点，他们更有可能参与和改变自身所处的广告环境，他们将使用互动行为来管理个人广告内容和传播逻辑，例如，强化兴趣与偏好的广告推送，拒绝或纠正那些讨厌、不感兴趣的广告推送。因此，个性化广告所产生的私利动机是促使用户采取行动的一个重要因素。

1. 正向反馈与负向反馈

正向反馈意味着用户认识到算法广告的兴趣和有用性，并愿意提供更多的数据，以促进算法更好的推荐。与此同时，当用户感知到一种广告算法使用了未经授权的数据，并面对冒犯性或无趣的广告内容时，负向反馈就会表达用户的抱怨。无论反馈是积极的还是消极的，我们都可以看到，用户更多地关注自己的媒体和广告体验，并尝试管理它。表 6-1 呈现了本研究测量用户与广告算法互动的测度项及其信效度。

表 6-1　用户与广告算法互动行为的相关测量

因　子	测　量	信效度
正向反馈	我愿意让算法知道更多偏好，以便获得更精准的广告	Cronbach's α =0.896 CR=0.899 AVE=0.6997
正向反馈	只要满足我的需求，我就会点击广告了解详情	Cronbach's α =0.896 CR=0.899 AVE=0.6997
正向反馈	我会给我感兴趣的广告点赞	Cronbach's α =0.896 CR=0.899 AVE=0.6997
正向反馈	我会收藏我觉得有用的广告	Cronbach's α =0.896 CR=0.899 AVE=0.6997
负向反馈	当我不喜欢一个广告时，我会点 "我不感兴趣"	Cronbach's α =0.766 CR=0.769 AVE=0.5277
负向反馈	当我遇到冒犯我的广告，我会投诉	Cronbach's α =0.766 CR=0.769 AVE=0.5277
负向反馈	如果广告未经我同意使用我的数据，我将会抵制媒体	Cronbach's α =0.766 CR=0.769 AVE=0.5277

2. 感知焦虑

用户对算法的主观理解和期望与算法的现实情况之间存在着紧张关系（Gillespie，2012）。随着算法变得越来越复杂和不透明，用户要理解算法也变得日益困难。在由算法构成的交互式实践的复杂生态系统中，算法的不透明性会增加用户之间的不确定性、挫折感和焦虑。对于用户来说，算法系统是复杂的、不可见的，高度不确定的、混乱的，超出了他们的控制范围。当用户认为一个算法缺乏清晰度时，可能会出现焦虑。一项针对 Airbnb 平台业主的研究表明，他们对平台算法缺乏控制和对不确定性的感知产生了焦虑（Jhaver et al.，2018）。失控感会促使用户与算法进行交互。通过交互，用户试图通过捕获算法信号（Bishop，2018）、分享算法谣言（Taneja & Webster，2020）、玩可见性游戏（Cotter，2019）来获取算法信息，以减少算法输出的不确定性（见表6-2）。

表6-2　用户感知焦虑的测量及信效度

因子	测量	信效度
感知焦虑	广告偷窥我的隐私，掌握太多关于我的信息 广告推荐引诱我去消费 人们很难根据算法的建议来判断信息的质量	Cronbach's α=0.806 CR=0.814 AVE=0.5968

3. 感知控制

用户对算法的感知基于算法体验。算法体验这一概念由 Alvarado 和 Waern（2018）首次提出，它包括用户信息的透明度与管理，算法意识与控制，以及选择性的算法记忆。理想的算法体验被定义为一种状态，用户在这种状态下能够感知、识别算法，理解算法如何工作，并知道如何管理它（Zhang & Sundar，2019；Chen & Sundar，2018）。算法体验与人类对公平性、透明度的理解有关（Shin et al.，2020）。算法体验的质量取决于用户是否认为算法是公平、透明和友好的；他们是否知道算法收集了什么个人数据，是否授权使用它；以及他们是否可以决定算法能否继续使用他们的个人数据，使用哪些数据，以及他们将来是否会愿意收到相同类型的推荐。然而，如果交互过度，需要持续的用户反馈，从而消耗精力并造成负面体验，用户的算法体验将会受到不利影响（Zhang & Sundar，2019）。在本研究中，研究者参考了 Zhang 和 Sundar（2019）提出的算法体验的定义与题项，设计了三个用户感知控制的题项（见表6-3）。

表6-3　用户感知控制的测量及信效度

因　子	测　量	信效度
感知控制	我可能知道在广告中使用了什么个人数据 我可以阻止这个系统发布我不喜欢的广告 我知道如何禁止广告使用我的数据	Cronbach's α=0.741 CR=0.7715 AVE=0.556

4. 绩效期望

考虑到算法系统的复杂性和不可见性，以及平台拒绝向用户披露太多关于算法的细节（Bucher，2018）这一情况，用户和算法之间的交互通常是基于用户自己对系统的认知、假设和对系统如何工作的期望。与专业知识相反，这种关于算法的隐性知识被称为民间理论（DeVito，Gergle & Birnholtz，2017；Siles et al.，2020）。一些学者进一步将其描述为"算法想象"，也就是说，用户依靠他们的想象来填补他们对算法系统理解的空白，并指导他们使用该算法。可供性的概念起源于生态心理学（Gibson，1986），正被越来越多地作为一种理论视角来研究和理解人与技术之间的关系（Faraj & Azad，2013）。Schrock（2015）将传播可供性定义为"对效用的主观感知与技术的客观属性之间的相互作用，作为个体追求目标、评估传播能力、持续地改变传播实践的行动框架"。与此同时，Evans 等（2017）将可获得性定义为"行动的可能性"。Nagy 和 Neff（2015）提出了"想象的可供性"，即重点关注用户对他们所使用的媒体和数据的期望。这些期望决定了他们对这些媒体技术的获取、使用和行动的途径和方式。基于想象的可见性，人们感知技术的特性和能力，参与所提供的手段，并重塑他们的媒体环境（Norman，1999）。用户对媒体技术的认知受到技术配置和他们自己的信念与期望的影响（见表 6-4）。

表 6-4　绩效期望的测量及信效度

因　子	测　量	信效度
绩效期望	点击"不感兴趣"后，某些广告的数量就会减少	Cronbach's α=0.760 CR=0.7535 AVE=0.5047
	投诉广告后，这一类型的数量就会减少	
	如果我清除痕迹，广告就会变得不那么有针对性	

6.3.2　研究假设及模型的提出

我们的研究问题是哪些因素会影响用户与广告算法的互动，根据文献综述与梳理，我们引入了感知控制、感知威胁、绩效期望三个解释变量来解释用户对算法的正向反馈、负向反馈，并构建了用户与广告算法互动的假设模型（见图 6-6）。

当用户对广告算法有较多的了解，也对自己控制算法的能力有一定信心的时候，作为技术乐观派的他们，可能会比较积极地与算法互动。因此，对算法的焦虑感相应减少，而对算法的反馈也有较高的判断。

H1：感知控制对用户与广告算法正向反馈有显著影响；

H2：感知控制对用户与广告算法负向反馈有显著影响；

H3：感知控制对感知焦虑有显著影响；

H4：感知控制对绩效期望有显著影响；

当面对广告算法，如果用户觉得广告的数据使用没有征得同意与授权，担心隐私泄漏，或者感觉到无力改变算法的推荐，这将激起内心想要控制信息的想法，产生抵抗算法的行为。对算法的焦虑也会让他们不相信算法会做出回应。因此，焦虑也会对绩效期望产生影响。在此基础上，我们提出假设 5、假设 6、假设 7。

H5：感知焦虑对用户与广告算法正向反馈有显著影响；

H6：感知焦虑对用户与广告算法负向反馈有显著影响；

H7：感知焦虑对绩效期望有显著影响；

在算法推荐环境中，如果用户期望他们的交互行为能够被算法识别并得到回应。如果他们相信互动行为能够显著提高算法的准确性，改善自己的媒体体验，他们将更有可能产生互动行为。例如，他们可能会点击广告、点赞，收到符合需求的推荐时直接购买。相反，当他们不喜欢一个广告时，他们可能会点击"不喜欢"，让推荐系统知道为什么这个广告不适合他们。此外，如果用户觉得互动行为并不能给广告带来改善，那么他们就不太可能与广告进行互动。因此，我们认为，绩效期望在其他因素对交互作用的影响中起着重要的中介作用。

H8：绩效期望对用户与广告算法正向反馈有显著影响；

H9：绩效期望对用户与广告算法负向反馈有显著影响。

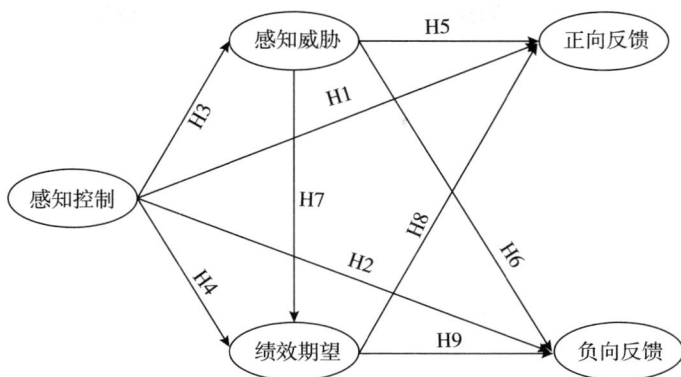

图 6-6　假设模型图

6.3.3　问卷设计、发放及回收

本研究的调查问卷内容由三部分组成：第一部分是关于用户在网络使用方面的习惯、素养与能力，如媒体使用时间、应用程序偏好和互联网素养等；第二部分是与研究模型的五个潜在变量相关的问题，其中感知控制量表改编自罗西特和泽希勒（2015），绩效期望量表改编自文卡特什等（2003），感知焦虑量表基于 Jhaver、卡普芬和安廷（2018）的研究而开发；第三部分主要收集了人口统计信息，如年龄、性别、受教育程度、居住地、收入、健康状况和心理状况。为了提高问卷的外部效度，确保每个被访者都能清楚地理解、准确地回忆、如实地回答，我们在正式发放问卷之前邀请 5 名年轻网民参加在线预调查，并通过电话收集他们对于问卷问题的反馈，调整了容易引起他们误解或回答不准确的问题表述。随后，我们又邀请两位调查专家对问卷进行评价与修改。

我们对 18—40 岁的年轻中国用户进行了调查，他们是数字广告的最大目标群体之一。我们的目的是了解年轻用户如何与广告算法进行互动，是什么心理因素触发了这些互动行为，以及具体的影响机制是什么。由于年轻用户往往对互联网技术更加了解，因此更容易发现并意识到算法，对算法有更多的了解。相较于其他代际群体，他们更有可能与算法进行更加多样化的互动。年轻用户的这些特征使他们成为研究中揭示变量之间关系的适宜对象。

该调查委托在线调查平台 Credamo 进行问卷的发放与回收。该在线调查平台拥有超过 280 万个注册样本，覆盖中国所有省级行政单位。问卷在 2021年 11 月 11 日至 14 日期间发放，共回收了 672 份问卷，其中，167 份问卷因完成时间较短（不到 240 秒）、对筛选问题的回答错误、过于有规律的回答（回答基本相同）而被剔除，最后有效问卷数为 505 份，有效率为 75.1%。

6.3.4 描述性统计及信效度

从表 6-5 中可以看出，受访者的年龄在 18—40 岁之间，其中 91.3% 为18—35 岁。46.6% 的受访者每天花 2—4 小时进行在线娱乐（包括手机和个人电脑），34.8% 的受访者在线娱乐时长达 4—6 小时。其中最受欢迎的两个互联网应用程序品类是短视频和社交媒体，分别占 66.7% 和 64.7%，其次是在线新闻、即时通信和在线游戏，分别为 29.1%、27.1% 和 24.5%。68.1% 的受访者接受过高等教育。在分类、收集、识别和创建信息的互联网素养方面，平均得分为 4.10 分、4.41 分、3.96 分和 3.22 分（满分为 5 分），这说明受访者的整体网络素养较高。

表 6-5 本样本的描述性统计数据

指　标	选　项	占　比	指　标	选　项	占　比
年　龄	18—25岁	30.7%	收　入	3000元以下	16.2%
	26—30岁	32.5%		3000—5000元	17.0%
	31—35岁	28.1%		5001—10000元	39.4%
	36—40岁	8.7%		10001—20000元	23.8%
性　别	男	33.9%		超过20000元	3.6%
	女	66.1%	居住地	一线城市	23.8%
学　历	低于本科	14.3%		二线城市	49.5%
	本　科	68.1%		三、四级城市	25.9%
	硕士及以上	17.6%		其　他	0.8%

为了检验共同方法偏差（Common-method bias），我们使用 SPSS 23.0
进行了哈曼的单因素检验。如表 6-6 所示，特征值大于 1，累积贡献率为
67.137%。第一个因子提取的方差为 34.586%，小于 40%，说明本研究不存在
常见方法偏倚。

表 6-6　总方差解释

组件	初始特征值			平方载荷的提取和		
	合　计	方差百分比	累积百分比	合　计	方差百分比	累积百分比
1	6.571	34.586	34.586	6.571	34.586	34.586
2	2.234	11.759	46.345	2.234	11.759	46.345
3	1.703	8.965	55.310	1.703	8.965	55.310
4	1.201	6.324	61.633	1.201	6.324	61.633
5	1.046	5.504	67.137	1.046	5.504	67.137
6	0.934	4.915	72.052			

测量的内部一致性采用 Cronbach's α 进行评估。从表 6-1、表 6-2、表
6-3、表 6-4 可见，所有潜在变量的 Cronbach's α 系数均大于 0.7（范围：
0.741—0.896），说明潜在变量的一致性信度较好。各潜在变量的综合信度
（CR）值也大于 0.7（范围：0.7535—0.899），说明所有潜在变量的量表都是
可靠的。AVE 值均大于 0.5（范围：0.5047—0.6997）。如表 6-6 所示，AVE
的均方根均大于 0.7，说明该量表的收敛效度较好。效度是指用于衡量指标的
量表的效度。我们基于 HTMT（heterotrait-monotrait ratio）方法检验了判别效
度。如表 6-7 所示，不同构念间的异性状—单性状比均小于 0.85，说明判别
效度较好。

表 6-7　基于 HTMT 的鉴别效度分析结果

	感知控制	感知焦虑	绩效期望	正向反馈	负向反馈
感知控制					
感知焦虑	0.627				
绩效期望	0.782	0.500			
正向反馈	0.728	0.660	0.653		
负向反馈	0.245	0.085	0.362	0.149	

6.3.5　数据分析及模型验证

基于 Amos 26.0，表 6-8 显示了具有统计学意义的潜在变量之间的路径系数。感知控制与正向反馈之间的路径系数为 0.260，p=0.001（＜0.05），表明感知控制会促使用户与算法进行正向反馈，而感知控制对负向反馈的影响作用不显著，H_2 未验证。

感知焦虑与正向反馈之间的路径系数为 –0.437，$p < 0.001$，感知焦虑与负向反馈之间的路径系数为 0.236，$p < 0.001$，说明感知焦虑会减少正向反馈，增加负向反馈。

感知控制与绩效期望之间的路径系数为 0.760，$p < 0.001$。H_4 被证实。同时，感知焦虑与绩效期望之间的路径系数没有统计学意义。因此，H_7 未验证。

绩效期望与正向反馈之间的路径系数为 0.473，$p < 0.001$，绩效期望与负向反馈之间的路径系数为 0.482，$p < 0.001$，说明绩效期望会显著增加正向反馈与负向反馈行为。

表 6-8　路径系数分析

路　径	Standard path coefficient	Standard error	T-value	Signi-ficance
感知控制→正向反馈	0.260	0.274	3.252	0.001
感知焦虑→正向反馈	-0.358	0.056	-6.922	***
感知焦虑→负向反馈	0.228	0.043	3.647	***
感知控制→绩效期望	0.733	0.216	7.356	***
绩效期望→正向反馈	0.292	0.108	4.276	***
绩效期望→负向反馈	0.476	0.071	6.638	***

注：***表示＜0.001的显著性。

从表 6-9 可见，绩效期望在感知控制对正向反馈的影响过程发挥着部分中介作用，而在感知控制对负向反馈的影响过程中发挥着完全中介作用。

表 6-9　绩效期望的中介效果

感知控制	标准化效果		
	总效应	直接效应	间接效应
正向反馈	0.474	0.260	0.214
负向反馈	0.349	0	0.349
绩效期望	0.733	0.733	0

图 6-7 显示了验证后的模型，利用 Amos 26.0 中的最大似然估计方法，我们检验了模型的拟合度。表 6-10 中所列的模型拟合指标均符合参考标准值，说明修改后的模型拟合效果较好。

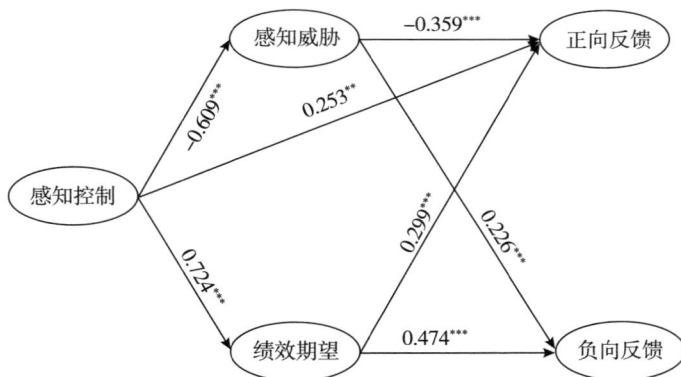

图 6-7　验证后的模型

表 6-10　模型的拟合程度

拟合指数	χ^2/df	NFI	TLI	CFI	RMSEA
参考标准	<3	>0.85	>0.9	>0.9	<0.08
修改模型拟合	2.342	0.927	0.948	0.956	0.052

6.4　用户与广告算法交互机制及治理启示

本章探讨了用户与广告算法互动的心理机制，随着人工智能日益成为我们日常生活的一部分，这一研究对于我们理解用户端以注意力为对象的数字广告交易有所帮助。尽管算法可以捕捉用户的信息，猜测其需求与兴趣，进行广告推荐，但是用户也并不是被动接受推荐，他们可以通过数据提供策略来与广告算法互动博弈，从而影响算法的运行。

感知控制与感知焦虑均会对正向反馈产生显著影响，作用方向相反。用户对算法的感觉越焦虑，获得正向反馈的可能性就越低。感知焦虑对负向反馈有直接的显著影响。用户的算法焦虑越强，反馈就越消极。同时，感知控制对负向反馈没有直接的显著影响。绩效期望对正向反馈和负向反馈都有显著影响。此外，绩效期望在感知控制和负向反馈之间的关系中发挥完全中介作用。

6.4.1　用户解码算法的三种立场以及路径

为了拓宽基于文化的算法研究，本书引入了文化心理学和算法背景，为进一步研究算法在不同领域的应用及其在人类社会中的嵌入提供了理论模型。以往的研究结合 StuartHall 的编码 / 解码理论，提出了用户的多种算法解码行为，主要采用深度访谈和观察等定性方法（Seaver，2017；Shaw，2017；Lomborg & Kapsch，2019）。相较于定性研究，本章利用定量研究，通过结构方程建模提供了一个更清晰、更客观、更有代表性的解释模型，为用户解码广告算法的多重立场提供了经验数据和清晰的形成路径。

本章将用户—算法交互的因变量根据不同的效价分为正向反馈和负向反馈。用户和广告算法之间的交互非常复杂，不仅在互动频率上存在差异，而且在互动维度上也存在显著差异。正向反馈与负向反馈的形成路径有着较大的不同。这对应并反映基于文化研究的三种算法解码立场，即主导、协商与对抗（见图 6-8）。

从感知控制到正向反馈的直接影响路径，代表用户完全接受算法的主导立场（见图 6-8）。用户相信自己对算法的理解与认知能力，进而非常放心地给算法提供更多数据，获得更加准确、效率更高的服务。从感知控制，经由

绩效期望，到正向反馈与负向反馈的中介效应路径，代表了用户对算法的协
商立场（见图 6-8）。用户相信自己对算法的理解、认知与控制能力，同时也
相信算法会对自己的行为产生反馈，进而与算法合作，进行纠偏或者兴趣强
化。感知焦虑影响正向反馈的减少、负向反馈的增多，代表了用户对算法的
对抗立场（见图 6-8）。此时，对抗立场中的负向反馈与协商立场中的负向反
馈并不相同，前者更多代表了一种情绪上的宣泄，因为算法剥夺主动性之后
带来的焦虑情绪使得用户投诉算法，或者点击不感兴趣。

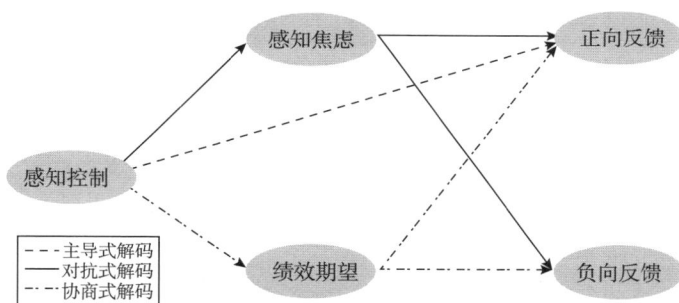

图 6-8　用户解码广告算法的三种立场

6.4.2　用户与广告算法的合作

在分析用户解码广告算法的三种立场及其背后的动机之后，我们也可以
将上述通向正向反馈与负向反馈的多重路径，简单划分为理性合作与感性表
达。这两种模式的区别在于它们是否经由绩效期望这一中介（见表 6-11）。
用户经由绩效期望的交互是与算法相对明确和理性的合作行为，因为用户相
信他们的行为会带来相应的变化。先前的研究认为，想象中的可见性是影响
用户和算法之间交互的重要中介因素（Nagy & Neff，2015；Bucher，2017）。
由于算法的不可见性，用户经常基于对算法机制的想象进行交互。在我们的
研究中，我们将想象的可见性的概念限制在想象的交互式可见性上——也就
是说，用户是否认为算法会对他们的交互式行为做出反应。Sundar（2020）

提出交互性源头的概念来描述这一现象。

表 6-11　修正模型对应的理性合作和感性表达

交互方式	路　径
感性表达	感知控制→正向反馈
	感知焦虑→负向反馈
理性合作	感知控制→绩效期望→正向反馈
	感知控制→绩效期望→负向反馈

　　当然，用户与算法的交互并非总是将算法视为互动的对象。明显的情绪反馈来自对算法焦虑感知的路径。焦虑是一种强烈、紧张的情绪，从验证后的模型（图 6-8）中得知，它对互动行为的影响，并没有经由绩效期望。感知焦虑抑制正向互动，同时增加负向反馈。人们与情感发泄的算法互动，而不是期望他们的行为有任何情境改善。当用户对一种算法感到高度焦虑时，在交互动机上情感将超过理性。因此，如果互动是由焦虑引起的，那么用户的积极负向反馈，并不是为了纠偏，而是情绪的宣泄。这一数据反馈行为虽然表面上看起来使算法系统获得了更多用户的行为反馈数据，但是这些数据并不能让算法系统运转得更好。除了消极的焦虑情绪之外，正向反馈也可能来自用户对广告内容、创造力和情感的肯定，而不是他们告诉算法他们的偏好和加强算法推理的意图。有时，如果人们在他们的算法经验中感到安全，他们可能会毫不犹豫地表达自己的偏好。

　　当用户对自己的算法经验有更大的控制感、对算法更有信任、对自己的算法素养更有信心时，他们通常更有可能采取合作行为。特别是在负向反馈的情况下，感知控制只有在绩效期望存在时才会作用于负向反馈。这意味着用户只有在他们认为纠正行为会导致实际的变化时才会对算法的失败和错误做出反应。随着算法意识的增强，用户可能不仅会抵制与他们无关的广告，而且还会在广告过于相关时而担心个人隐私问题（Youn & Kim，2019）。同时，在正向反馈的情况下，绩效期望发挥着一定的中介作用。人们可能会与算法合作以获得更好的服务，或者欺骗算法来保护自己。用户可以通过不同的数据提供策略来影响算法。因此，与算法交互的意图是非常复杂的。

6.4.3　基于用户数据供给策略的算法治理启示

用户与广告算法的互动博弈模型，解释了用户与广告算法互动行为的发生机制。算法的文化研究在某种程度上打开了用户端互动行为的"心理黑箱"。如果只是单纯地看到正向反馈与负向反馈，我们会认为人们与算法互动的行动非常频繁，但是这频繁的互动并非出于同样的心理动机。人们给出负向反馈，可能是与算法合作、纠偏算法的协商立场，也有可能是对算法带来威胁的焦虑以及发泄情绪式的对抗立场。其中的区别在于这一行为到底是由感知焦虑引起的，还是经由绩效期望这一中介。人们掌握越多的算法知识、对算法改进抱有较大的期望，越容易给出正向反馈，其中既包括用户对算法的单纯肯定，还包括对算法未来推荐内容的强化心理。

因此，我们不能笼统地看待人们与算法互动的热闹，而应该仔细甄别用户的算法立场，从而了解这种热闹是一种合作与接纳，还是一种对抗。模型激励我们思考如何协调人类和算法之间的关系。算法在我们的生活中已经无处不在，这是不可避免的。因此，我们与算法的共存已经成为一个重要的研究课题。

1. 降低用户对广告算法的焦虑感知

用户也可能会因为广告算法的入侵而感到抗拒和焦虑。当用户意识到算法广告的操纵意图时，他们就会批评它，并对其产生负面态度（Van Reijmersdal et al., 2015）。算法焦虑迫使用户注意广告算法的风险和负面影响，如侵犯隐私、操纵消费欲望、剥夺自主权等，导致他们忽视算法的便利性，从而使其算法体验变得更加糟糕。如果算法系统过于放肆地获取信息与操控，引起用户的焦虑，用户就会将算法视为发泄对象，拒绝提供数据，或者提供错误数据，干扰算法，造成"双输"的局面。

数字广告治理应该注意到用户与广告算法之间的紧张关系，并尽量在其中消除用户的失控感、不确定性等焦虑情绪。否则，看似活跃的互动只会涉及焦虑的发泄。如今，在公众舆论和政府政策的压力下，尽管许多平台都披露了有关算法的信息，但披露的程度有限，或者过于形式化，并不能降低用户对算法的不安与焦虑。

2. 提升用户对广告算法的控制感知

以感知控制为主导的用户与广告算法交互，用户通过告诉算法自己真正需要的内容来改善用户的个性化服务。算法系统可以从用户那里获得高质量的反馈数据，这将有助于算法系统的持续发展，提高用户的满意度。感知控制的提高也可以减少算法的焦虑，阻断以焦虑为主的路径。无论是用户提高算法素养，还是平台提高算法可解释性，高质量的算法体验都能使用户与算法的关系更加和谐和稳定，从而为双方实现双赢的局面。正如本章开篇所提到的谷歌广告控制中心的案例所言，这一操作将平台的广告算法以简洁明了的方式呈现在用户面前，允许用户控制他们想在广告中看到的品牌和主题。当平台的广告算法服务越来越多地给用户更多的能力来改善他们的算法体验，平台也可以从中获利——获得更多真实、高质量的数据。

3. 用户与广告算法系统的演化博弈模型

为了从更深层次把握用户与算法互动的机理及其对系统演化的影响，本章引入演化博弈论与系统学理论。相较于传统博弈论，演化博弈从有限理性的假设出发，建立在动态博弈基础上，系统考察参与者的行为演化规律和稳定策略，强调均衡是不断学习与调整的结果，而不是选择的结构（张维迎，2013）。从已有研究中可知，用户与算法的互动行为符合演化博弈的理论设定，而基于行动者的模型提供了展现从互动博弈到系统演化这一过程的阐释工具与可行方法。"用户与算法的互动实践"与"算法系统"为两大研究对象，试图建立微观行为与宏观系统的关联机制，解析用户与算法互动的博弈演化及交互效应对算法系统的影响。

其中，"用户与算法的互动实践"是根植于我国用户所处的文化语境、媒体环境、算法体验以及规制体系之中的实践；是发掘用户面对算法浸入、掌控与规训时，与算法互动博弈的能动性实践；是构成"算法系统"行动者模型的微观机制。"算法系统"是由用户与算法两类行动者及彼此之间的互动行为构成，并随着用户与算法互动模式及行为参数的变化而不断演化的复杂系统；是基于大量实证研究，提取用户与算法互动的微观机制所构建的，对现实算法生态系统的仿真模拟；是对算法嵌入社会，人类与算法博弈共存这一社会进程的生动写照。

　　算法依赖源源不断的数据资料来实现精准预测，用户层面的互动博弈则以调节自身数据供给方式（高质量供给、默认供给、干扰供给、减少供给与零供给）来向算法施加影响，而算法自身也在不断迭代，用尽可能少的数据实现更准确的预测（见图 6–9）。

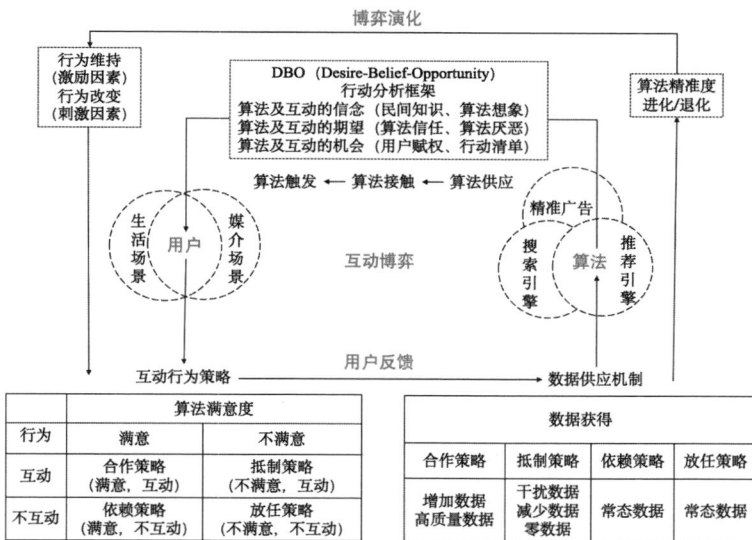

图 6–9　用户与算法系统演化博弈的模型

　　当下算法嵌入的互联网媒介赋予了用户更多的主动权，用户作为行动者，也更多地参与到广告算法中，影响着品牌广告的传播效果，这意味着商业环境有可能发生了根本性的改变。认知用户在智媒时代的抵抗动机、行为及能力，协调用户与广告算法的关系变得尤为重要。

　　进入智能媒体时代，用户对广告的抵制所产生的影响，不仅是其自身作为受众的无效传递，更有可能给整个广告传播生态带来影响。用户为了避免被算法捕捉，故意给算法提供错误的、不符合真实情况的数据，导致广告主与消费者陷入互相猜忌与揣摩的恶性循环。消费者耗费大量时间来抵触算法，而算法也因用户的失真数据而难以实现精准。这会产生"双输"的局面。

机遇在于，广告行业与用户前所未有的贴近，对于整个广告行业来说，这也正是削弱用户抵抗动机的良机。在人工智能和机器学习的技术浪潮及人本主义的思潮影响之下，研究者开始着眼于广告互动性、情境要素、隐私要素对广告回避的影响（陈素白、段秋婷，2020）。为了确定哪些广告体验最让消费者恼火，"为了更好广告联盟"（Coalition for Better Ads）使用了一个调查模型获知用户对于不同形式广告的态度。广告主不断注重用户的广告体验，主动与用户沟通，向用户提供隐私数据的保障，审慎地进行广告外包与媒介投放，力求在计算广告的大势中为自己的品牌赢得人情分。当互联网平台开放广告控制中心，出让部分广告传播控制权，对用户来说，这意味着主动性的回归，意味着对广告算法的纠偏。平台邀请用户参与广告算法的设计之中，赢得用户的信任。当用户拥有了直接设置广告的权限时，便不再需要通过玩"桌子底下的游戏""练号"等方式来"驯服"算法。广告算法也由此走向透明与公开。互联网平台开放了广告算法的权限，出让控制权，意味着邀请用户与平台共建、共创属于用户自身的广告空间。

❋ 本章小结

数据是数字广告交易的核心命脉。随着数据合规治理的发展与完善，用户对于自身数据的收集与使用拥有了一定的自主权。这一自主权的确立与保护，也使用户在数字广告交易的被动地位得以扭转，他们可以通过改变自己的数据提供策略影响广告算法生态系统的发展。当广告算法所构筑的传播环境安全、友好、高效以及值得信任时，用户通过积极的数据提供策略，促使算法生态系统更加准确与有效；而当广告算法所构筑的传播环境存在数据泄露、隐私侵犯、数据滥用以及操控等现象时，用户对算法的不信任与焦虑将会通过消极的数据提供策略影响算法生态系统的健康运转。用户与广告算法之间的互动博弈，起源于数字广告治理对于用户数据权利的保障与维护，也使得用户成为制约广告主、广告媒体、广告投放平台的重要力量，双方的演化博弈对于数字广告治理而言也至关重要。公共部门治理应该重视这一演化博弈现象，能够从外部保障用户的基本数据权益，而使数字广告交易主体之间的演化博弈，自动进化出更加公平、更加有效、更加健康与可持续的数字广告交易生态系统。

第 7 章

基于多元情境的数字广告交易协同治理

在探索数字广告交易流量欺诈的多元协同治理中，互联网平台多重角色与多重治理逻辑往往被忽视，导致政府与平台之间合作治理难以落在实处。本章基于互联网平台治理特性与社会行动理论等相关文献，通过对 22 起全球互联网平台卷入的广告流量欺诈事件进行案例分析及编码，总结归纳互联网平台治理广告流量欺诈面临的"对抗式""弹性式""承诺式"三类情境，在不同情境中平台作为"基础设施提供者""生态系统管理者""平台企业运营者"的三重身份被分别唤起，进而采取了"诉源""止损""迭代"三种治理模式。本章旨在讨论每种治理情境下平台治理失效的潜在风险以及政府治理应发挥的效用，为促进平台与政府治理合作的落实、提升我国数字广告交易流量欺诈治理格局与绩效提供参考。

7.1 数字广告流量欺诈治理挑战

随着全球数字化进程加速，互联网流量实现爆发式增长，与此同时，虚假流量规模也呈上升趋势，对数字经济带来的伤害越来越大。以流量欺诈为对象的系统治理已成当务之急。近两年我国相继出台的《互联网用户公众账号信息服务管理规定》《网络信息内容生态治理规定》《网络直播营销行为规范》等多项政策中均明文规定禁止流量造假。以攫取数字广告营销收入为目标的虚假流量是恶意流量的主要构成。流量欺诈不仅扰乱广告市场交易，误导用户注意力与消费决策，产生的错误数据资料还会破坏广告业与数字经济的发展。虚假流量的治理已成为法学、管理学、广告学、计算机科学等诸多领域的专家学者共同关心的话题。

7.1.1 互联网广告流量欺诈的概念界定及其特性

广告流量欺诈是伴随着媒体资源商品交换必然存在的问题（丁俊杰，2019），它不仅包括直接的广告曝光数据作假，而且包括所有扰乱广告交易体系的欺诈行为（张国华，2017）。相较于传统媒体时代，数字广告流量欺诈治理因产业链延长、中间环节增多而隐蔽性更强（Krisztina R.，2021；赵月枝，2019）；欺诈手段与类型多样且多变（鞠宏磊、李欢，2019）；因造假成本低、治理成本高等问题而异常艰难（张艳，2020；鞠宏磊、李欢，2019）。

7.1.2 互联网平台在流量欺诈治理网络中的角色与功能研究

协同政府、行业组织及企业等多元主体的网络治理被视为流量欺诈治理的有效模式。值得注意的是，在治理网络中，并非所有治理节点都是同等效用的，其中互联网平台的角色与功能不容小觑。在责任方面，平台企业应承担向广告主提供某种形式的受众保证以及向消费者提供真实数据以保障其知情权与公平交易权的责任（Gian M.，2016；蔡慧永，2019）；在能力方面，平台企业在数据透明化与反欺诈技术开发（钟艺玲、张艳，2017；黄森、褚孝鹏，2021）、奖惩机制设置（柳庆勇，2021）以及对产业链的影响力等维度具有显著优势。已有研究注意到互联网平台这一主体在流量欺诈治理过程中的特殊作用，但尚未考虑平台经济的特殊性，未结合互联网平台治理的理论前沿对其行为逻辑与模式展开深入分析。

7.1.3　互联网平台治理的相关研究文献

随着数字经济的平台化日趋明显，互联网平台在重塑社会关系、影响内容生态、链接社会资源、实现数据价值等领域表现突出，发挥着越来越大的社会影响力，平台公共性凸显，进而导致治理环境与格局发生深刻的转变（李辉、张志安，2021；谢新洲、石林，2021）。

互联网平台经济的发展壮大推动了政府治理的变革。学者指出，政府治理失效与互联网平台经济变革相伴而生（王俐、周向红，2019）。当大数据与算法被融入治理行为，当治理场景从物理空间延伸至镜像空间，政府在面对新兴技术所引发的治理难题时，尚不具备与其地位相匹配的治理能力，导致政府治理失效。

在解决数字经济的治理难题时，政府与互联网平台建立"合作规制"的关系就显得十分必要。然而，现实情况是，由于互联网平台在平台规制的建构中弥补了规制框架的空白，在传统治理主体政府与被治理市场参与者之间形成了一个"中间地带"，合作治理初步演化为"政府规制平台，平台规制用户"的分层治理结构（孙韶阳，2021）。这样的治理结构引发较多担忧：政府与平台治理之间的"缝隙"为互联网平台释放逐利天性创造了制度性空间，平台可以挟私权力支配平台生态（朱春阳、毛天婵，2021；王俐、周向红，2019）。学者也注意到在要素共享缺乏规则激励时，多元共治很可能流于形式（梁正、余振、宋琦，2020）。

此外，互联网平台治理的情境与角色更加多元。由于具备"企业—市场"双重属性，平台在治理时既有可能是"裁判员"，又有可能是"运动员"。有学者根据平台的多重角色——平台型企业运营者、生态系统管理者与基础设施提供者的定位，构建了兼顾多重逻辑的企业自治机制、考虑用户差异的行政治理机制和立足网络生态的市场治理机制（汪旭晖、乌云、卢星彤，2020）。由此可见，政府与平台的治理合作不能仅仅停留在静态与表面，政府需要根据治理情境，以不同方式介入，调动不同的治理资源，匹配不同的治理程度。

7.2 基于行动情境的治理模式框架与研究方法

7.2.1 纳入情境的行动分析框架

基于数字广告流量欺诈的治理情境来协调政府与平台治理是对现存治理研究的重要补充。在《社会行动的结构》一书中，帕森斯构建了一个纳入情境的行动分析框架。行动情境代表行动者面临的各种现实背景，包括其无法控制的行动"条件"和可以控制的行动"手段"，它们在很大程度上决定了对应行动的开展模式（塔尔科特·帕森斯，2021）。研究深入数字广告流量欺诈的现实情境，分析每种情境下作为行动者的互联网平台的动机、目标、情境、手段，以及产生的潜在风险及问题，有助于我们深入了解互联网平台的治理逻辑与模式。

基于上述互联网平台治理与社会行动理论的相关研究，本章将结合数字广告流量欺诈治理这一具体问题，试图回答以下三个问题：

问题1：互联网平台卷入流量欺诈治理的主要情境有哪几类？

问题2：在不同的治理情境下，互联网平台的治理模式有哪些？

问题3：在不同的治理模式中，平台治理的风险、缺陷及可能产生的冲突是什么？政府应该以什么样的方式介入治理？

本章将基于平台治理的特征及社会行动理论，考察互联网平台面对数字广告流量欺诈的主要情境及行为模式，分析其中的潜在问题，探讨政府介入的主要方式，为政府与平台的合作治理寻找更加有效的路径，这对于目前的治理格局与绩效而言都将有着较为显著的价值与意义。

7.2.2　多案例研究方法

为了对互联网平台面对流量欺诈时的治理情境与行为模式进行较为完整的呈现与描绘，研究拟采用多案例研究方法归纳并检验互联网平台治理广告流量欺诈的一般性规律。案例研究专家指出，相对于单个案例研究在抽样方面的极端性倾向，多案例研究往往能够为理论建构提供更坚实的基础（凯瑟琳、梅丽莎，2010）。

7.2.3　抽样及编码过程

1. 案例抽样

为了更加全面的体现互联网平台可能面临的丰富情境，笔者以国内外知名互联网平台为线索，搜集了平台曾经卷入的多起广告流量欺诈事件，时间跨度为 2006 年至 2021 年，覆盖 12 家互联网平台的 22 起数字广告流量欺诈事件（见表 7–1）。

表 7–1　互联网平台卷入的广告流量欺诈治理案例

年　份	案　例	年　份	案　例
2017	谷歌联合IAB推出Ads.txt认证交易主体身份	2016	淘宝关闭炒信严重的店铺
2017	谷歌Double Click偿还无效流量的平台费用	2019	微博管理员关闭涉嫌流量造假账号
2020	谷歌Play Store下架猎豹等600款移动应用	2019	微博起诉星援APP扰乱数据排名
2020	谷歌处理攻击者反向勒索广告网络发布商	2021	微信起诉祈福公司刷量软件
2018	脸书视频广告观看量统计涉嫌欺诈遭起诉	2019	抖音被媒体曝出纵容平台商户刷量
2019	脸书一季度删除22个虚假账号	2020	抖音起诉企飞公司群控软件

（续表）

年 份	案 例	年 份	案 例
2019	脸书起诉ILikeAd公司劫持用户账号展示广告	2018	爱奇艺起诉刷量公司，关闭播放量数据
2018	推特删除系统认定的不活跃账户	2018	马蜂窝被曝出85%的评论涉嫌抄袭
2021	亚马逊封锁违规商家，清除2亿条虚假评论	2006	百度被广告主起诉流量欺诈骗取费用
2012	苹果商店将操控用户评论及排名的开发商除名	2017	今日头条与凤凰网互相挟持流量
2019	Netflix观看数据缺少第三方审核	2017	腾讯成立广告反欺诈大数据实验室

2. 案例整理

根据每一起欺诈事件的多篇媒体报道及双方回应，还原事实与平台治理经过。每个案例均按照范式模型"因果条件→现象→情境条件→干预条件（中介条件）→行动/互动策略→结果"六个部分，整理欺诈事件爆发的导火索、欺诈现象、治理卷入对象、平台角色唤起、治理行动及结果等信息条目。

3. 逐级编码

依据扎根理论的编码方法，结合研究涉及的主要构面：治理对象、治理情境、治理模式对案例进行三级编码。

一级编码即开放式编码，打散文本，对案例进行贴标签、类属化、属性与维度分析，将多个案例进行初步分类，形成94个标签和14个初始范畴（示例见表7-2）。

表 7-2 开放式编码示例

初始范畴	标 签
A1欺诈技术	a1-1恶意软件、a1-2群控软件、a1-3 感染病毒、a1-4劫持账户、a1-5机器人模拟点击、a1-6僵尸农场、a1-7网络水军、a1-8修改IP地址、a1-9数据库入侵
A2 流量交易	a2-1刷量刷单、a2-2制造繁荣、a2-3真假掺杂、a2-4付费评论、a2-5蓄意提升排名
A3商业纠纷	a3-1不正当竞争、a3-2广告主质疑起诉、a3-3统计指标争议、a3-4客户要求退款
A4外界曝光	a4-1 技术公司曝光、a4-2 自媒体曝光、a4-3媒体舆论监督

（续表）

初始范畴	标　签
A5利益侵犯	a5–1干扰用户体验、a5–2 网络安全、a5–3个人隐私、a5–4 扰乱排名、a5–5 流量漏洞、a5–6名誉侵犯、a5–7骗取广告费用、a5–8干扰流量数据
A6生态失衡	a6–1启动引流、a6–2虚假重灾区、a6–3黑灰产业链、a6–4造假泛滥成灾、a6–5破坏市场正常秩序
A7价值危机	a7–1质疑数据真实、a7–2缩减广告预算、a7–3停止广告合作、a7–4广告平台关闭、a7–5交易不透明、a7–6治理失效
A8市场博弈	a8–1市场竞争、a8–2寡头垄断、a8–3平台竞争、a8–4不正当竞争、a8–5舆论压力、a8–6无差别制裁
A9反诈技术	a9–1跟踪监测技术、a9–2识别作假机构、a9–3打击伪装技术、a9–4第三方技术审查
A10法律追诉	a10—1法律团队、a10–2法律依据、a10–3法律判决、a10–4法律诉讼、a10–5罚款赔偿、a10–6公安执法
A11惩戒手段	a11–1降权警告、a11–2勒令整改、a11–3查漏补缺、a11–4暂停账号、a11–5冻结资金、a11–6终止广告合作、a11–8下架删除、a11–9永久封禁
A12治理黑箱	a12–1不清楚封杀原因、a12–2不知情、a12–3没有辩解机会、a12–4困惑、a12–5被不公平对待、a12–6遭到冷遇
A13补救措施	a13–1退款、a13–2征信、a13–3限制投放、a13–4 承诺更新、a13–5关闭问题指标、a13–6整治不良广告形态、a13–7专项治理
A14制度设计	a14–1零容忍政策、a14–2新规抑制、a14–4广告主保护体系、a14–4肃清政策、a14–5维护合作者利益、a14–6 黑白名单

　　二级编码即主轴编码，发现和明确核心类属，在各个类别中提炼核心类属，在开放式编码的 14 个范畴基础上进行聚类与归纳，形成 9 个主范畴，分别是流量欺诈形式、平台整顿内部合作者、平台自身整顿、平台对抗、弹性协商、博弈与承诺、法律追诉、阻止损失、制度迭代，并归纳为治理对象、治理情境、治理手段三个维度（见表 7–3）。

表 7–3　主范畴编码结果

维　度	主范畴	范　畴
治理对象	1.虚假流量制造者	A1欺诈技术
	2.平台整顿内部合作方	A2流量交易
	3.平台自身整顿	A3商业纠纷

（续表）

维　度	主范畴	范　畴
行动情境	4.平台对抗	A5利益侵犯
	5.弹性协商	A4外界曝光
		A6生态失衡
	6.博弈与承诺	A7价值危机
		A8市场博弈
治理手段	7.法律追诉	A9反诈技术
		A10法律追诉
	8.阻止损失	A11惩戒手段
		A12治理黑箱
	9.制度迭代	A13补救措施
		A14制度设计

　　三级编码也称为选择性编码，即关联各个类属，梳理各个范畴之间的联系，形成治理模式理论（编码详情见表7-4）。

表 7-4　主范畴模式与关系结构

模　式	关系结构	内　涵
虚假流量制造者—对抗—诉源	表现关系	对制造虚假流量的行为与人群进行坚决打击，挖掘证据，惩罚非法制造流量行为
平台合作方—弹性—止损	表现关系	与平台合作方在虚假流量造成的影响上积极协商，兼顾多方利益，及时阻止错误行为
平台自身—承诺—迭代	表现关系	平台自身向外界与利益各方做出整改承诺、表明治理决心，并采取新的、有效的措施

4. 饱和度检验

　　理论饱和度是检验样本穷尽的标准，用于验证编码结果的合理性。当文本无法产生新的范畴时，说明模型处于饱和状态。本书留用10%的案例样本进行理论饱和检验，检验结果显示并未产生新的范畴与关系，说明本书的采样符合理论要求。

7.3　基于多元情境下的广告流量欺诈治理

7.3.1　广告流量欺诈案例的主要类型及治理对象

依据平台治理面对的直接对象，22 起数字广告流量欺诈案例可大致分为三大类属：在第一类案例中，平台治理直接面对的是使用刷量工具、群控软件、真人作假等扰乱计算机信息系统的个人或机构；在第二类案例中，平台治理直接面对的是平台生态中的合作者。例如，入驻的店铺商家、内容发布者、应用开发商等；在第三类案例中，平台治理直接面对的是广告主与投资者（见表 7–5）。

表 7–5　数字广告流量欺诈案例的主要类型

第一类	脸书起诉ILikeAd公司劫持用户账号展示广告	第二类	抖音被媒体曝出纵容平台商户刷量
	谷歌处理攻击者反向勒索广告网络发布商		淘宝关闭炒信严重的店铺
	微博起诉星援APP扰乱数据排名	第三类	马蜂窝被曝出85%的评论涉嫌抄袭
	抖音起诉企飞公司群控软件		百度被广告主起诉流量欺诈骗取费用
	微信起诉祈福公司刷量软件		脸书视频广告观看量统计涉嫌欺诈遭起诉
	爱奇艺起诉杭州飞益科技有限公司		脸书对外公布一季度删除22个虚假账号
	今日头条与凤凰网互相挟持流量		推特删除系统认定的不活跃账户
第二类	谷歌Play Store下架猎豹等600款移动应用		谷歌Double Click退还无效流量平台费用
	亚马逊封锁违规商家，清除2亿条虚假评论		谷歌联合IAB推出Ads.txt认证主体身份
	苹果商店将操控用户评论及排名的开发商除名		腾讯成立广告反欺诈大数据实验室
	微博管理员关闭涉嫌流量造假账号		Netflix观看数据缺少第三方审核

7.3.2 广告流量欺诈治理案例中的情境分析

1. 对抗式情境

互联网平台作为网络空间的基础设施提供者，而欺诈者是作为破坏计算机信息系统的机构与个人，如恶意软件的开发者、反向勒索者、群控刷量软件等，他们通过扰乱正常流量与平台信息管理来牟取私利，进而危害用户上网体验、个人隐私与网络空间安全，侵害平台的数据资产。这类机构与个人也被称作互联网流量的黑色产业，是政府与平台治理的重点对象。这类机构与个人隐蔽性很强，是互联网恶意流量生成的源头，而且会随着平台与技术机构反欺诈技术的进步而不断地寻找新的漏洞与新的欺诈技术与方案。

2. 弹性式情境

在这种情境下，互联网平台作为数字广告生态管理者与平台合作者在流量欺诈治理上的"弹性"态度，摇摆于"共谋"与"关系破裂"之间。在流量增长方面，平台与合作者的态度倾向是一致的，合作者通过获得更多的流量而获得广告收入，而平台也可获得收入的分成。在平台成长的初期或者瓶颈期，平台及合作者都希望流量数据规模的增长能够给外界传递广告价值的强力信号。在真实流量供不应求的时候，平台及合作者希望能够"无中生有"，凭借凭空生出的流量尽可能攫取眼前利益。相反，治理对平台来说可能是利益的牺牲与成本的上升。在这样的情况下，平台对合作者的流量欺诈行为一般是"睁一只眼闭一只眼"。通过对上述治理案例的分析，流量监测技术机构与媒体等第三方机构的监督与曝光是打破这种"共谋"的主要原因。我们看到，"谷歌下架 Play Store 600 款移动应用"事件是因为应用程序分析公司的披露，"亚马逊封锁违规商家"事件中是由 Safety Detectives 网络安全团队及多家媒体 Buzz Feed News 和《华盛顿邮报》等的曝光，在抖音与淘宝平台治理行为均是因为被《经济半小时》和《3·15 晚会》等媒体节目曝光而被触发的。

3. 承诺式情境

互联网平台作为平台企业的运营者，需要向广告主及投资人证明或承诺其商业价值。平台主要通过制定或完善各种流量数据指标来反映平台发展的商业价值，维持平台的运营。平台自身会制造虚假流量数据来提升平台价值。例如，马蜂窝旅游社交应用抄袭评论，制造虚假的用户活跃数据。在制定指标方面，在领域中具有垄断地位的平台可能寻求有利于自身的指标体系，如脸书平台视频观看平均时间的统计方法，又如 Netflix 的视频观看统计，因平台缺少对统计指标的详细说明与全部公开而引起了广告主的不满。然而，在广告主起诉或者整体市场的信任度下降之后，平台又会通过治理，如删除社交虚假账号、认证交易主体身份、退还平台费用以及开展反欺诈技术研发等手段缓解矛盾。在这种情境下，平台治理是向广告主或投资者进行商业价值的承诺，或者当过去承诺失效之后的再度承诺。

7.3.3　广告流量欺诈治理案例中的角色分析

平台在不同的治理情境中被唤醒的角色与动机不同。在对抗式的治理情境中，平台作为基础设施提供者，其治理的主要动机是保护所建构的互联网基础设施不受攻击者的恶意破坏，维护基础设施的正常运转。在弹性式的治理情境中，平台作为广告生态管理者，其治理的主要动机是维护整个平台的生态系统的稳定性与持久性，与生态中的其他合作者相互依赖，但是在维护整体生态的目的之下，平台也有可能会牺牲部分合作者的利益。在承诺式的治理情境中，平台作为平台企业运营者，需要向广告主承诺其广告价值，通过赢得广告主的信任与投入而获得企业的生存空间。

7.3.4　广告流量欺诈治理案例中的治理手段

1. 诉源式治理

在对抗式的治理情境中，平台一般会有专门的技术团队来追踪恶意流量的来源，凭借其技术优势及法律团队来向法院提交诉讼请求，要求相应额度的赔偿，通常来说，此类型的诉讼证据相对完整与全面，胜诉率较高，但是需要技术团队前期投入较长的时间与精力进行侦查。因为这一治理模式是对虚假流量源头的追诉，我们将其称为"诉源式治理"。

2. 止损式治理

在弹性式的治理情境中，平台迫于外界第三方技术机构与媒体的曝光，系统治理平台合作者。例如，平台对涉嫌流量欺诈严重的合作者，可能会直接关闭其平台账号；对涉及流量欺诈行为的合作者，可能会采取一系列不同程度的处理方式，如警告、暂停整改、剔除虚假流量、降低排名、下架等不同程度的惩罚。被惩罚的合作者也会针对平台处理的公正性与合理性表达抗议，竭力维护自身权益。这一治理行为是对虚假流量的消除，制止因外界曝光所带来的损失，平息舆论的压力，我们将其称为"止损式治理"。

3. 迭代式治理

在承诺式的治理情境中，平台为了强化自身的核心竞争力、赢得更多的广告客户，可能需要给出已有利且令人信服的承诺。承诺也会因市场地位及势力格局而发生改变，当趋于垄断地位时，平台处于"一言堂"的位置，主导着承诺的话语；而当趋于竞争格局时，平台则需要采取有效治理，超越竞争对手，重新给出令人信服的承诺，赢得广告主的信任。这一治理模式着眼于平台承诺真实流量的制度设计，且承诺会伴随市场反应而不断革新，我们将其称为"迭代式治理"。

7.3.5　广告流量欺诈治理案例中的效果分析

"诉源式治理"能够"连根拔起"严重危害平台信息系统的流量欺诈者或机构，没收其非法收益，追究其法律责任，获得赔偿。由于追踪的技术难度大、付出的人力成本、诉讼的法律成本与时间成本高，平台一般只会对涉及较大规模虚假流量及带来较为严重伤害的欺诈机构进行法律责任的追究。

"止损式治理"案例中，平台为了尽可能降低第三方机构（媒体、技术公司、竞争对手）曝光所带来的负面影响，一般会采取措施快速给出处理决定，向外界表明治理的决心。在某些情况下，平台甚至不顾掌握的证据是否充足，不顾处理决定是否合规。在此类事件的治理过程中，合作者的利益往往被牺性，平台也可能因为处置方法过于极端而陷入较多纠纷之中。

"迭代式治理"案例中，平台通过完善制度来解决行业内普遍存在的流量欺诈现象，以此稳固自己的核心竞争优势，从根本上、从长期解决流量欺诈的问题。但是这种治理行为需要市场博弈竞争的压力驱动，如若平台在广告领域的价值不可替代，仅凭自律较难实现流量承诺制度的完善与迭代。

7.4　对监管部门治理介入的启示

随着数字经济平台化趋势日趋明显，平台吸纳着越来越多的广告预算，主导着数字广告生态系统，在数字广告流量欺诈治理领域肩负着越来越大的责任。然而，平台角色与经济的复杂性使得平台治理行为多元，依情境而变。研究通过对全球互联网平台卷入的 22 起流量欺诈治理案例进行深入分析，纳入治理情境，将互联网平台的治理模式划分为"对抗—诉源式""弹性—止损式""承诺—迭代式"三类（见图 7-1）。

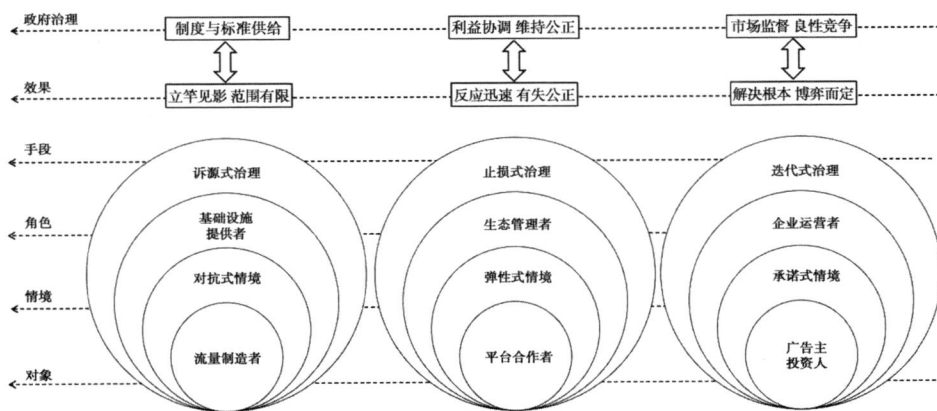

图 7-1　数字广告流量欺诈治理模式与监管部门介入

　　平台治理模式的分情境研究，对于探讨监管部门治理的介入有着非常重要的价值与意义。平台与监管部门的合作治理不应是相互覆盖、重复布局、彼此竞争，而是应根据情境的不同而相互弥补、各尽所能（张乾友，2014）。在每种情境下，平台治理无法深入、不便治理以及治理不足的领域应该是政府治理攻克的重点与难点。因此，根据不同情境下平台治理潜在的风险与可能遭遇的瓶颈，我们得出监管部门治理介入的时机与方式。

　　在"对抗—溯源式"治理模式中，监管部门应协助平台完成犯罪事实的搜集与诉讼、提供相关制度保障、建立完善的损失赔偿标准，与平台联手打击互联网流量黑色产业。

　　在"弹性—止损式"治理模式中，监管部门治理应鼓励更多第三方机构对平台治理进行监督与曝光，从外部向平台施压；监管部门应站在保护公众信息知情权的立场，要求平台内部建立对合作者的日常监督机制。在流量欺诈曝光之后，监管部门也应追究平台的管理责任，要求其退回涉嫌流量欺诈的平台收入，严重时需要对平台进行罚款。此外，监管部门应向平台处理不当、被侵犯正当利益的合作者提供一定的保护与支持。

　　在"承诺—迭代式"治理模式中，由于平台治理的动机来自市场竞争的压力，因此监管部门治理着眼于整个广告流量交易市场，监督并警惕整个市场的竞争与垄断程度，促进同类市场主体之间形成良性竞争。

❀ 本章小结

　　多元主体的协同治理是数字广告交易治理的显著特征。数字技术驱动下的广告治理难度已经远远超过传统广告时代的监管。单一主体的控制模式已经难以胜任数字广告治理，如何深入数字广告交易内部，通过机制设置，协调利益相关者之间的关系，从而实现数字广告生态系统的自我治理尤为关键。本章试着从政府公共部门与互联网平台两大治理主体在互联网广告流量欺诈问题上的治理角色及手段进行分析。在不同的治理情境下，互联网平台扮演着不同的角色，发挥着不同的治理作用，同时也存在系统缺陷。政府公共部门的治理并非事事亲自上手，而是在平台治理的薄弱环节与天然缺陷处，填补治理"漏洞"，一方面减少公共部门治理的资源投入与成本，另一方面充分调动广告交易主体治理能动性，使得协同治理不仅能够实现，而且能够有效消除问题，促进数字广告交易生态的健康与繁荣。

第8章

数字广告交易的技术治理：
以区块链与数据洁净室为例

借助数字技术来解决数字广告交易治理的难题，能够有效应对数字广告交易体系的复杂性，也能够缓解由于治理人手不足带来的压力。在第1章论及数字广告治理问题时，自然语言处理、计算机视觉等技术被广泛应用于数字广告内容的监测、识别与自动处理中。随着数字技术对广告的改变从前端向后台蔓延，数字技术的治理不再局限在对广告内容的管控，开始广泛应用于对数字广告交易过程中的数据进行治理，其中既有对虚假流量的治理，也有对用户个人信息保护的治理。在数据密集化的数字广告领域，数据驱动着数字广告完成精准识别、创意生成、定向投放、迭代优化等一系列智能化流程。数据治理格局的变化，势必颠覆数字广告的传统营销方法。其中，同意和透明度处于数字营销框架的最前沿。学者方兴东在探讨互联网治理时提出"数据崛起"，即互联网发展已经进入到以数据为中心的发展和治理新阶段。

本章将从应用于数字广告交易治理的技术介绍入手，并以应用数字广告交易流量欺诈治理的区块链技术以及应用用户数据安全流通的数据洁净室两项技术为例，讨论治理技术的原理、应用、治理效能，从而思考数字广告交易数据治理的未来境界，即以交易主体信任为中心、以价值创造为目标的数据收集与使用。

8.1　数字广告交易数据治理技术概述

8.1.1　交易前的验证与预警技术

数字广告交易治理的理想状态是"防患于未然"，让广告在交易之前就能够避开欺诈流量，不错失广告传播的最佳时机与节奏。这一操作大大优于在广告投放之后清理欺诈流量，追回浪费款项。随着反欺诈技术的成熟以及经验的不断累积，交易者可以在决定广告展示之前就能够初步判断此次展示所面临的欺诈风险。市面上有很多技术与信息、名单能够帮助其识别高欺诈风险。

1. 媒体端的验证技术

Ads.txt 是由 IAB 技术实验室推出的程序化标准，该标准用于改进程序化购买中的虚假流量与低质流量问题。该技术从媒体端入手，在媒体一端增加了一个 ads.txt，用于描述"这个媒体的流量会接入到哪些广告交易平台（ADX）""媒体在这些广告平台的账号 ID 是什么""媒体与 SSP（供应方平台）/ADX 中的账号是直接关系或委托代理"，以及 "Trustworthy Accountability Group（TAG）" 等信息。由广告主组成的需求方平台（DSP）可以根据这些描述核实验证广告交易平台的流量来源，防止欺诈者冒名顶替其流量，降低虚假流量的风险（Scott McDonald，2017）。

广告技术公司 Dstillery 推出全新专利技术 Rocket Fuel–benz–bot Dstillery，即利用"协同访问（c–visitation）"这一信息技术检测非正常流量的媒体。这一技术可以帮助广告主判断媒体是否被大量虚假流量占具。该技术的核心原理就是判断网站是否有高比例的相同访客，如果占比过高，这一网站的流量可能存在异常。根据技术人员的经验观察，在正常情况下，即使同一题材的两个网站，其受众的重叠率一般都不会超过 10%，更别提两个不同题材的网站。如果两个网站的受众重叠率过高，由此可以判断这些网站大部分由机器人访问，而不是自然人类（Kantrowitz & Alex，2014）。这一监测结果可以提示广告主主动避开最明显的僵尸泛滥的网站，不对这些可疑活动的网站竞价。

2. 客户端的验证

有很多方式能够帮助广告主和 DSP 平台判断即将竞标的广告展示机会的风险，而这些都是建立在过往的反欺诈的经验之上的规律判断。例如，在数字广告交易之前，当有属于异常 IP 库的流量访问时，广告平台可以将其进行过滤处理，不参与异常 IP 的流量竞价，进而从广告投放的源头避开虚假流量。这一技术是在源头对形迹可疑的用户进行风险评估与预警，在交易前就将此类可疑流量清除。

这项技术的落实依赖于异常 IP 库的建设，通过对可疑用户的 Cookies 进行分析，从而判断 IP 地址背后的用户是否是自然状态下的人类用户。在长期的监测与分析过程中，技术商可以不断积累异常 IP，并将其添加至黑名单，通过不断更新与累积建立异常 IP 库。所有来自同一主机的 IP 在经过确认后也会被安装后续事件分析机制，通过不断跟踪和鉴别加入黑名单。此外，异常 IP 库的建立仅靠每个平台单独建设并不够完善，理想化的解决方案是权威机构以中立的立场召集市场的多元主体共同建设与共享使用。值得注意的是，对异常 IP 地址发来的流量及竞标询问，其识别与判断速度应该能够帮助广告主在毫秒级的时间内完成决策，预警不能够影响广告投放的响应速度。

8.1.2　交易中的过滤与控制技术

1. 限频规则

频次也是识别异常流量的指标，当单一 IP 地址的访问量过于频繁时，系统也会将其视为异常情况，从而设置限频规则，例如有效时间内一个用户 / IP 地址不管点击多少次，均统计为一次点击。此外，这一思路还可以应用于对来自同一时段、同一地区的异常高频流量的细节分析，当其远远偏离正常情况时，系统会将其列为异常访问，限制费用的计算，切断欺诈行为的经济收益。

2. 图灵测试

为了确保广告是被真实的人类看到的，图灵测试技术也被应用于广告交易过程中的真人用户验证中。例如，交易者可以通过 CAPTCHAs（图片验证码，全自动区分人类和计算机的图灵测试），判断广告是否投放给了人类用户。如果一个用户解决了 CAPTCHAs，那么他就是真实的人类。广告技术公司 AreYOUAHuman 在视频网站上开发了一种广告形式，用户通过在观看视频前拖拽广告中的图片证明自己是人类用户，同时也通过这种拖拽互动行为强化品牌信息（Association of National Advertisers & White Ops，2019）。

8.1.3　投放后的分析与清除技术

当广告展示完成，系统将会给广告主回传一条监测日志，通过分析监测日志中的参数信息，并比对正常的访问情况，对数据的性质与逻辑进行深入分析，发现可疑之处，进一步清除异常流量。

针对监测日志的推理需要依靠强大的算力，由于监测日志非常庞大，单纯依靠人工审核是不可能的，需要借助算法。

1. 对用户阶段行为的分析

广告平台可以制定相关规则，将原始投放结果（监测日志）对照规则进行一一过滤。例如，在 PC 端或移动端对某个广告行为产生的时间、频率、平均访问时长、平均访问深度、用户路径以及流量的核心转化等方面进行分析，分析异常情况，并将其进行过滤，最终得出广告效果数据。

从整体数据的异常程度来做判断。例如，广告商可以根据目前的传播环境，判断点击率在多大范围是正常的，偏离正常范围则被认为是异常的。如果同一 IP 地址产生了大量的竞价请求、曝光和点击，比如单个设备码流量请求、曝光数异常高，会被视为异常流量。

一般而言，用户行为遵从"漏洞模型"，即随着行为阶段的推进，越到后面的阶段，用户的人数越会逐渐减少。如果异于这种情况，就要引起格外注意，分析其原因。此外，从归因的时间异常也可以进行判断。按照通常情况，一些行为应该在之前发生，一些行为应该在之后发生，如果先后顺序产生异常就要引起注意。例如，如果点击时间点在曝光时间点之前或在曝光之后很长时间才回传，抑或广告点击并没有对应的曝光请求，就很有可能是作弊行为。

2. 对用户设备的分析

技术商还可以从用户客户端回传的设备信息来判断是否存在异常情况。例如，如果存在浏览器冲突，如苹果手机客户端使用安卓系统的浏览器，或者屏幕的鼠标移动轨迹或者点击热力图不正常，又如手机的陀螺仪是否晃动、手机的电量情况。技术人员可以从点击坐标分布异常情况进行判断。技术商可以在投放广告模板收集点击坐标，日志分析后在素材上重绘点击热点图，如果点击分布过于集中就有可能存在作弊行为。

3. 对转化效果的分析

广告主可以根据行业规律及现象，确定一个作弊阈值。正常来说，点击行为是会有一定转化的，比如说点击到激活的转化可能是百分之几，如果出现千分之几或万分之几的情况，甚至出现点击量多而转化率为零的现象时，就可以怀疑存在作弊行为。

广告主可以通过分析，清除所有异常流量之后再付款。此外，平台还可以确保即使是交易前竞价，平台也能够提供追回广告费用的保障。

8.2 区块链在广告数据治理中的应用

麦肯锡咨询公司曾在《区块链——银行业游戏规则的颠覆者》（2016）一文中，将区块链技术评为继蒸汽机、电力、信息和互联网科技之后，最有潜力触发第五轮颠覆性革命浪潮的核心技术。作为一种公开、透明、去中心化的数据库，区块链技术适用于生活的方方面面，已在医疗、教育、航空、金融、社交、游戏、广告营销等领域开始广泛应用。本节将从区块链的技术原理、在广告交易中的应用、治理效能及不足三个方面展开讨论。虽然应用于解决数字广告交易问题的技术很多，区块链无疑是被寄予厚望的对象。

8.2.1　区块链的技术原理

区块链（Blockchain）来源于化名为"中本聪"的神秘学者于 2008 年发表在 metzdowd.com 网站的密码学邮件列表中的一篇论文《比特币：一种点对点式的电子现金系统》（*Bitcoin: A Peer-to-Peer Electronic Cash System*）。论文中描述了如何创建一套去中心化的电子交易体系，使交易并不需要建立在双方相互信任的基础上。

国内很多研究的定义都参考了中国区块链技术和产业发展论坛发布的《中国区块链技术和应用发展白皮书》（2016）。该白皮书从广义与狭义两个层面对区块链进行了界定。从狭义上来说，区块链是一种按照时间顺序将数据区块组合起来的块链式数据结构，并以密码学方式保证其不可篡改和不可伪造的分布式账本。从广义上来说，区块链是利用块链式数据结构验证与存储数据，利用分布式节点共识算法生成和更新数据，利用密码学的方式保证数据传输和访问的安全，利用由自动化脚本代码组成的智能合约编程和操作数据的一种全新的分布式基础架构与计算范式。

由此可见，区块链并不是一项技术，而是许多技术，如非对称加密技术、时间戳和共识算法、智能合约等技术的创造性集成。高盛 2016 年发布报告《区块链：从理论走向实践》（*Block chain: Putting Theory into Practice*）解释区块链应用于交易的具体过程。区块链被视为本质上全新的数据库技术，通过共享的分布式数据库记录各方交易，增强透明度、安全性及效率。对它的理解顺序：区块链是一种特殊的数据库，数据库的备份由多个地点或节点保存；区块记录着两方或多方的交易细节信息，如买方、卖方、价格、合约条款和其他信息；全网通过组合共同交易信息和特定两方或多方的独有签名加密验证。双方若达成交易，在交易时便会创建各自的数字签名，使用加密技术——密钥，用以验证交易双方的身份及所有权。如果所有节点都写入同样的结果，交易就是有效的，才能够被加载到之前的交易链条上。如果区块无效，节点间的"共识"会纠正不相容的节点。当交易发生之后，这一笔交易就会被加上时间戳和散列，被放置在区块链的特定地址，所有人都可见，由此证明交易真实存在。

区块链的加密验证交易会验证涉及交易的各方身份，如果交易没有得到同意，交易是不能够加到区块链上的。此外，加密技术使得交易不需要第三方参与，有效地解决了交易的信任问题，并提高了交易效率。去中心化的点对点网络减少了遭受恶意攻击的可能性；时间戳和分布式存在增加交易的透明度，使其具备不可逆性和不可篡改性。确保恶意参与者不能够更改交易历史记录。

总体来说，区块链作为一种底层协议或技术方案，力图实现交易系统内所有数据信息的公开透明、不可篡改、不可伪造，以及可以追溯，从而解决交易中的信任问题。因为这一技术的颠覆性，全球各大科技巨头，如甲骨文、微软、IBM、亚马逊，阿里巴巴、百度、腾讯、华为、京东，加速在区块链领域布局，众多区块链创业公司也纷纷崛起。

8.2.2　区块链在广告交易治理中的应用

由于数字广告交易过程隐蔽、链条延长、分散且频繁，致使数字广告交易超越了人类经验感知，变得"不可见"，出现了数据孤岛、虚假流量、广告干扰与拦截、合同纠纷以及隐私担忧等摩擦，产业链上的各方缺少信任，需要为交易额外支付广告交易验证、数据监控的费用。区块链技术的诞生，也被视为解决数字广告交易问题的重要手段。数字广告领域的行业组织及协会聚集大量广告技术专家，讨论区块链技术将如何推动数字广告交易中的身份验证，减少预算浪费、消除中介和欺诈性流量（田曦，2019）。

1. 在数字广告流量欺诈治理中的应用

流量欺诈已使数字媒体丧失了广告主的信任，导致媒体的购买量下降。

区块链允许多方通过共识机制进行协作，而不仅仅是依赖信任，随着每个区块按时间顺序被添加到链条上，形成了一条不可逆转的数据链，从交易源头到终点显示着这一过程中发生的每起事件。这一分布式、去中心化的账本面向交易链上的所有主体公开，能够有效减少由于数字广告交易链条延长所带来的责任推脱，每个节点上的交易主体都能够对交易链上下游的情况进行清晰查看。交易信息最后被存储于区块链的分布式系统，广告主可以审核每个广告、每个展示，并只与符合需求的注意力交易。区块链的可追溯性与不可篡改性，也使恶意欺诈行为无处遁形，帮助品牌与消费者之间依靠技术背书建立信任，达成共识。

区块链公司 MetaX 利用分布式账本技术开发了两款应用程序——Ads.txt Plus 与 Adchain。前者主要应用于媒体广告资源管理，通过提供媒体发布商以及其数字分销商可以公开访问的记录，明确谁有权出售广告资源，从而避免同一广告资源被重复售卖，增加数字广告交易的透明度。[①] Adchain 是 MetaX 发起的区块链分账目协议，通过创建可靠和透明的解决方法，广告交易双方无须依赖信任就可以进行交易。一方面，该账户存储了细分受众的相关数据，广告主可以在该应用上查找合适的目标受众，以及可以接触这些目标受众的媒体广告资源。另一方面，通过在广告素材上添加代码，广告主不仅可以了解广告展示次数，还可以提供详细的广告追踪记录，可供广告主访问与查看所有交易数据，追踪与验证广告在哪里被展示、被谁观看、转化率以及预算的花费情况。与广告交易活动相关的所有行为数据都被存储在分布式账户中，并以加密的方式供广告交易链条上每个批准展示广告的参与者观看。分布式账本，没有中心化控制方，没有单点失败，因此，所有记录的数据都是安全的且无法篡改的。[②] 区块链技术还可以杜绝机器人建立虚假的媒体账户，窃取企业的广告费用。社交媒体上的虚假账户泛滥，曾有报道称，全球最大的社

---

① IAB Tech Lab.What Is the ADS.TEXT Project? http://iabtechlab.com/ads-Txt-about.
② Hof R. How MetaX Plans to Use Blockchain to Stop Ad Fraud. https://www.forbes.com/sites/roberthof/2017/03/21/how-metax-plans-to-use-blockchain-to-stop-ad-fraud/#7cd5144559da.

交媒体网站脸书在 2019 年第一季度删除了 22 亿个虚假账户，这个数字已经等同于该平台一季度由真实人类注册的真实账号数量。据《华盛顿邮报》报道称，2018 年 5 月，推特几乎每周会识别 1000 万个可疑账户，并会对所有可疑账户进行安全检查。在两个月内，推特删除了近 7000 万个僵尸账户。Keybase.io 是一家致力于解决社交媒体欺诈问题的公司。该公司利用区块链技术确认社交媒体账户是否为真人账户，从而在广告交易中排除社交媒体上机器人账户所产生的流量（Harvey C. R., Moorman C., & Toledo M，2018）。

2. 在促进数据要素流通中的应用

数据被视为数字时代的石油，也是数字广告生态系统的命脉。良好的数据是企业的重要资源，也是其竞争优势的重要来源。由于商业利益、竞争关系以及个人信息保护，很多平台与企业建立了各自的围墙花园，数据被割裂成大大小小的孤岛，严重阻碍了数据的融合与要素价值的发挥。在相对封闭的数据市场上，市场各方都掌握着消费者有限且碎片化的信息，虽然数据量大，但是每条数据的信息量却很小，数据存在断层，无法形成关于消费者全面且准确的认知，这也使得数字广告交易定向功能的发挥大打折扣。

作为分布式账本，区块链也可以记录用户的信息，通过隐去个人身份信息，确定数据标准，从而串联市场上其他主体的信息，在保障用户数据权益与隐私安全的前提下打通数据。

研究者 Steve Olenski 也注意到为了提升营销精准性，几乎每家企业都要收集用户各方面的基础数据，如性别、年龄、收入等。对于收集者与被收集者而言，这一工作的过程烦琐、重复、复杂且费时。经用户同意之后，这些用户档案信息可以通过区块链在广告商之间共享，从而解决档案信息冗余及数据孤岛的问题。[①] IBM 的区块链开源项目 hyperledger 就是针对数据孤岛，为想要打通数据的企业提供区块链技术解决方案。

---

① Olenski S. Why Digital Advertising Needs a Blockchain Solution［EB/OL］.（2018-02-06）
［2023-02-22］.https://hackernoon.com/why-digital-advertising-needs-blockchain-
2a9ffbea8db2?gi=80c274681173.

3. 在保护长尾市场参与者中的应用

长尾市场是数字广告交易的新增市场，但是由于大量流量与营销费用流向平台，分散的媒体、自媒体以及中小广告主在市场地位中处于弱势，一旦发生合同纠纷，其权益往往得不到保障。

区块链的广告交易是基于智能合约，明确监控每次交易的事件，并将其记录下来上传到区块链上，可供链条上的所有节点查看。整个链条上的数据都是透明的，每次交易均基于智能合约，大幅减少了上下游交易节点，避免合同纠纷。由于区块链中的每一个区块要连接到链上必须引用之前的区块，并且被复制到整个链上的每个节点上，因此，区块链具有不可篡改性。这就能有效促使弱势交易主体在面对科技巨头时拥有话语权。

区块链上的分布式账本将充当真相的唯一来源，为广告主本身和媒体创造无可争议的透明度，这将有助于在对账期间获得更高的准确性，避免合同纠纷。媒体集团 Salon Media Group 与 IBM、AdLedger 合作开发了一项用于广告活动对账的区块链项目，以增加其广告资源的透明度。[①] 另一家基于区块链的广告系统 BitTeaser 致力于降低流量交易的门槛，让流量很低的网站与自媒体也有机会参与到广告交易之中。该系统通过去除中间环节，让广告主与网站、自媒体合作，为广告主节省支付给媒介代理商的佣金及平台抽成费用。为了保证流量的真实性，广告交易并不是以用户的 IP 计算，而是以观看者和点击者的数字身份验证。

4. 在用户交易权益保护中的应用

在数字广告交易中，用户的"注意"才是注意力交易的终点。被广告严重干扰的用户开始采取各种手段回避广告，如在浏览器中安装广告拦截软件、为了避开广告而付费开通会员服务。没有用户注意力交付的广告交易注定是失败的，是对广告费用的无效消耗。与此同时，广告收集了许多用户数据，

---

① Lacy L.IBM Is Betting on Blockchain to Provide Transparency in Media Buying.https://www.adweek.com/digital/ibm-is-betting-on-blockchain-to-provide-transparency-in-media-buying.

用户对于越来越多的行为数据被第三方平台控制，而无法掌握自己的数据这一状况越来越不满，希望能够控制自己的数据。

Brave 浏览器除提供新级别的隐私和安全保护以外，还启用了区块链系统，旨在改变用户、广告商和内容创建者之间的关系，提出了"基本注意力代币"（Basic Attention Tokens，BATs），消除第三方广告交易，其为基于区块链的广告平台的代币，可以通过保护用户隐私，减少广告欺诈以及通过向用户分享收入奖励用户的注意力，改善在线广告质量。该浏览器允许出版商、广告主将增值服务货币化，以获得广告交易的顺利进行。注意力代币意在补偿用户花在广告和自愿可定位信息上的时间。注意力代币允许广告主直接与用户进行交易，并支付交易费用。在交易费用的激励下，用户会有动力在网上发布真实、准确的社交资料，如说明感兴趣的内容等。广告主将会为用户的数据付费，为注意力交易的最终达成付费，而不再是将营销费用支付给社交媒体中间商。当目标消费者被识别为高价值客户，激励机制也会相应提升。

专注于购物营销的区块链平台 Shping 宣称计划建立一个全球产品数据库，允许零售商和消费者之间建立更加直接的联系。用户可以通过数据库查看与其需求相关的产品信息，如质量评审、真伪信息。平台同样也在追踪用户的个人数据信息，并向消费者支付加密代币。与用户数据与注意力的直接交易让消费者作为直接的交易方进入到广告交易中，让消费者意识到他们可以依靠个人数据来获得奖励的办法，因此，在管理和共享数据方面会更加明智。当用户对他们的个人信息和行为的关注度越高、限制越严格时，这些科技巨头对他们的创收机制的影响就越小。

区块链技术正在改变用户数据的利用方式。基于区块链技术而建立的去中心化数据市场 Wibson 为数据所有者提供分享个人数据并从中获利的方法。在该交易平台，用户以安全、匿名的方式出售自己的信息。平台促成数据所有者与数据需求者之间的交易，确保买卖双方从数据交易中获得应有的收益。区块链搜索引擎 BitClave 为用户的搜索广告行为提供 BitClave 币奖励。BitClave 创始人兼首席执行官 Alex Bessonov 表示，过去搜索引擎免费获取用户数据的方式，将逐渐被有偿的数据获得方式取代。企业必须向数据所有者支付相应的报酬，才能够将广告活动传递给目标受众。

此外，为了保护用户的隐私，区块链技术还为用户提供了加密和保护其数据的手段，用户可以选择谁可以访问他们的信息，Wibson 首席执行官 Mat Tavizano 表示：区块链的优点在于它能让消费者控制个人数据的使用方式、位置和时间，从而支撑整个去中心化消费者数据市场。IBM 数字机构 iX 全球营销执行合伙人巴布斯·郎格亚认为，借助区块链的密钥，包括公钥和私钥，消费者可以自主选择他们愿意提供给营销人员的信息，这些信息可以有效提升营销者的效率，同时可以有效保障消费者的隐私，并且消费者能借助激励机制获得相应的收益。

区块链的去中心化特性能够吸引被屏蔽于销售体系和生产体系之外的消费者参与其中，商家不只是向消费者销售服务及产品，而是同消费者一起生产、设计、创新和创造。伴随着基于区块链技术去中心化的品牌孵化、推广和消费的数据资产平台，第一个专业的区块链应用生态平台欧特链（OTT）的建设落地，消费者参与品牌共创的前景可观。欧特链项目发起人介绍："品牌星球作为欧特链全球首款 DAPP（去中心化应用），是全球首款基于区块链的品牌价值共享平台，将通过品牌建设任务分发、社交分享等形式，把亿万新中产与数以百万计的个人品牌、小众品牌、区域品牌、网红品牌、中型品牌连接起来，让人人参与品牌建设，致力于打造一个消费升级时代的优质生活圈。"此外，区块链通过搭建去中心化的数据交易平台，对接数据买卖双方。品牌的广告投放直接面对用户，收集他们愿意分享的数据，并支付相应的报酬，实现用户的注意力变现于自身。这种价值体系的建立，有效保护了用户的隐私，保障其权利不受侵犯。

不过，利用区块链技术，无须中介商家就可使用微支付来激励消费者分享个人信息。例如，一家连锁杂货超市可以为安装其 APP 的消费者提供 1 美元的奖励；如果消费者同意启用位置跟踪功能，还可以再得到 1 美元的奖励；如果消费者打开 APP 的频次为"每天 1 次"，并在上面花费至少 1 分钟的时间，零售商就可以支付几美分或者商店的积分以奖励顾客的忠诚度。在此期间，商家会向消费者推送促销和特惠信息。

事实上，消费者定制开启了一些合法的营销机制，譬如，提供个性化的营销或价格，这就是消费者自愿提供各种数据的最主要价值之一。这种来源于真实消费者数据的营销预估方法，不仅会减少一些匿名推销所带来的欺诈风险，而且也会降低由于消费者信息不完整、不准确所带来的各种推广 APP 应用的困扰。

与上述推广使用 APP 方法相同的手段也可以用于"智能协约"（一种虚拟协议，由于有区块链技术的支持，无须中间人进行确认、审核和验证身份）营销中。基于区块链技术，消费者在订阅电子邮件、收藏注册奖励计划时就会激活这个"智能协约"，之后，每当消费者与电子邮件或广告互动时，小额激励就会自动存入消费者的钱包。类似的模式可以用于网站推广广告业务中，即通过补偿激励消费者为每个广告页拉动浏览量。

有了区块链技术的支持，营销人员可以重新思索自己的广告、营销推广和收入模式，即对于关注营销、广告的消费者，可以直接向他们支付"小额度的激励"，当然，这种手段也会摆脱谷歌或脸书这些广告发布中间层。

除了提供增强的安全性和效率外，广告触达数据的代币化可以帮助创建平台，用户可以通过观看广告而获得补偿（Ghose，2018）。广告主可以通过区块链提供的可靠信息来确定谁实际上接触到广告信息（Rejeb et al.，2020）并追踪其后续行为来改善定位。

8.2.3　区块链技术的治理效能及不足

尽管区块链技术在解决数字广告交易不透明问题上被寄予厚望，但是这项技术的功能得以发挥作用还需要更多的时间。

目前，该技术尚处于概念的验证阶段，无法支持生态系统下大量的广告交易。数字广告交易，尤其是程序化广告交易，对于交易速度有极高的要求，一般是毫秒级的，否则就会影响广告的展示效果。目前，大多数实时竞价广告的交易过程都是不到 100 毫秒级别，大部分都在 75 毫秒以内。然而，目前区块链的处理速度相对来说仍比较慢，据统计，大概每秒处理 20 项交易的速度，很难为实时竞价的广告交易背书。该技术目前的成本较高，成为广告交易的普通解决方案还需要进一步优化，降低成本，提升效率。

此外，该技术目前在广告交易治理领域的应用还比较初级，尚处于探索之中。对于广告主来说，虽然讨论很多，但是由于技术门槛的存在，对该技术仍然比较陌生，不容易被理解，很多广告主尚未认识到区块链技术为何可以缓解他们对未披露的费用、广告技术税、欺诈和不透明交易协议的担忧。

8.3 数据洁净室在广告数据治理中的应用

本节以数据洁净室这一数据合规技术为切入口，通过展示该技术产生的行业背景、技术原理、价值创造及局限性，系统梳理数字广告行业数据治理的演变脉络，从而预测数字广告行业未来的发展趋势。

8.3.1 告别第三方 Cookie 的时代

伴随着世界范围内个人数据与隐私立法、执法、合规的浪潮来袭，数字广告告别野蛮生长，全面进入数据合规时代。例如，欧盟发布《通用数据保护条例》（GDPR），美国颁布《加利福尼亚州隐私保护法》（CCPA），我国也相继颁布《网络安全法》《数据安全法》《个人信息保护法》，对数据合规提出了新的要求与规范。合规技术被视为最直接、见效最快的治理路径。数据洁净室、人工智能与机器学习、区块链、智能合约平台等技术被引入广告数据治理领域，抑制机会主义行为。

诞生于 1993 年的 Cookie，是网站服务器存储于客户端硬盘或内存并可读取的少量数据，用于识别用户身份，记录用户上网行为（胡忠望、刘卫东，2007）。该技术的初衷在于方便用户登录，提升用户的上网体验，由于其与生俱来的行为追踪属性，使其在数字广告精准营销领域大显身手（严威川、郭娟，2013）。数字广告的广告主正是凭借 Cookie 来定位与追踪受众，从而根据浏览行为与兴趣投放更具针对性的广告，了解广告的投放效果。

第一方与第三方 Cookie 的区别在于，Cookie 中的域名与被访问的网站的域是否一致，一致则为第一方 Cookie，不一致则为第三方 Cookie（吕芹，2014）。第一方 Cookie 是由访问网站收集、用以提升用户的上网体验，而第三方 Cookie 整合不同网站的访问记录，可用来反映用户的跨网站访问行为，因其追踪的用户行为数据轨迹更加完整，方便广告的跨域投放而被营销人员所重视。

然而，第三方 Cookie 所暴露出来的隐私安全担忧，让许多浏览器平台面临数据合规的压力。"去 Cookie 化"已经被许多互联网公司列入数据治理的日程表中。火狐浏览器从 2019 年开始默认阻止第三方 Cookie，苹果 Safari 浏览器与谷歌 Chrome 浏览器也在 2022 年先后宣布逐步取消对第三方 Cookie 的支持。这意味着，长期依靠 Cookie 收集个人用户数据的广告市场需要寻找精准营销的新方法，建立在传统数据收集方法之上的数字营销方法，或因数据政策的变化而面临颠覆。数据洁净室（Data Clean Room，DCR）就是其中一种可行的技术解决方案。

8.3.2 数据洁净室的技术原理与实现方式

数据洁净室指的是一种隐私安全的计算机环境，它能够隐藏个人身份信息（Personally Identifiable Information，PII）并防止敏感结果的导出。数据洁净室帮助广告商以一种隐私安全的方式访问他人的第一方数据，探索与分析原本无法访问的数据，为定向投放广告提供可靠依据（CDP Institute，2021）。

如图 8-1 所示，数据洁净室的实现方式有三种：第一种是科技巨头或独立平台为广告主提供的数据洁净室服务；第二种是广告主之间通过数据洁净室共享彼此的第一方数据；第三种是拥有规模与资金优势的品牌自建数据洁净室。其中，第一种是最为常见与主流的方式。

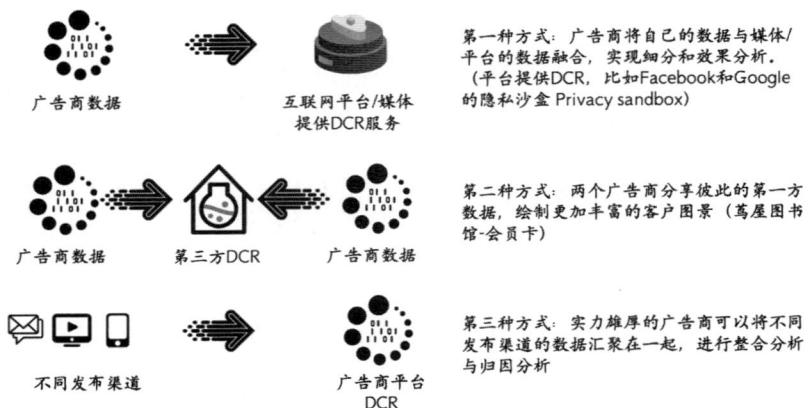

第一种方式：广告商将自己的数据与媒体/平台的数据融合，实现细分和效果分析。（平台提供DCR，比如Facebook和Google的隐私沙盒 Privacy sandbox）

广告商数据 → 互联网平台/媒体提供DCR服务

广告商数据 → 第三方DCR ← 广告商数据

第二种方式：两个广告商分享彼此的第一方数据，绘制更加丰富的客户图景（茑屋图书馆·会员卡）

不同发布渠道 → 广告商平台DCR

第三种方式：实力雄厚的广告商可以将不同发布渠道的数据汇聚在一起，进行整合分析与归因分析

图 8-1　数据洁净室的三种实现方式

1. 平台建设的数据洁净室

掌握大规模用户数据或是技术领先的平台是数据洁净室的主要推行者。目前，能够提供数据洁净室服务的平台主要分为两类：一类是拥有大量用户与海量优质数据的科技巨头公司，如谷歌、Meta、亚马逊、阿里巴巴、腾讯等；另一类是以隐私安全技术与跨平台整合见长的独立平台，如 AppsFlyer、Snowflake、链睿（LiveRamp）、InfoSum、Aqilliz 等。

谷歌广告数据中心（Google Ads data hub）是科技巨头公司提供数据洁净室服务的一个典型代表。它是一个基于谷歌云的隐私安全数据仓库解决方案，数据来源植根于谷歌生态。广告客户可以在平台内使用来自 Google Campaign Manager、Display&Video 360、Google Ads 和 YouTube 等多方的大数据，定制不包含用户身份信息（PII）的自定义报告。品牌通过将自有数据与谷歌数据整合，发掘数据洞见、提高广告效率。品牌与谷歌之间互不共享隐私敏感数据，但也能够实现精准营销的目标（Ben Wood，2021）。类似地，亚马逊营销云（AMC）也提供数据洁净室的服务，它通过匹配和分析广告商的数据集和亚马逊广告活动的数据集（Donnie Prakoso，2023），帮助企业实现跨媒体广告投放的价值。

2021 年 10 月，迪士尼广告销售部门建立了自有的数据洁净室，为合作的企业提供了更好的数据共享解决方案。在这一数据洁净室内，各品牌可以利用自有的第一方客户资料，与迪士尼数据库内的资料进行结合，由此衍生出适合自己的策划方案。迪士尼数据洁净室由储存着迪士尼所有第一方数据的 "Disney Select" 提供数据支持，可为品牌提供丰富的用户行为与心理数据资源，帮助品牌强化原本自有数据的价值，更精准地过滤出自己的目标用户（Disney Advertising Press，2023）。在这一过程中，其他数据拥有者与迪士尼的数据都是匿名与安全的。

国内的互联网巨头也打造了自己的数据洁净室。例如，阿里在 2017 年推出品牌数据银行。品牌可以将站外媒体推广沉淀的消费者数据加密后上传到数据银行，与阿里云数据库中的数据进行匹配，实现针对优质潜客人群的后续再运营（中国日报，2017）。腾讯数据智库也推出了类似服务，通过技术手段，将数据使用权和所有权分离，通过其数据管理平台实现数据使用而无须转移数据所有权（中国日报，2019）。

而另一类数据洁净室服务平台则以技术优势与跨平台整合的可能性作为自己的独特卖点。谷歌、阿里巴巴等大型科技公司构建了基于自己平台生态的 "围墙花园"，但是当品牌需要跨平台投放广告时，这种围墙花园式的数据洁净室可能限制品牌构建完整的用户画像。而 AppsFlyer 等独立平台试图打造全渠道数据洁净室，它们不存储任何 PII 数据，仅将多渠道数据汇总后反馈给品牌（AppsFlyer，2023）。

总体来说，广告商通过平台的数据洁净室服务，在数据不出门、客户隐私不暴露的情况下，将自有第一方数据与平台持有的第三方数据进行整合，从而实现市场细分和广告效果分析。

2. 广告商之间共建的数据洁净室

数据洁净室的第二种实现方式是两个或多个广告商之间进行数据共享，分享彼此掌握的第一方客户数据，创建一个比任何参与者自有数据集都要更大、更全面的受众文档，从而构建更加丰富的用户画像。一般来说，品牌间的数据共享可以通过第三方的数据洁净室来实现。数据洁净室是合作伙伴在规定的限制下将数据汇集在一起进行联合分析的场所。各方数据所有者将第一方数据放入同一个中立的"房间"，并在敏感信息加密的条件下进行数据的安全共享。

品牌间的数据共享能够拓宽品牌对其目标用户群体的理解，提升品牌营销活动的针对性，日本的茑屋书店就是品牌、企业间数据共享的受益者。茑屋书店在 2003 年建立了 T-card 会员积分体系（T-Point）。在随后的发展中，茑屋书店不断利用积分兑换业务同多个大公司开展业务合作。目前，T-card 积分体系的会员卡覆盖了日本 50% 的国民，囊括了全日本 168 家公司、64 万家店铺，包括日本最大的加油站、消费者身边高频的宅急送、全家便利店等，成为一个覆盖衣食住行的通用货币。茑屋书店母公司 CCC 集团收集了大量且全面的用户数据，并将用户消费记录细分为 300 多个维度（李云龙、曾楠，2022）。由此可见，不同企业或品牌自身一般只掌握消费者的部分数据，甚至是碎片化的数据，即使消费者数量规模庞大，但品牌掌握每个消费者的信息量有限，数据的信息价值非常有限。

品牌间通过数据洁净室进行数据共享，在保障第一方数据的隐私安全的前提下，将消费者碎片化的信息以拼图的方式拼出更立体的消费者画像，帮助品牌全面了解消费者的需求与偏好，锚定目标消费者。

3. 广告主自建的数据洁净室

具有雄厚资本与海量用户数据的品牌也在建立自己的数据洁净室。2019年，联合利华为解决各大围墙花园之间数据不互通、广告效果衡量指标不统一的问题，建立了一个全渠道的数据洁净室（omni-channel data clean room），打破了平台、渠道间的数据壁垒，聚合了来自数字、电视和社交媒体平台的广告活动数据（Unilever，2019）。这些数据经过联合利华数据洁净室的处理，不包含个人身份信息，以一种隐私安全的方式帮助品牌评估其在出版商、平台和屏幕上的覆盖面和影响。同时，也能有效减少同一广告在多个平台上的重复曝光，优化消费者的在线体验。

同时，数据洁净室还可以方便企业在内部共享数据。来自不同部门的用户数据被删除最敏感的信息，隐藏可能暴露敏感分析结果的数据，降低隐私侵犯与数据泄露的风险。

8.3.3　数据洁净室的治理逻辑与局限性

数据洁净室的解决方案是以保护用户隐私安全的名义，保障数据分享、流通与使用，是数据治理"折中"方案的典型代表，代表着未来数据治理的核心逻辑。一方面，它没有因为单方面保护用户的隐私安全，禁止数据的流通与使用；另一方面，也没有因为行业发展的诉求而忽视怠慢了用户数据保护的诉求。在第三方 Cookie 时代，被忽略的用户力量回归到数据治理的博弈之中。

数据洁净室虽然提供了保护用户隐私安全的数据解决方案，但它只是数据流通与使用的底线，并不能够提升用户准许数据使用的意愿。随着用户数据保护意识的觉醒，用户在数据共享与授权方面逐渐变得更加谨慎与精明。因此，数据洁净室在数据治理方面有其局限性，虽然其解决了用户数据准许使用之后的后顾之忧，但是并没有增加用户准许使用的动机，没有收集新的客户数据。

我国《个人信息保护法》第十四条与第十六条明确规定：在用户同意的情况下，平台才能够采集与使用数据；且平台不能因为用户不提供数据而拒绝提供产品或服务。这意味着，平台"以服务换数据"的数据获取方式已经不再适用。随着数据治理政策的收紧，用户数据保护意识的提升，数据收集者与使用者保护用户数据安全与隐私安全只是底线，而为用户创造更高的价值，才能激发用户的数据授权使用的意愿，促进数据市场的繁荣。

8.4　数据治理的未来境界

从第三方 Cookie 的淘汰，再到保护用户隐私的数据洁净室，数字广告数据治理已经告别野蛮生长，全面进入数据合规时代。而数据治理并不应止步于此。在未来，数据治理应该在企业负责任地使用数据、建立用户数据信任的基础上，鼓励用户主动分享数据。这种意愿建立在消费者从数据的分享与授权使用中能够获得价值的前提下。

我国相关法律政策鼓励为数据提供者分配利益。2022 年 12 月，中共中央、国务院发布《关于构建数据基础制度更好发挥数据要素作用的意见》，鼓励企业采用分红、提成等多种收益共享方式，平衡兼顾数据来源、采集、持有、加工、流通、使用等不同环节相关主体之间的利益分配。这是国家政策层面对个人、企业、公共数据分享价值收益的方式进行的初步探索。2023 年 7 月，中共北京市委、北京市人民政府印发《关于更好发挥数据要素作用进一步加快发展数字经济的实施意见》，提出探索个人以按次、按年等方式依法依规获得个人数据合法使用中产生的收益。这一实施意见进一步明确了个人可以通过提供数据，获取相应收益。

在个人数据合规使用、规范交易、合法收益的政策背景下，2023 年 4 月，全国首笔个人数据合规流转交易在贵阳大数据交易所场内完成。好活（贵州）网络科技有限公司在确保用户数据可用不可见的前提下，将用户简历与用工单位进行交易，个人用户能够通过平台获得其个人简历数据产品交易的收益分成（贵州省大数据发展管理局，2023）。在这一过程中，用户不仅能享受简历精准投送的服务，还能获取提供数据所得的经济效益、共享数据创造的价值，实现从"我的数据我做主"到"我的数据我受益"的升级。智己汽车推出用户数据权益计划（CSOP），即如果用户同意授权数据，将获得可用于兑换软硬件的升级服务"原石"（第一财经，2021）。通过这一计划，用户能够通过与品牌共享数据，赋能创新发展的价值。

互联网的发展已经不再处于过去单纯依靠资本驱动的阶段，数据保护上升为整个社会的基本意识和观念。进入数智时代，我们更需要关注数据背后的权力边界与利益分配。作为重要的生产要素，数据不只为资本服务，数据也需为公众、消费者服务，从而避免陷入"监控资本主义"的发展困境中。

在数据洁净室等隐私计算技术的帮助下，我们期望在未来，数据治理能够减少数据流通中的摩擦冲突，增进多方互信与利益共享，让越来越多的消费者愿意与品牌、平台共享数据，在数据共享中提升数据要素的价值，也获得相应的回报，从而实现数字广告生态的健康与繁荣。

此外，数据治理也为预测未来数字广告的发展提供了一种线索与思路。在未来，企业负责任地使用数据，为用户的数据共享提供对等价值，让用户也能够从数据市场的增长与繁荣中获得利益，这将成为未来数字营销与广告进一步发展的关键。唯有在用户信任且愿意提供数据的情况下，品牌或企业才能获得驱动智能化发展的数据"石油"。

❀ 本章小结

数据治理格局的变化颠覆了数字广告的传统营销方法。合规技术被视为最直接、见效最快的治理路径。数据洁净室、人工智能与机器学习、区块链、智能合约平台等技术被引入广告数据治理领域，抑制机会主义行为。本章以区块链与数据洁净室这两项数据合规技术为切入点，通过分析技术所处的行业背景、技术原理、价值创造和局限性，系统梳理了数字广告行业数据治理的演变脉络，并预测未来的发展趋势。

合规技术调和了数字广告行业中用户隐私保护与数据流通使用的矛盾，体现了数据治理的核心逻辑。也有学者指出，在资本逐利天性的诱导下，合规极有可能沦为形式主义，数据主体在数据合规科技的潜在风险面前防不胜防（唐林垚，2022）。技术虽可赋能治理，提升效率，也会被别有用心者利用，使数据合规流于形式，难以保障数据正义。

未来，数据治理需要达到"以消费者为中心"的境界，通过为用户创造更高的价值，构建互惠互信的良性生态，推动消费者共享真实数据，繁荣数据市场，进而驱动广告行业智能化发展的深入。

第9章

数字广告交易治理"价值—信任"模型

　　作为互联网产业的重要商业模式，数字广告为互联网经济创新发展提供了巨大动力。然而，数字广告发展过程中的市场失灵，已制约行业的快速发展，流量欺诈、隐私侵犯、算法歧视、广告拦截等失序现象开始侵蚀行业信任的根基，损害社会公共利益。数字广告治理的研究对于整个行业与社会的发展具有重要的实践意义。

　　作为全书的最后部分，本章将基于前序章节关于数字广告交易及治理的主题讨论，构建数字广告治理系统的"价值—信任"模型。该模型将有助于我们认识数字广告治理系统的复杂性，从信息摩擦视角理解数字广告治理问题的产生根源及演化机制，了解不同利益的行动者参与治理的动机、能力、途径与方式，从而寻求治理过程中的利益平衡，促成多方合作，降低治理的不确定性风险及成本，提升治理效率，为全球数字广告治理贡献中国智慧。

9.1 数字广告交易治理的复杂性问题

系统性是认识数字广告交易治理的难题，以及制定有效治理方案的基本前提。本节从数字广告治理的复杂性入手，进一步明确唯有系统性治理才能够化解复杂性问题。交易便是切入数字广告治理体系的一种路径。

9.1.1 数字广告治理的复杂性

数字广告治理的复杂性体现在多个维度。数字广告治理实践"嵌入"在更为宏观的社会文化氛围、政治意识形态、技术演化变迁、经济商业模式之中，也受到我国互联网治理已有模式、惯性与经验的影响。在面对外部环境变动带来的混乱、困惑与质疑时，数字广告相关的行动者如何反应、如何不断相互学习从而获取创造性知识等都存在较大的不确定性。复杂性还源于数字广告市场交易主体之间的频繁互动、彼此依赖与自适应，导致由上而下的控制模式往往无法对症下药，甚至会产生意想不到的消极后果。

数字广告治理的问题从原先基于广告内容表述的监督管理，变得日益多元、立体与复杂，没有局限在广告沟通的"前台"，逐渐蔓延至广告作业的"后台"。数字广告交易不再只是产业主体之间的往来，卷入了技术主体与消费者。信息不对称以及数据无形、易于复制与转移的特性，给数字广告交易活动带来更多不确定性与复杂性，引发了诸多机会主义行为，损害了行业信任。产业发展问题与消费者保护问题不再是区隔的治理问题，而是彼此交织、融为一体。

然而，目前这一细分领域的研究仍然存在一些不足：其一，已有研究虽意识到数字广告治理系统的复杂性，但尚处于发现状态，并未明确提出这一概念，也并未对系统研究提出明确的路径；其二，大多数研究基于研究者比较朴素的经验观察与思辨，缺乏规范的实证研究，缺少来自行业与社会的一手数据；其三，虽然研究体现了多学科交融的特性，但是融合程度偏浅，且缺少对前沿理论发展的追踪。

复杂性理论是本研究试图推动数字广告治理系统研究创新的重要理论支撑与动力。复杂性理论是由系统理论、耗散结构理论、自组织理论、混沌理论、协同理论、涌现理论等一系列相关理论构成的综合理论体系。整体性、开放性、非线性以及自组织等是复杂性理论的基本观点。复杂性理论已经被广泛地应用于公共治理及互联网治理等领域中（李宜钊，2013；彭兰，2017；王芳，2009；周军，2017）。

在对数字广告治理系统的考察过程中，复杂性理论有助于我们进一步理解数字广告治理行动者在期望、信念和行为等方面的复杂性，以及运用语言进行思想表达与交流的人文社会的复杂性；有助于揭示数字广告治理行动者之间复杂的非线性关系，以整合的思维方式考察整体与部分之间的关系；有助于探索治理系统的因果反馈规律与自组织能力，将系统演化的偶然性与必然性统一起来；有助于形成治理系统整体最优的评价标准，局部的好坏并不一定引起整体的好坏，局部最优需要服从整体最优，从而促进数字广告治理策略形成"从整体出发，深入部分，再回到整体"的思维方式。相较于分散的问题视角或主体视角，整体与动态的系统视角逐渐成为当前数字广告治理研究的主流，且这一治理系统的复杂性被进一步揭示。

9.1.2　系统性治理的内涵及构成

数字广告有效治理机制的设计首先需要建立在对数字广告治理系统复杂性的充分认知的基础上，通过对数字广告治理系统的复杂性进行清晰描述与刻画，融合跨学科的前沿理论，借助多项实证研究的数据支撑，构建并完善中国数字广告治理系统的理论模式，深入剖析数字广告治理背后的利益博弈情况。其次是基于数字广告治理系统的复杂性，设计符合中国社会经济环境的数字广告治理机制，规避治理过程中的潜在风险，巧妙运用系统的隐性动力，创新优化治理策略与手段，实现公共利益的最大化。

数字广告治理的复杂系统，具体是指围绕数字广告治理实践的行动者所组成的、具有一定规模的、能够基于局部信息（非中心控制）作出行动的智能性与自适应性的主体系统。这既包括对数字广告治理系统内部子系统的属性、层次与规模的刻画，也包括对子系统之间的相互依赖、协同作用与共同进化的演化与涌现分析；既包括对治理系统外部环境影响因素的甄别及外部作用力的考察，也包括对系统内外作用力的对抗与协同的交互效应分析。

构建数字广告治理的复杂系统，将治理路径融入数据生态演化进程中，增强治理研究的全局性，协调治理与发展之间的关系。治理系统的构建包括以下内容：

1. 数字广告治理系统的行动者

依据利益相关者理论，识别并确定数字广告治理系统的行动者身份，对不同利益相关者参与数字广告治理活动的合法性、权利性与紧迫性等属性进行深入分析，并在此基础上进一步界定数字广告系统的内外边界。

2. 广告治理系统行动者的能动性分析

基于三圈治理模型，从价值、能力与支持三个维度分析每一类行动者在参与数字广告治理活动方面的能动性。在价值层面，考察不同行动者在追求自身利益的前提下对公共利益的认知与理解，对治理需求的迫切程度与参与治理的意愿强度；在能力层面，考察各类型行动者参与治理过程中所拥有的资源、技术与执行能力；在支持层面，对不同行动者获得其他行动者支持的可能性进行分析。在此基础上，探察行动者的价值、能力与支持三圈的交叉情况及其影响。

3. 数字广告治理系统行动者的博弈与合作分析

在网络治理理论框架下，考察数字广告治理活动行动者之间复杂的互动博弈过程。具体包括：行动者之间在治理目标、公共价值、自身利益等问题上的冲突情况以及如何协调；行动者之间如何通过协商，调动参与积极性，贡献自身力量，整合治理资源；行动者之间在治理活动中是否能够获得支持，以及在此基础上形成的治理联盟。通过剖析行动者之间横向与纵向的跨层次的协调机制、合作方式、利益联盟以及自适应过程，了解数字广告治理系统中的网络交互、内部结构张力及涌现效应。

4. 数字广告治理机制设计的规范研究

在考虑系统复杂性与追求公共利益最大化的前提下，提出数字广告治理的善治标准；通过对治理系统的结构张力与隐性动力的洞悉，为各类行动者设计参与数字广告治理的具体途径、方式与机制，改善我国数字广告治理现状。

9.1.3 从交易视角构建治理的系统性

本书从交易视角构建数字广告活动以及治理系统。通过对广告活动溯源以及发展历史的综合考察，本书得出初步结论：广告是以注意力资源为对象的交易活动，围绕注意力资源的交易，形成了一系列利益相关者——注意力资源的提供者（用户 / 目标受众）、注意力资源的需求者（广告主）、注意力资源的凝聚者、注意力资源的匹配者、注意力交易的监测者。注意力的分布及交易聚集地，决定了广告产业的价值创造能力与创造方式。

媒介技术的演变，推动着注意力资源的分布变化，促进着获取注意力资源、实现注意力交易的方式与手段发生改变。原有的交易协调机制与制度难以应对新出现的交易形态、利益分配格局，难以解决不公平、不公正现象。因此，新的脆弱性问题涌现，带来了新的治理难题。本书将"信息摩擦"引入到广告交易之中，从而解读数字技术对于广告交易的影响，建立了数字广告交易系统与外界环境之间的联系机制。不仅仅技术透过"信息摩擦"影响广告交易，任何外界环境的变化，如自然环境、社会文化、政治经济、制度变迁等外界因素也是通过"信息摩擦"这一机制影响广告交易。

交易不仅是刻画广告活动本质属性的独特视角，也是在日益复杂的广告系统中厘清行动者之间关系、理解并预测其行动策略的"透镜"。将数字广告治理进一步定义为数字广告交易治理，核心理念就是将治理思维从单纯消除问题乱象，转向理解问题背后的根源与利益关系，倡导治理是为了"疏通"

交易关系与路径，促使各方都因为交易而获益，促使产业繁荣，而非简单"堵漏洞"，进而导致交易受阻，产业发展受限。

此外，本书的数字广告交易也将消费者纳入广告交易过程中，关注其赋权情况，以及参与治理的积极性与能动性，这也是公共治理的理念落实于广告治理实践的一种体现。数字广告交易不是仅仅局限在广告产业内部主体，而是通过交易连接了社会中的目标消费者及公众，使其能够通过有效的手段反馈自己的利益诉求，制约机会主义行为，改变其弱势地位。

9.2 解析数字广告交易治理系统的微观机制——信息摩擦

数字技术快速迭代推动广告交易体系变化，不断涌现新的问题与治理需求。这是当今数字广告治理问题的最大挑战。如何理解技术对广告交易系统带来的变化，是协调其中利益关系，促进广告活动有序发展的基础。本书引入了"信息摩擦"这一微观机制，作为刻画数字技术影响广告交易形态，带来市场运行效益提升，引发新的治理问题的中介变量。

信息摩擦广泛存在于交易之中。尽管注意力资源的需求与供给一直存在，但是交易能否实现、以何种方式实现，却是受制于信息摩擦。倘若某一形态交易，其信息摩擦过大，就会抹去注意力交易的价值与意义，进而使交易逐渐淡出市场。因此，交易中的价值决定着交易能否发生的理论前提，而信息摩擦决定着现实情境中交易是否会发生的实践前提。法律、契约、组织、企业等正式制度与伦理、道德、社会规范、信任等非正式制度都会影响信息摩擦。

在诸多的外部影响因素中，本书主要聚焦数字技术对交易中信息摩擦的影响。一方面，数字技术在媒介领域的应用，使受众的注意力分布更加分散，相较于传统大众媒体，媒体数量及规模逐渐向"长尾"形态发展，诸多中小媒体、自媒体成为注意力凝聚者，交易变得逐渐分散，交易市场规模总量在增长；另一方面，数字技术的搜寻成本、追踪成本与验证成本降低，很好地支撑了这一碎片化的广告交易形态，甚至能够实现对用户个体注意力资源的直接交易。

因此，数字技术对广告交易的影响主要以两种作用机制存在：其一，通过降低分散的注意力资源交易主体的搜寻成本，使得交易在更多主体、情境与数字空间中广泛发生，实现对注意力资源的充分利用。在这一机制作用下，数字广告的交易形态相较于传统广告交易发生了显著变化——广告交易变得日益分散与碎片化，广告交易流程变得隐蔽、过程延长等。其二，数字广告交易形态的变化（"不可见"）引发了新的信息不对称，导致逆向选择与道德风险等机会主义行为。为了显示数字广告交易过程而产生数据获取、分析、流通的需求，进而产生新的信息摩擦，这也使得数据治理成为数字广告治理的核心问题。

由于数字技术的介入，搜寻摩擦的降低而带来的交易范围扩容以及交易效率的提升，使得广告交易形态发生变革，原先的交易形态可能逐渐萎缩退出市场，新的交易形态涌现。对于数字广告交易治理来说，这意味着治理的重点对象发生了转移，治理预算的投入与分配也随之发生改变。同时，以注意力资源交易为广告活动的本质，从而来识别广告治理的范围，能够跳出明确定义的束缚，能够更快地适应数字技术变化，使得更多新的形态不至于因为定义局限而被排除在治理范畴之外。

数字广告交易形态变化所引起的新的信息不对称是数字广告治理所需要解决的具体问题。信息不对称引发了一系列机会主义行为，倘若长期不治理，则会使利益分配格局失衡，其中一方获得超额收益，而这一切都是以其他交易主体的权益或利益受损为代价。交易欺诈者在短期内攫取了超高的经济回报，在长期内可能对交易体系带来摧毁性的伤害，甚至会阻碍数字广告产业的继续发展。因此，数字广告治理应该清晰掌握信息摩擦的产生机制，通过多种手段协调其中的交易制度与利益分配，降低信息摩擦，使所有参与者都因数字广告交易而获益，遏制机会主义行为。

由此可见，数字广告交易治理是以信息摩擦为线索而展开的，数字技术通过降低信息摩擦创造新的交易形态，提升广告交易的效率，为产业发展创造价值。同时，由此产生的新的信息摩擦，需要运用新的治理手段与制度来为广告业的价值创造保驾护航。数字广告交易主体在信息不对称时会基于有限信息进行最有利于自身的交易策略，从而通过交互影响与相互制约，演化成为整个市场的宏观现象及问题。

9.3 数字广告交易治理系统的演化博弈过程

在本书中，信息摩擦是数字技术对广告交易实践及生态影响的中介机制。新的信息摩擦以及对信息摩擦的治理，通过影响每一次微观交易，影响交易主体的策略，进而影响整个广告市场生态的走向趋势。这个过程是未知的，且效果的变化需要通过较长时间的持续追踪才能够有所结论。因此，基于行动者模型可为本书数字广告交易中的信息摩擦以及数字广告交易生态涌现提供非常有效的工具。借助计算社会科学的仿真研究方法，从微观市场交易主体的交易行为、信息摩擦入手，模拟数字广告交易生态系统，用清晰预设的因果机制进行动态持续试验并获得动态数据，进而阐释数字时代广告交易模式的颠覆与重构的过程以及重构需满足的前提条件。

演化博弈理论已被广泛应用于各类市场交易的分析，交易主体在信息不完全、不对称的情形下，进行着交易对象的搜寻匹配、信息甄别，以及交易过程的监测，由此产生了大量的信息摩擦，影响着交易主体的交易决策。与此同时，交易主体也在重复博弈的过程中学习迭代、交互影响，通过计算机仿真软件建构行动者模型，模拟交易双方的互动，调节相关参数的设置，尤其是信息摩擦参数以及治理手段参数，推演不同情形下的市场稳定均衡状态，能够增进我们对数字广告交易的复杂性与系统性的认知，也让市场演化博弈的"黑箱"在计算机软件中得以可视化呈现。此外，经过反复调试，且有实证数据验证支撑的数字广告交易行动者模型，也是测试治理手段可能引起的市场反应，尤其是非预期反应的有效手段。

9.3.1　数字广告交易中的行动者

本书对数字广告交易行为中行动者角色的提取，并不是对市场 1∶1 还原，而是进行适当抽象，将其界定为注意力资源供给者（广告受众 / 用户）、注意力资源需求者（广告主）、注意力资源凝聚者（媒体）、注意力资源匹配者（交易平台 / 代理商 / 交易撮合者）、注意力资源交易监测者（第三方技术服务商）。本书的数字广告交易行动者模型是借助计算机仿真软件 NetLogo 来实现的，该软件中有两类行动者，一类是可以自由行动的"海龟"（Turtles），另一类是世界构成的"瓦片"（Patches）。

1. 注意力资源供给者、凝聚者以及相关属性

在数字广告交易的行动者模型中，注意力资源提供者（用户）被设置为软件中的"瓦片"，每片瓦片都代表着单独的用户个体。瓦片的重要功能是提供可供广告主开发与转化的一定数量的注意力资源 V。

在每个交易周期初始，注意力资源的状态都是充盈的。瓦片既可以单独与注意力需求者进行一对一交易，也可以凝聚在一起，进行批量交易。这里体现了媒体作为注意力凝聚者在数字广告交易中发挥的作用。凝聚的多寡在某种程度上体现了媒体的受众规模。此外，瓦片还可以划分为真人用户与非真人用户。真人用户瓦片标记为绿色，而机器人用户注意力瓦片标记为灰色，其注意力资源 V=0。在每个周期，注意力资源都是相对稳定的，周期开始时注意力资源都会恢复初始设置。

2. 注意力资源需求者及相关属性

在行动者模型中，海龟代表的是市场上需要获得注意力资源进行商业转化的广告主，其携带的变量——能量 B，代表着其进行注意力交易的预算，用于购买注意力以及支付信息摩擦带来的交易费用，支持注意力需求者进行

移动与交易。多个需求者之间存在竞争关系。海龟从数字广告生态系统中获取注意力资源，通过交易，累计注意力资源，并能够带来能量值 B 的增长。当能量值降为 0 时，海龟死亡，从市场中退出，代表着广告主不再参与交易，而当市场上的海龟都死亡时，整个数字广告的交易系统就走向崩溃。此外，海龟也可以通过持续获得注意力资源，累计能量值，达到一定的阈值之后进行孵化，海龟的数量不断增加，代表广告主对注意力资源交易的价值评估与信心在上升。

9.3.2　数字广告交易模式及行动规则

参照第 3 章的注意力交易模型，数字广告交易基本模式有三类：① 直接购买。注意力资源需求者与供给者的直接交易；② 批量购买。注意力资源需求者通过凝聚者（媒体）来实现对供给者注意力资源的交易；③ 监测购买。注意力资源需求者也可以借助匹配者、监测者来解决交易前后信息不对称的问题。

数字广告交易也可能存在多种交易状态：① 有效交易。交易各方各取所需，彼此的状态都因为交易而变得更好，例如，用户认为广告信息有用，对其解决问题有帮助，而广告主则获得理想的用户注意力资源；② 无效交易。广告主耗费了资本，但是并未获得注意力资源的交付，用户没有注意到广告或者选择回避广告；③ 剥削交易，广告主获得用户注意力资源，但是以侵害用户权益的方式获得的，例如，强制观看形成广告干扰，或者过度使用用户数据，侵犯用户隐私。在不同的交易情境中，用户的满意度不同，满意度将会影响下一轮交易中用户的交易倾向。

由于，数字广告交易的复杂性，行动者建模的过程相对复杂，本书通过由简单到复杂的方式逐步构建数字广告交易系统的行动者模型。

1. 注意力资源的直接交易模型（M_0）

模型中存在两类行动者，注意力需求者（海龟）与供给者（瓦片）。在每个周期开始时，海龟携带一定能量 B_0，随机移动一步，进行注意力资源的交易，成本 C 代表购买注意力资源的成本。因此，在简单的直接交易模式中，海龟从作为单个瓦片的用户处，获得注意力资源 V，第一个周期之后，海龟携带的能量值就发生改变，即 $B_1=B_0-C+V$。

2. 注意力资源直接交易的真假甄别模型（M_1）

在数字广告交易中，注意力资源供给者并不总是真实的，可能也有机器人伪造的注意力资源，只有真人的注意力资源才具有价值。因此，真假甄别模型中，我们将瓦片分为两类：真实注意力（绿色瓦片）和虚假注意力（灰色瓦片），并可以设置一定程度的真实与虚假的占比。在每个周期都会生成一定比例的真实注意力与虚假注意力，注意力需求者可以随机交易，当其与真实注意力资源进行交易时，交易之后的能量值依然为 $B_1=B_0-C+V$；当其与虚假注意力交易时，交易之后的能量值为 $B_1=B_0-C$，虚假的注意力交易无法带来价值的增长。当注意力需求者通过技术甄别的方式，甄别注意力资源的真假时，就意味着信息摩擦的产生。在模型中，我们使用 F 代表为了促进交易的达成而额外支付的信息成本，即信息摩擦。当遇到真实注意力时，其交易后的能量值变化公式为 $B_1=B_0-C-F+V$，在遇到虚假注意力时，因为技术甄别可以防止交易欺诈行为，因此，此时虽然未发生交易（购买注意力成本 C 不需要扣除），但是也存在能量值的变化，即 $B_1=B_0-F$。

3. 注意力资源交易匹配后的直接交易模型（M_2）

注意力产品其实是信任品，存在着高度信息不对称，盲目地买量可能收效甚微，高质量的购买才能够符合需求。所谓高质量的购买，首先是真实的，其次是匹配度高的。用户注意力资源并不是百分之百加入交易之中，用户会评估交易对自己的价值，从而付出有限的注意力资源，例如，多任务模式的情况下，用户的注意力不是百分之百给到注意力资源的需求者。当用户对广告评价高时，会回馈高质量的注意力与转化率，用户满意度会提升；但是找到匹配的用户是需要付出成本，这也是信息摩擦的组成部分。提供匹配度较低的广告，意味着广告投放的金额在一定时间内都能花完，但是这可能意味着消费者给予的注意力资源非常少，甚至可能会产生反感情绪。

注意力需求者既可以通过知晓匹配度的情况进行交易，也可以在不知道匹配的情况下随意交易。知晓匹配需要支付一定的信息租金，当两者高度匹配，这意味着有针对性的交易，可实现更高的注意力资源交易。如果匹配值不够，两者就不交易，不消耗任何能量。而如果匹配值达到阈值，就实现交易。匹配值过高，可能会因隐私担忧导致用户拒绝。

在 NetLogo 模型中的实现情况：供给者、需求者与聚集者会随机生成一个 1—20 的数字，当数字越接近，相减的绝对值越小，匹配度越高，注意力资源的交易就更加顺利。当供给者与需求者匹配度较低的时候，就会拒绝支付注意力；当供给者与聚集者匹配度较低的时候，也会拒绝支付注意力；当供给者与聚集者匹配度高，而与需求者匹配度低，就会只支付 50% 以下的注意力。

注意力资源供应者与需求者都携带着用于衡量匹配程度的数值，在周期开始时，每个海龟与瓦片都会携带一个随机生成的 T-Tag 值和 P-Tag 值（1—20 随机数字）。海龟移动到瓦片上，在交易之前，会有两个 Tag 值的计算环节：

 ◇ 若标签值相差 0—2，完全匹配，瓦片提供全部注意力资源 V（100%），且瓦片的满意度是 S 增长 2 单位。如果 $|T\text{-}Tag\text{-}P\text{-}Tag| \leqslant 2$；$B_t = B_{t-1} + V \times 100\% - C - F$。

 ◇ 若标签值相差 3—5，高度匹配，瓦片提供注意力资源 V 的 70%，且瓦片的满意度是 S 增长 1 个单位。如果 $3 \leqslant |T\text{-}Tag\text{-}P\text{-}Tag| \leqslant 5$；$B_t = B_{t-1} + V \times 70\% - C - F$。

 ◇ 若标签值相差 6—8，中度匹配，瓦片提供注意力资源 V 的 50%，瓦片的满意度不增不减。将中度匹配设置为海龟每次交易的临界点，即收益 = 成本，海龟能量值不变。如果 $6 \leqslant |T\text{-}Tag\text{-}P\text{-}Tag| \leqslant 8$；$B_t = B_{t-1} + V \times 50\% - C - F$，$V \times 50\% = C + F$。

 ◇ 若标签值相差 9—11，低度匹配，瓦片提供注意力资源 V 的 30%，瓦片的满意度减少 1 个单位，海龟的能量值减少。如果 $9 \leqslant |T\text{-}Tag\text{-}P\text{-}$

Tag ｜ ≤ 11；$B_t = B_{t-1} + V \times 30\% - C - F$。

❖ 若标签值相差大于等于 12，不匹配，瓦片不提供注意力资源，且满意度减少 2 个单位，海龟的能量值减少。如果｜T-Tag-P-Tag｜≥ 12；$B_t = B_{t-1} - C - F$。

若广告主（海龟）可以通过了解匹配值之后进行交易，便可以拒绝低度匹配、不匹配情况，减少能量值的无效消耗。在这种明示匹配值的情况下，广告主需要支付一定的信息租金 F，了解用户的 Tag 值，从而决定是否交易。广告主（海龟）也可以进行全盲交易，在不了解匹配值的情况下，随机进行交易，此时不需要支付信息租金，但可能无法将低度匹配和不匹配的情况从交易中剔除出去。

4. 注意力资源交易的中介交易模型（M_3）

需求者还可以通过注意力凝聚者（媒介）来实现注意力资源的批量购买。凝聚者在聚集注意力资源方面更加专业，可以使需求者在单次交易中实现对多个瓦片注意力资源的获取，在行动者模型中，主要通过海龟所在瓦片为中心辐射更大范围内的瓦片注意力交易，来实现对注意力凝聚者在交易过程中的功能模拟。

由于注意力凝聚者的存在，更大范围的注意力能够被聚集起来，在交易效率方面提升显著。注意力凝聚者一方面通过优质媒介内容，吸引凝聚大量的用户注意力；另一方面通过技术，以注意力银行的方式将散落在网络空间的注意力资源库存盘活。在模型中，注意力需求者（广告主）在交易周期内可以选择通过媒介进行交易，实现更大范围的触及，快速实现注意力资源的批量购买，具体表现为海龟进入到瓦片，可以获取瓦片周围的其他瓦片的注意力资源。瓦片的注意力资源在交易过程中，根据匹配度来交付自己的注意力资源，同样，如果匹配度高，瓦片（用户）就交付更多的注意力资源；如果匹配度低，就拒绝交付注意力资源。交易范围的扩大可能会导致交易的信息不对称现象加重，注意力需求者可能只能够根据批量交易中整体瓦片的匹配平均值来进行交易，判断可能会损失一定的准确度。

9.3.3　数字广告交易模型的监测值

在数字广告交易的行动者模型中还可以设置一些监测指标，从宏观、系统层面掌握、了解、整合数字广告交易生态系统的"健康"状况。

指标1：注意力交易率。该指标指的是在每个交易周期内，实现交易的注意力资源在整个生态系统提供的注意力资源总量中的占比。该指标越高，代表注意力资源开发的效率越高。尤其是在有注意力凝聚者促成交易的过程中，注意力交易率大大提升。

指标2：真实交易占比。该指标指的是在每个交易周期内，实现交易的注意力资源中真实交易的注意力资源占整体注意力资源交易的比率。这一指标是为了衡量广告交易市场上的诚信度，越高表示这个市场的交易越真实。

指标3：注意力交易偏差。该指标计算在每次交易的过程中，匹配值之差累积之后除以系统中的交易次数（求平均值），了解系统中注意力交易的准确度情况。该指标越高，则代表注意力交易的精准度越高。

指标4：用户交易满意度。当用户获得与自己匹配值高的广告主进行注意力资源交易时，其满意度是增长的，而用户获得与自己匹配值低的广告主进行注意力资源交易时，其满意度值是减少的。追踪用户对广告交易的满意度，其实是将用户的感受纳入广告交易中。

指标5：广告主数量（即海龟数量）。当广告主通过注意力资源的交易获得增长时，就会继续向生态系统投入更多预算（孵化新的海龟），而如果广告主的预算耗尽，则退出市场（海龟死亡）。当所有的广告主退出市场时，数字广告交易的生态系统就衰败了。

指标6：信息摩擦。监测系统中每个交易周期内的交易信息摩擦。信息摩擦既包括搜寻匹配成本，也包括交易后对数字广告交易监测的验证成本。该指标反映了广告交易的隐性成本以及交易效率。

9.3.4　治理参数融入行动者模型

在上述逐步构建的数字广告交易行动者模型中，一方面，治理者可以借助上述模型，调适相关指标，模拟当下交易情形，形成数字广告交易系统的"数字孪生"，从而监测数字广告交易生态系统运转的各项指标，以了解系统的健康程度，预估当前情境下的交易可能会走向怎样的均衡状态。另一方面，治理者还可以通过调适一些与治理手段直接相关的关键指标，来改变数字广告交易主体的决策，从而影响数字广告交易生态的最终均衡状态，观测治理手段对于交易生态系统的长期稳定的影响。

在通常可见的治理手段中，限定交易范围，选择风险更小的注意力凝聚者进行交易是常见的治理方式。例如，建立交易主体的黑名单、白名单，或者将广告费用花费在大型主流网站上，从而保障注意力需求者只跟白名单上的媒体或者主流网站进行注意力资源交易。可将交易范围在上述模型中进行规则限制，从而观察真实交易的情况，以及数字广告生态系统演化博弈的均衡状态。

在治理过程中，利益分配往往是影响行动者行为的重要影响因素。在每次交易中，虚假注意力并不提供有价值的注意力资源，但是却获得了注意力提供者购买注意力的成本，这使得虚假流量提供者获得高额收益。倘若市场上在第一轮交易中，通过甄别真实与虚假流量之后，将真实的注意力提供者标记为白名单，而将虚假的注意力提供者标记为黑名单，并指引之后的数字广告交易，让注意力需求者在遇到虚假注意力的提供者或虚假注意力占比较高的凝聚者时可以自动回避，避免损失的发生。当然这一治理手段也需要支付一定的成本，建立黑名单与白名单的成本，或者因为交易只限定在有限的媒体或者注意力凝聚者之中，导致市场上的注意力资源紧张，交易的价格可能会上涨。

除了限定交易范围之外，注意力需求者还可以跟技术供应商合作，通过其提供的技术解决方案为数字广告交易保驾护航，当然使用技术服务商也意味着需要为每次的交易额外支付技术成本。经济制约的方式也被视为有效治理手段。治理者可以通过调整注意力需求者的经济收益或其"孵化"更多需求的阈值、调整注意力提供者的收益（尤其是虚假注意者的收益）、调整信息摩擦的成本，来影响市场上的交易运行。当注意力资源的供给者设定为用户、注意力资源的需求者设定为广告主时，广告主可以选择提供有用广告或无用广告（干扰广告），而用户根据接收广告的收益或回避广告的成本，选择供给高质量或低质量的注意力商品。监管部门根据市场上的广告体验监测用户的感受，了解广告交易对社会公众层面的影响。

9.4 广告监管部门的治理角色及功能

面对数字广告交易中的乱象问题时，广告监督管理部门既不能事无巨细地插手治理，也不能放手不管，而是需要进一步明确自身在治理中的特殊角色、有限能力及关键功能，助力构建更加高效的数字广告交易治理体系。

广告监管部门的他律是一种外在于行业实践活动的治理模式。该模式存在较多挑战与不确定性。首要问题是监管人员在认知上的知识欠缺。例如，在数字广告市场交易中，欺诈与交易风险很难进行明确的区分。数字广告卷入了越来越多的大数据、算法、人工智能等复杂技术，对于治理者的知识框架来说充满挑战。其次，他律可能非常强硬，立竿见影，但往往也因为缺乏弹性而扼杀市场活力、降低交易效率。广告监管部门在进行治理时存在着诸多风险与难点。例如，干预的公正性判断、干预行为效率、干预规模膨胀、寻租行为，以及决策失误的问题，等等，导致其数字广告的监管存在低效或者失灵的情况。治理效果可能达不到预期的目标，或者成本高昂，甚至也有可能引发后续的负效应。因此，面对数字广告交易治理时，广告监管部门需要跳脱精英式、家长式的治理模式，从顶层的治理机制进行设计，而非亲自下场进行治理。

广告监管部门需要从交易的细枝末节的监测与查处中跳脱出来，认清数字广告交易中的博弈格局，识别阻碍博弈走向最佳均衡状态的障碍，调整其中策略的收益与成本，建立有利于交易顺利进行的信任机制，同时利用博弈关系让市场多元主体之间形成制衡，保护消费者的脆弱性，通过政策制度赋予市场交易主体合法的权益及保障手段。本书提出的行动者模型与仿真实验，也可以应用于广告监管部门进行治理的测试方法，便于从全局视野、长期视野了解数字广告交易的走向以及治理手段可能在现有市场机制中引发的潜在效果。

　　大型的平台、媒体及广告主承担着治理的主要责任。尽管数字广告交易治理将会在长期惠及诚信交易的所有市场参与者，但是真正有能力、有动机去治理的主体主要集中于大规模的媒体、平台与广告主。参考纳什的"智猪模型"（见表 9-1），假设市场上存在两类主体——大交易主体（大猪）与小交易主体（小猪），交易治理的成本为 2，治理的整体收益为 10。如果小猪去治理，大猪的收入为 9，小猪的收入为 1，减去成本，大小猪最终收益是 9 和 -1；如果大猪去治理，大猪的收入为 6，小猪的收入为 4，大小猪的最后收益是 4 和 4；如果大小猪都去治理，大猪的收入为 7，小猪的收入为 3，大小猪的最后收益是 5 和 1；如果大小猪都不去治理，收益为 0。

表 9-1　数字广告治理的治理"智猪博弈"

		大规模交易主体（大猪）	
		治　理	不治理
小规模交易主体 （小猪）	治　理	（1，5）	（-1，9）
	不治理	（4，4）	（0，0）

　　由此可见，无论大规模交易主体做出什么选择，小规模交易主体选择放任的收益始终是高于治理的。数字广告交易治理需要耗费大量的成本，因此通常只有大型规模的广告主、媒体与平台有能力且有动机参与治理。在规则的制定与实施过程中，监管部门应该重点调动交易规模较大的媒体、平台、企业去治理数字广告交易问题，投身并资助治理技术的研发。与此同时，广告监管部门的治理也需要具备一定的灵活性，在不同的行动情境下，根据交易主体的利益博弈关系，广告监管部门调整自己的行动策略，在其他主体治理失效的情况下进行互补式治理。

伴随着世界范围内个人数据与隐私立法、执法、合规的浪潮来袭，数字广告交易告别野蛮生长，全面进入数据合规时代。数字广告治理研究也以此为界，被划分为两个阶段。前期研究以规范研究为主，通过约定关键性原则，如杜绝收集敏感数据与未成年人数据；清晰告知数据用途、征得同意并提供更多选择权；确保数据的匿名化处理；建立数据访问、修改和保留的制度等（邵国松、杨丽颖，2018），明确方向、划清边界，为相关法律制度的完善提供参考框架。面对数字广告数据治理的复杂性与多变性，避免立法过早介入阻碍行业发展，研究者均强调行业自律的主导性与重要性（鞠宏磊、李欢，2016；齐爱民、佟秀毓，2018），但并未就如何实现自律做出回答。

步入数据合规治理阶段，尽管外在法规体系已逐渐成型与完善，但真实情境中的合规行为并非如理想轨道上的列车运行。为了促成数据合规的落实，当前研究转向机制设计，从政府监管、合规技术、公共关系等路径展开，寻求治理思路。考虑到政府监管虽保障了数据合规的强制力与普及性，但面临高昂成本、过度固化与依赖现存措施等弊端，学者建议政府监管需构建"互动沟通—分解监管—容错求变"的敏捷治理体系（张艳、徐颖，2023），同时也应与行业主体合作，组建监管联盟，辅助广告规制工具的落实（张艳，2020；黄玉波、杨金莲，2020）。

9.5　数字广告交易的治理目标：重建价值与信任

本书透过"交易"的滤镜，将数字广告治理难题化约为"价值"与"信任"两个简单且核心的原则。交易视角本身是一种系统视角，体现数字广告治理的核心特征，即全局性、系统性、多元主体卷入、演化博弈、从问题治理向关系治理的转向。具体到公共部门，其治理应区别于传统的广告监管，并不追求在治理上事事亲为，而是需要协调重要的利益关系，清除数字广告交易运行环节中的障碍并设置权利保障机制，促成利益攸关者在治理上彼此合作，从长期利益入手进行交易决策，保障所有的交易主体都可以从交易中获得价值，同时建立信任，降低系统中的交易摩擦。由此可见，"价值" 决定着数字广告生态系统存续的前提，而 "信任" 决定着生态系统运转的效率与可持续性。

9.5.1　数字广告交易治理的价值层

广告交易源于市场经济。只要市场交换与竞争存在，那么广告存在的前提就成立。只要消费者拥有一定的可支配收入，商品与服务生产商就会为了获取这一资源而展开竞争，消费者就面临选择。生产者与消费者出于交换的目的进入市场。双方为了促成令彼此满意的交易、降低交易不确定性，信息交流必不可少。广告交易嵌套在市场商品与服务的交易中，只要市场商品与服务的交易还存在，那么广告交易的源头就存在。不仅如此，从企业做广告开始，经济上的连锁反应便开始发生。

广告交易的 "价值层" 中的第一重价值是为广告主（生产商和服务商）创造价值，其中，广告作为降低信息不对称的手段，促进商品或服务交易更加广泛、更加准确，为广告主创造价值。价值创造能力是广告产业发展的前提，一旦失去价值创造能力，将会产生黑洞效应。广告行业不断淘汰过时的营销理念，创造新的营销方法论，其核心就是在不断变化的消费者注意力市场上寻求注意力资源交易的最佳方式。尽管第 4 章讨论了传统广告产业在适应数字化压力与金融危机的过程中全面瓦解，但是这并不代表广告业失去了价值创造能力，而是广告业价值创造主体、中心及路径发生了改变。价值创造能力在不断流动，这意味着数字广告交易活动及形态也在变迁，导致数字广告交易中的信息摩擦不断消失与产生。

因此，价值创造能力是广告业存在之根本，对其追踪，其实也是在变动不居中明确不同时期广告业的核心问题以及主流的市场、参与主体、价值的新生产方式。数字广告治理并不是固守已有的交易模式、已有问题的 "刻舟求剑"，而是需要顺应数字广告业的价值创造方式的演变，确保价值创造能力、水平、效率的提升。

尽管从中观视角来看，广告具有独特的社会价值，支持着高质量的媒介内容的生产，为受众提供有价值的免费内容，但是从微观视角来看，消费者日益被广告打断媒介体验、降低浏览速度，并为此感到困扰。消费者对于广告的容忍度随着信息量的日益增多而降低。在过去的广告交易研究中，研究者并未将受众作为广告交易的环节，而更多将受众在广告刺激之下的认知、态度、行为的转变视为广告传播的效果开展研究。本书的广告交易模型将广告受众视为广告交易主体，他们提供着这场交易中最重要的资源，但是也可以拒绝提供注意力，即回避广告交易。

用户感知到的广告信息价值，随着广告信息数量的不断增长而呈现出边际效应递减的规律，并衍生出了对广告的消极态度。人们抱怨广告干扰了自己的媒介体验，破坏自己观看节目的兴致，而且部分广告宣扬消费主义、偷换概念，劝说无止境的消费，带有操控的性质。这些因素导致广告受众开始规避广告。他们或通过转移自身的注意力，或通过离开广告播放的场景，或通过开通会员、换台、滑过、关闭等动作拒绝广告信息的干扰。

为了避免受众的广告回避，广告创作者穷尽各种方式与手段，如关不掉的弹窗广告、遮挡屏幕的大幅广告、接连发送的垃圾邮件／短信、伪装成媒介内容而误导点击。这无异于饮鸩止渴，看似广告的曝光量与点击量快速上升了，但是广告与用户也因此陷入更加紧张的关系之中。一些屏蔽或拦截广告的软件悄然流行，以隐蔽的方式协助用户躲过广告的干扰。为了缓解紧张关系、治理广告乱象，国内外的机构与组织相继发起了禁止干扰性强的广告形式的倡议。

在过去，这一类型的广告治理往往被划为保护消费者的合法权益之列，将消费者视为在商业力量面前需要保护的弱势群体。监管只能处理个别影响极其严重的情况，对于普遍意义的负面广告体验并不能形成有效干预。伴随着媒体形式变化以及消费者权益的提升，在这场注意力交易之中，消费者开始从被操控者成为交易的入局者，可以左右自己的注意力分配。就当前情况来看，这种主动性尚未得到完全的保障，但是却显示了一种可能性，通过技术、机制或者法律制度的保障，让用户拥有注意力交易中的主动权，不仅能够遏制数字广告交易市场上的乱象，而且还能够激发广告交易为消费者创造更多价值的新形态。

广告作为衔接内容消费与商品消费、精神交往与物质交往的关键点，在传媒与商业的各种资源之间达成了某种交易的合谋。通过交易，所有主体的境遇都变得更好，所有人都能够通过分工，专注于从事自己最擅长的工作，也能够通过交易达成目标。理想的交易应该使得交易双方的生活变得更好。但是近年来的广告交易却在逐渐塌陷，一些交易的主体已经不能从中获益。"价值层"体现为注意力资源的交易，为广告主创造价值，也为消费者创造价值，使得彼此的状况通过交易而得到改善，促进社会福利的最大化。因此，注意力资源的需求者、供给者，交易双方需要经由广告交易获得彼此期待的价值。价值层奠定了广告存在于现代社会的价值根基与前提。

9.5.2　数字广告交易治理的信任层

信任是一个多义词，也是一个相对广泛的跨学科话题，在心理学、社会学、经济学、管理学等领域都有相关研究。信任在社会生活的各个方面发挥着重要作用，是经济生活的润滑剂。社会学家 Niklas Luhmann（2017）认为，信任通过超越可用信息和概括行为预期来降低社会复杂性，它通过内部保障的安全取代了缺失的信息。如果在交易的过程中，交易主体无法彼此信任，它们就必须时刻保持警惕，搜集更多信息，保护自己的利益。这种不信任的代价可能非常高，而且也会对社会以及整个经济效率产生重大的负面影响。

信任也是一种重要的社会资本，它的存在降低了交易与合作的成本。当交易与合作成为日常生活的一部分时，就会在人们普遍信任他人的基础上形成良性循环。如果个人或组织无法信任其他人或组织，它们就必须时刻保持警惕以保护自身。这种不信任的状态带来的代价非常大，并且对社会及整个经济效率产生重大的负面影响。信任常常是很难建立的，但是当信任一旦缺失时，又会被强烈地感受到。

如今，广告主与广告媒体之间的流量交易已失去了信任的根基。当广告交易方式从原来的模糊协商，转向按效果计费，交易欺诈从早先的指标作假（买通数据统计公司），转向广告投放之中的观看作假。虚假流量成为吞噬广告预算的"销金兽"。广告交易效果不可见，只能依赖数据统计与技术识别来判断广告效果的好与坏。曾经广告主可以大致预估效果，如今交易方式变得逐渐失控，相对确定的事情变得日益不可控，在广告世界中的广告投放变成了异常冒险的行为。广告主的投放需要专门的广告技术监测公司护航，否则不少份额的广告投放可能都是"打水漂"，沦为广告交易的成本。一些广告主不得不开始对广告预算投入进行反复查验，而在此之前，它们已经多年不做这样的事情了。一些广告主发现停止广告投放之后商品的销量并没有下滑，公司的整体营收反而稳步上升了。当叠加交易成本的总成本高于广告主认为从交易中获得的收益时，这一交易形态将会被舍弃，数字广告生态将会逐渐萎缩。信任缺失现象正在瓦解着广告主的信心。

广告主、媒体、平台与用户之间的数据信任关系也变得日益重要。通常情况下，人们并不会总是关注到信任这一问题，但其习惯性行为背后总是隐藏着信任。例如，很多人在未阅读隐私政策条款的情况下就同意了，许多人仍然相信公司会进行良好的数据治理，或者认为，能够通过诉讼或者舆论批评来改善数字广告治理。这些行为背后都代表着人们对数字广告交易系统有着基本的信任。当出现危机事件或者系统崩溃的时候，人们才会敏锐地意识到信任这一问题，并需要自主决定要不要给予信任。

信息不对称以及数据无形、易于复制与转移的特性，导致注意力需求者与提供者之间存在诸多不确定性。信任可降低社会复杂性、化解不确定性，让彼此更关注长期利益，避开机会主义行为。由于数据主体的有限理性、数据在流通过程中的契约不完全，从而产生了两大缺口：形式合规与实质合规的缺口、合规行为与用户感知的缺口。基于信任的关系治理理论为缺口弥合提供了解决思路。关系维持是关系治理理论的基本价值，持续性关系产生于重复博弈，引导双方形成合理期望，从长期利益出发维持关系，自觉遵守承诺，形成对双方都有利的解决方案。因此，在数字广告交易治理中，建立数据信任关系是关键突破口，也是化约不同治理路径的关键线索。

以数据信任为中心的公共关系及其所带来的长期利益也被用于数据合规的倡导中，扭转人们将数据合规视作管理成本的认知。多项研究证实，数据使用者可通过合规的数据处理方式，获得公众、个人和数据主体的信任，从而提高人们提供数据的意愿，创造持久的价值（世界经济论坛，2021；Scott McDonald，2021；Derek Rodenhausen et al.，2022）。为解决大数据时代的"信任赤字"，Balkin（2016）提出数据信托理论，其原理即引入第三方信托人，在数据主体与数据使用者之间建立信任桥梁。可见，信任关系是数据合规治理的价值基础与终极愿景，具备化约不同治理路径的潜质。

数据信任关系的内涵分为基于动机的信任与基于能力的信任。基于动机的信任，即交易的初始动机是使交易有益于所有的交易主体。治理的重点在于清除市场障碍，使得合作与信任成为生态系统的最优解。基于能力的信任，在双层嵌套模型中的"信任层"体现为在具体的注意力资源的交易过程中，卷入了更多的中间参与者，他们要么专注于注意力资源的吸引与凝聚，要么专注于注意力资源的匹配，要么专注于对交易过程的监督。用户的注意力及行为数据透露着用户的个人隐私，用户是否信任中间交易者对于自己数据的收集、整理以及使用；注意力资源的匹配是否有效，交易过程是否真实等都体现在产业内部分工与合作而产生的信任问题上。

数字广告交易治理是需要为交易的安全与信任支付成本的，公共部门需要为行业信任关系的建立持续努力，从而推动整个市场的进步。信任是减少数字广告交易摩擦的有效手段。高度不信任会导致过高的交易费用与成本。在数字广告交易中，信任也是降低信息摩擦的润滑剂，使得交易的双方无须为了交易而支付更多的信息租金，磨损了交易的价值。因此，数字广告治理的第二个目标是构建更加值得信任的注意力交易市场。

在此基础上，本书基于第 3 章的注意力广告交易模型以及第 4 章数字技术对注意力交易的影响模型，提出本研究的第三个模型，数字广告交易治理的双层嵌套模型。作为市场交易信号的广告以及作为注意力资源交易的广告，可以推导出数字广告交易治理模型（见图 9–1）。

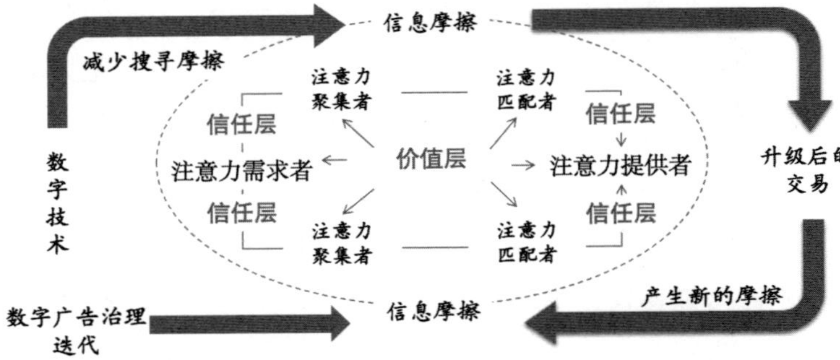

图 9–1　数字广告交易治理模型

广告在达成第一层的价值创造使命之后，注意力的需求方与供给方均认可注意力交换会给自己带来价值。接下来，广告主会将自己的广告预算委托给下游代理商，消费者将自己的数据委托给平台，倘若存在道德风险，广告交易环节就会出现信息摩擦与信任赤字，数字广告治理进入到第二层——“信任层”。如果说价值层解决的是数字广告治理相对宏观的框架，那么信任层解决的是数字广告交易中的微观细节。在这一层，广告与交易的关系表现为广告产业内部的分工、交易与合作。

本章小结

数字广告治理实践嵌入在更宏观的经济社会结构中，且市场主体之间频繁的互动博弈，导致自上而下的控制模式无法达到预期效果。数字广告治理的复杂性意味着治理者需要将数字广告生态视为复杂系统，并以系统性思维开展治理。本书引入交易视角，通过将数字广告活动视作以注意力资源为对象的交易，构建数字广告治理系统。其中，"信息摩擦"是数字技术对广告交易实践及生态产生影响的重要中介机制。在此基础上，本书借助 Netlogo 计算机仿真软件构建了注意力资源交易的行动者模型，设置监测值与治理参数，考察不同治理手段对于数字广告交易生态的影响，为广告监管部门治理决策提供建议。最后，本章重申数字广告交易治理的两大目标——价值与信任，进而提出了包含价值层与信任层的数字广告交易治理模型。

结　语

　　本书所谈及的现象、案例与操作，读者大多熟悉，业界人士更是耳熟能详，研究的创新尝试与理论贡献是基于对现象的思考与讨论，借助交易理论进一步梳理广告治理的思路。本书对广告交易的检视，实则是对广告生态系统及运行机制的考察，进而回答广告存在的必要性问题以及如何治理的问题。在交易的视角下，广告活动（不局限在狭义的广告投放或媒介购买）被整体界定为关于注意力资源的交易。将广告活动搁置在"理想交易"的滤镜之下，广告行业的长久发展必须满足"价值"与"信任"两项前提条件。

　　广告交易需要使参与交易的双方或多方能够从中获益（即价值），否则交易的大厦将会因为一角退出而坍塌、倾覆。对过去大众传播时代的广告交易而言，消费者角色在交易中缺席，使得广告沦为一种彻底的干扰，交易不能为消费者创造价值而陷入危机，这也是"广告已死"的声音甚嚣尘上的原因之一。进入数字传播时代，消费者持注意力资源以及数据资源回归广告交易台面，广告交易为消费者创造价值，成为交易的前提。而好的交易体系不仅能够将交易创造的价值共享给所有的参与者，而且也尽量避免将交易带来的价值折损在交易费用上，即信息摩擦上。信任也被列为消除信息摩擦、维系广告交易生态高效运转的"润滑剂"。

　　相较于笔者在2019年出版的关于互联网广告市场结构与权力的中观研究，本书退回到对广告以注意力资源为对象的交易本质的探索，试图从微观机制演化为宏观现象，展示数字广告市场的动态演绎，拓展过去研究对广告交易的局限认知，串联起广告交易的所有环节。因而，广告治理，不是简单消除与禁止违法违规现象，而是力求从根本上清除广告交易中的障碍，或者说减损交易价值的故障与问题。当消费者被列为交易中的一环时，过去广告治理中两个分隔的议题——消费者保护与行业行为规范，在数字广告交易的视角下被融合为一体。消费者也是广告交易的参与者，其权利以及利益分配也是行业行为规范需要纳入考虑的要素。尤其是在数字广告的数据治理领域，以消费者隐私保护为中心的数据收集与处理，能够帮助广告主赢得消费者的信任，进而获得高质量的数据授权。演化博弈规律是数字广告治理不应忽视的问题，多元利益相关者在数字广告交易中的相互制衡本身就可以成为数字广告治理的有效手段，缓解广告监管部门的治理压力。

在数字技术助推广告形态的不断变迁的背景下，进入广告交易市场的玩家不断增多，变得越来越复杂，广告市场的交易也逐渐从少量、大型玩家，发展成为无论大、中、小、微型玩家都参与的"游戏"，尤其是区块链技术的发展，用户通过观看广告可以获得注意力代币，广告交易发展成为碎片化，甚至是个人单次曝光机会的交易。也可以说，广告交易市场售卖的是机会，一次商品被消费者认识到的机会。Advertise 源自拉丁文（adaverture），其意是"通知他人某件事情，以吸引他人的注意"。广告是一次机会，也意味着机会的对立面——风险与不确定性的共存，数字广告交易并非显而易见，隐蔽性极高，且存在极大的变数。

数字技术不断改变数字广告的交易形态，也带来了诸多连锁反应。例如广告人身份的"流动性"。以前的广告人是那些在广告行业中拥有职业归属感与独立性的专业人士，正如《广告狂人》中的广告人，他们拥有非常相似的做派。如今，身份的流动性使任何人都可以成为广告人。拥有广告思维，即意味着能够识别并抓住注意力机会的人。哪怕是写出"甜过初恋"的卖蜜橘的小贩，也是那个直击心灵的广告人。身份的流动性还体现在新的智能体出现，越来越多的重复性工作，甚至创意性工作，都可以由机器来实现。

数字技术也带来了注意力的失焦。广告交易的核心使命是促成注意力资源的交易。曾经唤起注意十分容易，蜷缩在沙发里的"sofa potato"在观看媒介内容时也观看着广告。进入数字时代，被海量内容随心获取所宠溺的受众，无法再忍受任何形式的"中断"与"打扰"。大众传播时代的广告失去了吸引注意力的核心能力，伴随而来的是一系列的行业危机与焦虑。广告交易并没有消失，而是在其他地方，以崭新的面貌重新出现，响应着用户的信息需求，服务着用户的购买决策。当广告交易能够为用户创造价值时，用户的注意力资源便自然地进入到了交易之中，而非抗拒。

当市场利益相关者皆因数字广告交易而获益，广告主更加信赖看不见的广告，获得更加充分的广告营销决策支持；媒体获得更佳的用户体验与广告运营效率；用户节省了时间与精力，降低了消费决策的不确定性风险，获得更佳的广告体验与消费体验，数字广告交易生态就此形成。广告不仅没有死去，而且还将继续为数字经济体系的维系与运转提供驱动。数字广告治理即是在熟谙数字广告交易生态运转体系的基础上，消除减损其交易价值的"信息摩擦"。

本书梳理已有治理路径的底层逻辑，引入信息摩擦这一微观机制，实现多元治理路径的打通、比较与融合；构建广告交易生态与治理模型，将治理路径与数据生态演化相对应，增强治理研究的全局性，协调治理与发展之间的关系；展现不同治理路径的演化博弈过程，在微观机制与宏观现象之间架构解释的"桥梁"，增进对不同治理路径的理解，推动数字广告治理理论的创新。在应用价值上，本书致力于增进研究结论对治理实践的启发性、预见性与指导性，从而提升治理水平，解放与发展数据生产力，激发数字广告业活力，助力数字经济的蓬勃发展。数字广告的治理水准在一定程度上体现了数字文明的先进性与数字社会的成熟度。

参考文献

［1］Don Schultz. The Future of Advertising or Whatever We're Going to Call It［J］. Journal of Advertising, 2016, 45: 3, 276–285, DOI: 10.1080/ 00913367. 2016. 1185061.

［2］邢小强，周平录，张竹，等. 数字技术、BOP商业模式创新与包容性市场构建［J］. 管理世界，2019, 35（12）：21.DOI: CNKI: SUN: GLSJ.0.2019–12–011.

［3］Fan M., Kumar S. and Whinston A.B. Selling or Advertising: Strategies for Providing Digital Media Online［J］. Journal of Management Information Systems, 2007, 24: 143–166. https://doi.org/10.2753/mis0742–1222240305.

［4］上海市广告协会.《数字广告标准》第1部分"总则".［S/OL］（2021–12–13）［2024–01–17］. https://www.shaa.org.cn/news/article?ids=1422.

［5］Heejun Lee，Chang–Hoan Cho. Digital advertising: present and future prospects［J］. International Journal of Advertising, 2019, 39: 3, 332–341, DOI: 10.1080/02650487.2019.1642015.

［6］王静，邢饶佳，张猛. 数字广告：概念，特征与未来［J］.中国广告，2022（10）：68–73.

［7］Jef I.Richards, Catharine M. Curran.Oracles on "Advertising"：Searching for a Definition［J］. Journal of Advertising, 2002, 31（2）：63–77. DOI:10.1080/009 13367.2002.10673667.

［8］顾明毅，姜智彬，李海容.百年广告定义研究辨析［J］.现代传播（中国传媒大学学报），2018（4）：8.DOI: CNKI: SUN: XDCB.0.2018–04–025.

［9］Carlson L. Historical, Structural, and Brand Equity Considerations ［J］. Journal of Advertising,2015, 44（1）: 80–84.

［10］Micael Dahlen, Sara Rosengren. If Advertising Won't Die, What Will It Be? Toward a Working Definition of Advertising ［J］. Journal of Advertising, 2016, 45:3, 334–345, DOI: 10.1080/00913367.2016.1172387.

［11］Gayle Kerr, Jef Richards .Redefining advertising in research and practice ［J］. International Journal of Advertising, 2021, 40:2, 175–198, DOI: 10.1080/02650487.2020.1769407.

［12］陈刚，潘洪亮. 重新定义广告——数字传播时代的广告定义研究 ［J］. 新闻与写作，2016（4）: 24–29.

［13］胡贝贝，王胜光，段玉厂. 互联网引发的新技术——经济范式解析 ［J］. 科学学研究，2019（4）: 582–589.

［14］俞可平. 全球治理引论 ［J］. 马克思主义与现实，2002（1）: 20–32.

［15］徐勇. GOVERNANCE：治理的阐释 ［J］. 政治学研究，1997（1）: 63–67.

［16］格里·斯托克，华夏风. 作为理论的治理：五个论点 ［J］. 国际社会科学杂志（中文版），1999（1）: 19–30.

［17］R.A.W.罗茨，杨雪冬. 新治理：没有政府的管理 ［J］. 经济管理文摘，2005（14）: 41–46.

［18］章晓英，苗伟山. 互联网治理：概念，演变及建构 ［J］. 新闻与传播研究，2015（9）: 117–125.

［19］邹军. 全球互联网治理：未来趋势与中国议题 ［J］. 新闻与传播研究，2016，23（S1）: 5–13.

［20］Joris Toonders.Data Is the New Oil of the Digital Economy ［N/OL］. Wired（2014–07–15）［2022–12–23］. https://www.wired.com/insights/2014/07/data–new–oil–digital–economy/.

［21］姜智彬，郭钦颖. 技术驱动 融合智能引领创新2019年中国广告十大现象盘点 ［J］. 编辑之友，2020（2）: 48–55.

［22］马二伟. 数据驱动下广告产业的智能化发展 ［J］. 现代传播（中国传媒大学

学报），2020（5）：138–143. DOI: CNKI: SUN: XDCB.0.2020–05–025.

［23］杨先顺，李婷.智能广告的技术伦理风险及其治理新探［J］.武汉大学学报
（哲学社会科学版），2023，（3）：100–110.

［24］高嘉琪，解学芳.数智时代广告产业的伦理审视及治理路径［J］.郑州大学
学报（哲学社会科学版），2023，56（2）：116–121.

［25］李名亮.智能广告信息伦理风险与核心议题研究［J］.新闻与传播评论，
2020（1）：76–84.DOI: CNKI: SUN: WHDS.0.2020–01–008.

［26］方兴东，何可，钟祥铭.数据崛起：互联网发展与治理的范式转变［J］.传媒
观察，2022（10）：49–59.

［27］Piyush Datta Thimmapuram（2023）.Data Privacy & Changing
Landscape in Digital Advertising［R/OL］. https://www.researchgate.net/
publication/367092272_Data_Privacy_Changing_Landscape_in_Digital_
Advertising.

［28］傅建平.论更好地发挥数据要素作用的十个关系［J］.人民周刊，2023（5）：
65–66.

［29］唐林垚.数据合规科技的风险规制及法理构建［J］.东方法学，2022（1）：
79–92.

［30］Baker S.M., Gentry J.W., Rittenburg T L .Building Understanding of the Domain
of Consumer Vulnerability［J］. Journal of Macromarketing, 2005, 25（2）：
128–139. DOI:10.1177/0276146705280622.

［31］凯伦·杨，马丁·洛奇编.驯服算法：数字歧视与算法规制［M］.上海人民
出版社，2020.

［32］凯西·奥尼尔.算法霸权［M］.马青玲译.北京：中信出版社，2018.

［33］姜智彬，马欣.领域、困境与对策：人工智能重构下的广告运作［J］.新闻
与传播评论，2019（3）：56–63.

［34］段淳林，宋成.用户需求、算法推荐与场景匹配：智能广告的理论逻辑与实
践思考［J］.现代传播，2020（8）：119–128.

［35］姚曦，任文姣.从意识沉浸到知觉沉浸：智能时代广告的具身性转向［J］.

现代传播，2020（1）：128–132.

[36] 陈昌凤，张梦. 智能时代的媒介伦理：算法透明度的可行性及其路径分析
［J］. 新闻与写作，2020（6）：75–83.

[37] 马澈. 关于计算广告的反思——互联网广告产业、学理和公众层面的问题
［J］. 新闻与写作，2017（5）：20–26.

[38] 孙少晶，等. "算法推荐与人工智能"的发展与挑战［J］. 新闻大学，2019
（6）：1–8.

[39] Baker S.M., Gentry J.W., Rittenburg T.L.. Building Understanding of the Domain
of Consumer Vulnerability［J］. Journal of Macromarketing, 2005, 25（2）:128–
139. DOI:10.1177/0276146705280622.

[40] René Knig, Uphues S., Vogt V., et al.Vulnerability in a tracked society:
Combining tracking and survey data to understand who gets targeted with
what content［J］. New Media & Society, 2020, 22（11）:1996–2017.
DOI:10.1177/1461444820924631.

[41] Helberger N., Huh J., Milne G.,et al.Macro and Exogenous Factors in
Computational Advertising: Key Issues and New Research Directions［J］.
Journal of Advertising, 2020, 49（4）:377–393. DOI:10.1080/00913367.2020.18
11179.

[42] 陈震，黄文良，曹军威编著. 互联网流量大数据工程［M］. 北京：清华大学
出版社，2014：11.

[43] Schumann D.W., Thorson E. Internet Advertising: Theory and Research［M］. L.
Erlbaum Associates Inc., 2007.

[44] 杜骏飞. 中国网络广告考察报告［M］. 北京：社会科学文献出版社，2007.

[45] 马二伟. 数据驱动下广告产业的智能化发展［J］. 现代传播（中国传媒大学
学报），2020（5）：138–143.

[46] 李明伟. 网络广告的法律概念与认定［J］. 新闻与传播研究，2011，18（5）：
68–73.

[47] 宋亚辉. 广告发布主体研究——基于新媒体广告的实证分析［J］. 西南政法

大学学报，2008，10（6）：16–26.

［48］黄武双. 论搜索引擎网络服务提供商侵权责任的承担——对现行主流观点的质疑［J］. 知识产权，2007，17（5）：16–23.

［49］王梦萍. 浅析网络广告发布者的审查义务及其法律责任［J］. 法制与社会，2008（9）：55–56.

［50］李明伟. 论搜索引擎竞价排名的广告属性及其法律规范［J］. 新闻与传播研究，2009，16（6）：95–100.

［51］邓宏光，周园. 搜索引擎商何以侵害商标权？——兼论"谷歌"案和"百度"案［J］. 知识产权，2008，18（5）：59–64.DOI:10.3969/j. issn.1003–0476.2008.05.006.

［52］罗莉. 关键词服务中搜索引擎服务商的义务和责任［J］. 中国法律，2010（2）：5.DOI:CNKI:SUN:ZGFL.0.2010–02–006.

［53］徐剑. 电子邮件广告的表达自由与限制——论美国的反垃圾邮件立法［J］. 现代传播（中国传媒大学学报），2009，（03）：114–116. DOI:10.19997/j.cnki. xdcb.2009.03.034.

［54］朱松林. 论行为定向广告中的网络隐私保护［J］. 国际新闻界，2013，35（4）：94–102. DOI:CNKI:SUN:GJXW.0.2013–04–013.

［55］Mackey T.K., Cuomo R.E. and Liang B.A. The rise of digital direct–to–consumer advertising?: Comparison of direct–to–consumer advertising expenditure trends from publicly available data sources and global policy implications［J］. BMC Health Serv Res.

［56］Nick Fox, Katie Ward and Alan O'Rourke. A Sociology of Technology Governance for the Information Age: The Case of Pharmaceuticals, Consumer Advertising and the Internet［J］. Sociology, 2006, 40（2）：315–334.

［57］刘坤. "弹窗广告"治理的有效途径［J］. 传媒，2017（16）：69–70.

［58］兰磊. 比例原则视角下的《反不正当竞争法》一般条款解释——以视频网站上广告拦截和快进是否构成不正当竞争为例［J］. 东方法学，2015（3）：68–81.

［59］易晓辉. 欧美主流网络媒体应对广告拦截的措施初探［J］. 新闻界，2016（4）：66–69.

［60］阮丽华，张金隆，田鼎. 基于公共利益的网络广告规制研究［C］. 第五届（2010）中国管理学年会——信息管理分会场，2010.

［61］陈伊娜. 网络广告事前审查机制探析［J］. 声屏世界：广告人，2009（4）：177–180.

［62］宗乾进，游静. 网络广告中的信息不对称与第三方监测［J］. 电子商务，2009（7）：47–48.

［63］余人，高乔. 新《广告法》中互联网广告规定的更新与局限［J］. 中国出版，2016（3）：38–41.

［64］康芳. 网络广告传播的法律规制［J］. 传媒，2017（20）：73–74.

［65］Lu, Bingbin. The unique Chinese legal approach to online ad blocking: Is it in the right direction?［J］. Computer Law & Security Review, 2017, 33（6）:786–801.

［66］韩红星，覃玲. 广告拦截的发展及对媒介生态的影响［J］. 当代传播，2017（1）：82–86.

［67］王冕. 从网络广告监管到网络广告治理——公共治理的视角分析［J］. 商业研究，2009（1）：188–191.

［68］陈彦彦，范亚东. 社会共治视域下网络广告市场规制［J］. 学术交流，2017（5）：151–156.

［69］唐英，朱娜：网络广告生态习性及环境治理［J］. 当代传播，2015（5）：87–89.

［70］Avi Goldfarb and Catherine E. Tucker：Privacy Regulation and Online Advertising［J］. Management Science, 2011, 57（1）：57–71.

［71］方兴东，何可，钟祥铭. 数据崛起：互联网发展与治理的范式转变［J］. 传媒观察，2022（10）：49–59.

［72］杨先顺，李婷. 智能广告的技术伦理风险及其治理新探［J］. 武汉大学学报（哲学社会科学版），2023（03）：100–110.

［73］张艳，徐颖. 智能广告传播中的数据垄断及敏捷治理［J］. 当代传播，2023

（02）：82–85.

[74] 姜智彬，崔艳菊.区块链赋能互联网广告数据安全管理研究 [J]．当代传播，2022（04）：95–98.

[75] 黄玉波，杨金莲.美国信息流广告的规制框架及其借鉴意义 [J]．现代传播，2020，42（01）：133–137.

[76] 鞠宏磊，李欢.精准广告相关隐私问题的规制原则与策略 [J]．编辑之友，2016（06）：96–99.

[77] 奈杰尔·吉尔伯特.基于行动者模型 [M]．上海：格致出版社，2022.

[78] World Economic Forum（2021）.Good Data: Sharing Data and Fostering Public Trust and Willingness [R/OL]．https://www.weforum.org/whitepapers.

[79] Advertising Research foundation Cross–Platform Measurement Council. Identity Resolution Group: Demystifying Data Cleanrooms [EB/OL]．（2022–05–12）[2023–12–03]．https://thearf.org/category/ua_resource/demystifying–data–cleanrooms.

[80] Piyush Datta Thimmapuram.Data Privacy & Changing Landscape in Digital Advertising [R/OL]．（2022–01）[2023–12–03]．https://www.researchgate.net/publication/367092272.

[81] Advertising Research Foundation. The ARF's 4th Annual Privacy Study [R/OL]．（2022–01–20）[2023–07–22]．https://thearf.org/category/uncategorized/the–arfs–4th–annual–privacy–study.

[82] Derek Rodenhausen, Lauren Wiener, Kristi Rogers, and Mary Katerman. Consumers Want Data Privacy. Marketers Can Deliver. [R/OL]．（2022–01–21）[2023–07–23]．https://www.bcg.com/publications/2022/consumers–want–data–privacy–and–marketers–can–deliver.

[83] 托马斯·谢林.中文版序言 [A]．//彼得·赫斯特罗姆.解析社会：分析社会学原理 [M]．南京大学出版社，2010：2.

[84] 倪宁.广告学教程（第四版）[M]．北京：中国人民大学出版社，2022：105–106.

［85］陈宇峰，姜井勇. 交易成本，行为选择与治理经济学——2009年诺贝尔经济学奖得主奥斯特罗姆和威廉姆森学术贡献述评［J］. 西部论坛，2010，20（4）：29–36.

［86］何全胜. 交易理论The theory of exchange［M］. 北京：新华出版社，2010.

［87］王盼盼. 创新构建交易经济学理论体系——评《交易经济学原理》［J］. 当代经济，2017（1）：129.

［88］李三希，王泰茗，武玙璠. 数字经济的信息摩擦：信息经济学视角的分析［J］. 北京交通大学学报（社会科学版），2021，20（4）：12–22.

［89］Peter Diamond.Mobility Costs, Frictional Unemployment, and Efficiency［J］. Journal of Political Economy,1981, 89,（4）:798–812.

［90］George A. Akerlof. The Market for "Lemons"：Quality Uncertainty and the Market Mechanism［J］. The Quarterly Journal of Economics, 1970, 84（3）：488–500.

［91］Goldfarb and Tucker.Digital Economics［J］. Journal of Economic Literature, 2019, 57（1）：3–43.

［92］Dale Stahl.Oligopolistic Pricing with Sequential Consumer Search［J］. American Economic Review, 1989, 79（4）：700–712.

［93］B. A. Aubert, M. Patry and S. Rivard. Assessing the risk of IT outsourcing［J］. Proceedings of the Thirty–First Hawaii International Conference on System Sciences, 1998（6）：685–692.

［94］Asher Wolinsky.True Monopolistic Competition as a Result of Imperfect Information［J］. The Quarterly Journal of Economics,1986,101（3）：493–512.

［95］Poppo L. and Zenger T. Do Formal Contracts and Relational Governance Function As Substitutes or Complements?［J］. Strategic Management Journal，2002（23）:707–725.

［96］Jeffries F. L., Reed R.Trust and Adaptation in Relational Contracting［J］. Academy of Management Review,2000,25（4）:873–882.

［97］Uzzi B.Social Structureand Competition in Interfirm Networks：The Paradox of Embeddedness［J］. Administrative Science Quarterly，1997（42）：35–67.

［98］Klein B. A. Why Hold–ups Occur: The Self–enforcing Range of Contractual Relationships［J］. Economic Inquiry, 1996, 34（3）: 444–463.

［99］张金隆，丛国栋，陈涛，等.基于交易成本理论的IT外包风险控制策略研究综述［J］.管理学报，2009, 6（1）: 126.

［100］杨海军.中外广告史［M］.武汉大学出版社，2006.

［101］传媒大学广告学院，内容银行重点实验室. 新营销2020白皮书: 变革与趋势［R］. 2021: 45.

［102］阿兰·B.阿尔瓦兰主编.传媒经济与管理学导论［M］.崔保国，杭敏，徐佳，等译.北京: 清华大学出版社，2010: 581–593.

［103］廖秉宜，付丹.广告产业经济学理论与实践研究［M］.北京: 学习出版社，2012.

［104］Dallas W. Smythe.Communications:Blindspot of Western Marxism［J］. Canadian Journal of Political and Social Theory, 1977, 1（3）:1–27.

［105］Meehan E. Ratings and the Institutional Approach: A Third Answer to the Commodity Question［J］. Critical Studies in Mass Communication,1984,1（2）: 216–225.

［106］Gandy O. Tracking the Audience. in J. Downing, A Mohammadi & A.Sreberny–Mohammadi（eds）.Questioning the Media, pp. 166–179. Newbury Park: Sage.1990:169.

［107］Mosco V. The Political Economy of Communication: Rethinking and Renewal［M］. London: Sage, 1996: 153.

［108］郭镇之.传播政治经济学理论泰斗达拉斯·斯麦兹［J］.国际新闻界，2001（3）: 59–63.

［109］陈世华."受众商品论"的理论溯源与未来走向［J］.新闻知识，2012（1）: 3–5.

［110］罗伯特·皮卡德，媒介经济学: 概念与问题［M］.北京: 中国人民大学出版社，2005.

［111］詹姆斯·韦伯斯特.注意力市场: 如何吸引数字时代的受众［M］.郭石磊译，

北京：中国人民大学出版社，2017.

［112］Herbert A. Simon. Designing Organizations for an Information Rich World, in Computers, Communications, and the Public Interest ［M］. Baltimore: The Johns Hopkins Univ. Press，1971: 40–41.

［113］Thorngate W.The economy of attention and the development of psychology ［J］. Canada Psychology, 1990（31）: 62 –70.

［114］Goldhaber, Michael H. The Attention Economy and the Net ［EB/OL］.（1997–04–07）［2023–01–28］. https://firstmonday.org/ojs/index.php/fm/article/view/519/440.

［115］徐光远，王旭海.注意力经济研究的新视角［J］.思想战线，2013（3）: 115–119.

［116］Davenport, Thomas H.,et al.Attention Economy: Understanding the New Currency of Business.［J］. Harvard Business School Press Books, 2002.

［117］Franck G .Scientific Communication—A Vanity Fair?［J］. Science, 1999, 286（5437）: 53–55.

［118］Franck G. Vanity Fairs Another View of the Economy of Attention ［M］. Springer Cham, 2020.

［119］Brittany R.L. Duff and Claire M. Segijn .Advertising in a Media Multitasking Era: Considerations and Future Directions ［J］. Journal of Advertising, 2019（48）:1, 27–37. DOI:10.1080/00913367.2019.1585306.

［120］Richard A. Lanham. The Economics of Attention: Style and Substance in the Age of Information ［J］. Journal of Bioeconomics, 2009.DOI:10.1007/s10818–009–9054–0.

［121］Chinchanachokchai, Sydney, Brittany Duff and Sela Sar .The Effect of Multitasking on Time Perception, Enjoyment, and Ad Evaluation ［J］. Computers in Human Behavior,2015（45）:185–91.

［122］雷蕾，张晓宾. 信息经济学视域下互联网媒体虚假流量的治理机制设计 ［J］. 当代传播，2021（1）: 98–101.

［123］威廉·阿伦斯. 当代广告学（第八版）［M］. 丁俊杰，程坪，等译，北京：
人民邮电出版社，2005：53.

［124］李三希，王泰茗，武玙璠.数字经济的信息摩擦：信息经济学视角的分析
［J］.北京交通大学学报（社会科学版），2021，20（4）：12–22.

［125］Mehta, Abhilasha, Advertising Attitudes and Advertising Effectiveness［J］.
Journal of Advertising Research，2000，40（3）：67–72.

［126］陈素白，段秋婷.广告回避文献述评与研究转向探讨［J］.编辑之友，2020
（11）：82–89.

［127］Zanot E.J. Public attitudes toward advertising: the American experience［J］.
Variety Movie Reviews, 1984, 3（1）：3–15.

［128］胡海涛.广告抗拒心理分析［J］.经营与管理，1987（7）：47–48.

［129］Stafford M.R.,Stafford T.F.Mechanical commercial avoidance: A uses and
gratifications perspective［J］. Journal of Current Issues & Research in
Advertising, 1996, 18（2）：27–38.

［130］Gao B., Wang Y., Xie H., Hu Y. Artificial Intelligence in Advertising:
Advancements, Challenges, and Ethical Considerations in Targeting,
Personalization, Content Creation, and Ad Optimization［J］. Sage Open,
2023，13（4）. https://doi.org/10.1177/21582440231210759.

［131］Nikolajeva A., Teilans A. Machine learning technology overview in terms of
digital marketing and personalization［C］. European Council for Modelling
and Simulation（ECMS），2021: 125–130.

［132］Laux J., Stephany F., Russell C., Wachter S., Mittelstadt B. The Concentration–
after–Personalisation Index（CAPI）: Governing effects of personalisation
using the example of targeted online advertising［J］. Big Data & Society,
2022, 9（2）：1–15.

［133］Peng G., Liu S., Wang J. Sensitivity–proof content advertising based on two–
stage text classification［C］. International Conference on Computational
Intelligence and Software Engineering（IEEE），Wuhan, China ,2010: 1–4.

［134］Aguilar J., Garcia G. An adaptive intelligent management system of advertising for social networks: A case study of Facebook ［C］. IEEE Transactions on Computational Social Systems,2017, 5（1）: 20–32.

［135］Jovanovic M., Campbell M. Generative artificial intelligence: Trends and prospects ［J］.Computer, 2022, 55（10）: 107–112.

［136］汤姆·斯丹迪奇. 社交媒体简史：从莎草纸到互联网 ［M］. 北京：中信出版社，2015.

［137］W. Glynn Mangold, David J. Faulds. Social media: The new hybrid element of the promotion mix ［J］. Business Horizons，2009，52（4）：357–365.

［138］科特勒，等. 营销革命4.0：从传统到数字 ［M］. 北京：机械工业出版社，2018：56.

［139］Liu–Thompkins Y., Maslowska E., Ren Y.,et al.Creating, Metavoicing and Propagating: A Road Map for Understanding User Roles in Computational Advertising ［J］. Journal of Advertising, 2020（4）: 1–17. DOI:10.1080/00913367.2020.1795758.

［140］廖秉宜，张慧慧. 互动与博弈：算法推荐下短视频行业生态与发展路径 ［J］.中国编辑，2021（9）：7.

［141］World Health Organization.How media is bought: the digital marketing ecosystem ［R/OL］.（2019–01–01）［2023–01–31］. http://www.jstor.org/stable/resrep41222.8.

［142］Uslay C. Is Advertising Stuck in the Middle? A Commentary ［J］. Journal of Advertising Education, 2018，22（2）：147–151. https://doi.org/10.1177/1098048218807149.

［143］John Sinclasir. Cracking under pressure: current trends in the global advertising industry ［J］. Media International Australian, 2020, 174（1）: 3–16.

［144］周丽玲，陈欢，陶如意，等. 职业重建：大数据冲击下广告职业的内部分化与外部竞争 ［J］.新闻大学，2017（2）：10.DOI:CNKI:SUN:XWDX.0.2017–02–011.

［145］World Economic Forum（2021）.Good Data: Sharing Data and Fostering Public Trust and Willingness［R/OL］.（2021–04–30）［2023–08–07］. https://www.weforum.org/publications/good–data–sharing–data–and–fostering–public–trust–and–willingness.

［146］Jung J., S.W. Shim, H.S. Jin and H. Khang. Factors affecting attitudes and behavioural intention towards social networking advertising: A case of Facebook users in South Korea［J］. International Journal of Advertising, 2016, 35（2）: 248–65.

［147］Sheehan K. B., Hoy, M. G. Flaming, Complaining, Abstaining: How Online Users Respond to Privacy Concerns［J］. Journal of Advertising, 1999, 28（3）: 37–51.

［148］Davranova M. D. Internet Advertising: Perceptions of the Users［J］. International Journal of Marketing & Business Communication, 2019, 8（2/3）: 25–36.

［149］杨嫚，温秀妍.隐私保护意愿的中介效应：隐私关注、隐私保护自我效能感与精准广告回避［J］.新闻界，2020（7）：41–52.

［150］夏茂森，朱宪辰，江波.农产品交易行为的动态演化博弈分析［J］.技术经济，2009（8）：123–127.

［151］杨德勇，董左卉子.证券市场羊群效应的演化博弈分析［J］.北京工商大学学报（社会科学版），2007（4）：21–24.

［152］张付标，邢精平，季峰.合谋操纵与散户跟风的演化博弈分析［J］.证券市场导报，2012（2）：33–37.

［153］张维迎.博弈与社会［M］.北京大学出版社，2013：297–298.

［154］于斌斌.演化经济学理论体系的建构与发展：一个文献综述［J］.经济评论，2013（5）：139–146.

［155］徐妍.基于演化博弈的证券交易者策略选择研究［J］.南京理工大学学报（社会科学版），2014（6）：13–21.

［156］李苏文，吴清烈.电子商务交易过程中信用的演化博弈分析［J］.科技情报

开发与经济，2007（17）：114-116.

［157］李秀岩.基于演化博弈视角的保险欺诈问题分析［J］.纳税，2017（6）：58.

［158］杨肃昌，董甜甜.市场监管机制对网购市场诚信经营的作用——基于动态演化博弈分析［J］.兰州财经大学学报，2018，34（04）：56-63.

［159］廖秉宜.中国程序化购买广告产业现状、问题与对策［J］.新闻界，2015（24）：43-46.

［160］Kantrowitz Alex. Fraud is Rampant in the Digital Ad World［J］. Advertising Age, 2014, 85（6）.

［161］奈杰尔·吉尔伯特.基于行动者的模型［M］.盛智明译.上海人民出版社，2012：4-10.

［162］陈友芳.重复博弈、信息不对称与诚信建设的博弈机制［J］.福建论坛（人文社会科学版），2011（1）：17-21.

［163］ARF TAG Rolls Out "Approved" List and Payment IDs to Fight Ad Fraud: Group Takes Aim at Fraudsters with Two-Step Verification Process［EB/OL］.（2015-11-09）［2019-11-11］. https://thearf.org/category/news-you-can-use/tag-rolls-out-approved-list-and-payment-ids-to-fight-ad-fraud-group-takes-aim-at-fraudsters-with-two-step-verification-process.

［164］Erik Sass. MRC Issues Ad Fraud Rules［EB/OL］.（2015-11-09）［2019-11-11］. https://thearf.org/category/news-you-can-use/mrc-issues-ad-fraud-rules.

［165］Rich Kahn. Four Reasons Why You're Losing Large Chunks of Your Budget to Click Fraud［EB/OL］.（2015-08-12）［2023-01-31］. http://www.marketingprofs.com/opinions/2015/28244/four-reasons-why-youre-losing-large-chunks-of-your-budget-to-click-fraud.

［166］Aaron Fetters, Amaya Garbayo and Jon Suarez-Davis.Combat Fraud to Drive ROI［EB/OL］.（2016-04-11）［2023-07-22］. Retrieved from https://thearf.org/category/news-you-can-use/editors-note-from-the-am-conference-in-june-combat-digital-fraud-to-drive-roi-presented-by-aaron-fetters-comscore-inc-amaya-garbayo-kellogg-and-jon-suarez-davis-krux.

［167］Scott M. Is Block chain a solution to digital Ad fraud［EB/OL］.（2021–02–10）
　　　　［2022–12–22］. https://www.adweek.com/media/blockchain–solution–digital–
　　　　ad–fraud.

［168］Slefo G. Senators take aim at Ad fraud［J］. Advertising Age, 2016,87（14）.

［169］Sankaran S., Zhang C., Aarts H., Markopoulos P. Exploring Peoples' Perception
　　　　of Autonomy and Reactance in Everyday AI Interactions［J］. Frontiers in
　　　　Psychology，2021, 12: 1–14.DOI:10.3389/fpsyg.2021.713074

［170］Gibson J. J. The ecological approach to visual perception［M］. New York:
　　　　Taylor & Francis, 1986.

［171］Evans S. K., Pearce K. E., Vitak J., Treem J. W. Explicating affordances: A
　　　　conceptual framework for understanding affordances in communication research
　　　　［J］. Journal of Computer–Mediated Communication, 2017, 22（1）: 35–52.

［172］Leonardi P.M.Theoretical foundations for the study of sociomateriality［J］.
　　　　Information and Organization, 2013, 23（2）: 59–76.

［173］McVeigh–Schultz J., Baym N.K.Thinking of you: vernacular affordance in
　　　　the context of the microsocial relationship app, Couple［J］. Social Media &
　　　　Society, 2015, 1（2）: 1–13.

［174］Darling–Wolf F.（n.d.）.In the city, they go "pit pit pit": Digital media's
　　　　affordances and imagined（dis）connections in a rural Japanese community
　　　　［J］. New Media and Society，2021, 23（7）: 1863–1881.

［175］Nagy P., Neff G. Imagined affordance: Reconstructing a keyword for
　　　　communication theory［J］. Social Media, Society, 2015, 1（2）: 1–9. https://
　　　　doi.org/10.1177/205630511560338.

［176］常江，田浩.间性的消逝：流媒体与数字时代的视听文化生态［J］.西南民
　　　　族大学学报（人文社会科学版），2021, 42（12）: 137–145.

［177］潘忠党，刘于思.以何为"新"？"新媒体"话语中的权力陷阱与研究者的
　　　　理论自省——潘忠党教授访谈录［J］.新闻与传播评论，2017（01）: 2–19.

［178］Belanche D., Flavián C., Pérez–Rueda A. Consumer empowerment in interactive advertising and eWOM consequences: The PITRE model ［J］. Journal of Marketing Communications, 2019: 1–20.

［179］Liu–Thompkins Y., Maslowska E., Ren Y., Kim H. Creating, metavoicing, and propagating: a road map for understanding user roles in computational advertising ［J］. Journal of Advertising, 2020（4）: 1–17.

［180］Youn S., Kim S. Newsfeed native advertising on facebook: young millennials' knowledge, pet peeves, reactance and ad avoidance ［J］. International Journal of Advertising, 2019: 1–33.

［181］Porter L., Golan G. J. From subservient chickens to brawny men: A comparison of viral advertising to television advertising ［J］. Journal of Interactive Advertising, 2006, 6（2）: 30–38.

［182］Berger J., Milkman K. L. What makes online content viral? ［J］. Journal of Marketing Research, 2012, 49（2）: 192–205.

［183］Dobele A., Lindgreen A., Beverland M., Vanhamme J., Wijk R. V. Why pass on viral messages? Because they connect emotionally ［J］. Business Horizons, 2007, 50（4）: 291–304.

［184］Eckler P., Bolls P. Spreading the virus ［J］. Journal of Interactive Advertising, 2011, 11（2）: 1–11.

［185］Sheehan K. B., Hoy M. G. Flaming, complaining, abstaining: how online users respond to privacy concerns ［J］. Journal of Advertising, 1999, 28（3）: 37–51.

［186］Alexandrov A., Lilly B.,Babakus E. The effects of social and self–motives on the intentions to share positive and negative word of mouth ［J］. Journal of the Academy of Marketing Science, 2013, 41（5）: 531–546.

［187］van Dijck J., Poell T.,de Waal M. The platform society: Public values in a connective world ［M］. Oxford: Oxford University Press, 2013.

［188］Bishop S. Anxiety, panic and self–optimization: Inequalities and the YouTube algorithm ［J］. Convergence: The International Journal of Research into New Media Technologies, 2018, 24（1）: 69–84.

［189］Gillespie T. The relevance of algorithms. In T. Gillespie, P. J. Boczkowski, & K. A. Foot（Eds.）.Media technologies: Essays on communication, materiality, and society［M］. Cambridge: MIT Press.

［190］Seaver N. Algorithms as culture:some tactics for the ethnography of algorithmic systems［J］. Big Data & Society, 2017, 4（2）: 1–12.

［191］Noble S.U. Algorithms of Oppression: How Search Engines Reinforce Racism ［M］. New York: NYU Press，2018.

［192］全燕，李庆.作为行动者的算法：重塑传播形态与嵌入社会结构［J］.陕西师范大学学报（哲学社会科学版），2021，50（4）：117–124.

［193］Sundar S. S. Rise of Machine Agency: A Framework for Studying the Psychology of Human–AI Interaction（HAII）［J］. Journal of Computer–Mediated Communication, 2020, 25（1）: 74–88.

［194］Ananny M., Crawford K. Seeing without knowing: Limitations of the transparency ideal and its application to algorithmic accountability［J］. New Media & Society, 2018, 20（3）: 973–989.

［195］Gillespie T. The elevance of algorithms［A］. Gillespie T, Boczkowski P., Kirsten A.Media technologies: Essays on communication, materiality and society ［C］. Cambridge, MA, 2014.

［196］Reeves B., Nass C. The media equation: How people treat computers, television, and new media like real people and places［M］. New York: Cambridge University Press, 1996.

［197］Sundar S. S. Social psychology of interactivity in human–website interaction［J］. The Oxford Handbook of Internet Psychology, 2007: 89–104.

［198］Kaisa Laitinen, Salla–Maaria Laaksonen and Minna Koivula.Slacking with the Bot: Programmable Social Bot in Virtual Team Interaction［J］. Journal of Computer–Mediated Communication, 2021（26）: 343–361.

［199］Hua Zhang. What determine advertisement avoidance? An multi–regression analysis of online video ads［J］. International Journal of Electrical

Engineering, 2021: 1–12.

［200］Huangfu Boyuan. When "algorithm crashes": Understand the interaction between users and algorithms from the perspective of availability ［J］. Shanghai Journalism Review, 2021（4）: 55–64.

［201］Shaw A. Encoding and decoding affordances:Stuart Hall and interactive media technologies ［J］. Media, Culture & Society, 2017, 39（4）: 592–602.

［202］丁俊杰. 流量造假的那些事［J］. 中国广告, 2019（12）: 93–94.

［203］张国华. 净化广告数据监测环境, 促进广告产业繁荣发展［J］. 中国广告, 2017（5）: 30–32.

［204］Krisztina R. Marketing Professionals' Views on Online Advertising Fraud ［J］. Journal of Current Issues & Research in Advertising, 2021, 42（2）: 156–174.

［205］赵月奇.浅析互联网广告虚假流量的常见类型及产生原因［J］.传播力研究, 2019, 3（27）: 177–178.

［206］鞠宏磊, 李欢.程序化购买广告造假问题的主要类型及影响［J］.编辑之友, 2019（1）: 63–66.

［207］张艳.美国互联网广告业自我规制：多元主体与路径选择——以广告数据欺诈防范为切入点［J］.编辑之友, 2020（07）: 108–112.

［208］鞠宏磊, 李欢. 程序化购买广告造假问题治理难点［J］. 中国出版, 2019（2）: 33–36.

［209］Gian M. Fraud in digital advertising: A multibillion–dollar black hole ［J］. Journal of Advertising Research, 2016, 56（2）: 122–125.

［210］蔡慧永. 虚假网络流量法律问题刍议——兼论不正当竞争行为的评判标准 ［J］.法学杂志, 2019（10）: 100–107.

［211］钟艺玲, 张艳. 虚假流量对互联网广告的危害及应对［J］. 青年记者, 2017（14）: 16–17.

［212］黄淼, 褚孝鹏. 直播带货中的流量造假问题与治理［J］. 媒体融合新观察, 2021（01）: 9–14.

［213］柳庆勇.数字广告流量造假的区块链智能合约治理——基于BAT平台应用的

个案研究［J］.全球传媒学刊，2021（2）：95-112.

［214］李辉，张志安.基于平台的协作式治理：国家治理现代化转型的新格局［J］.新闻与写作，2021（04）：13-19.

［215］谢新洲，石林.国家治理现代化：互联网平台驱动下的新样态与关键问题［J］.新闻与写作，2021（04）：5-12.

［216］王俐，周向红.结构主义视阈下的互联网平台经济治理困境研究——以网约车为例［J］.江苏社会科学，2019（4）：76-85.

［217］孙韶阳.网络市场平台与政府协同治理的策略选择与模式优化——基于"平台—政府"双层治理模式的演化博弈分析［J］.企业经济，2021，40（03）：132-141.

［218］朱春阳，毛天婵.论互联网平台治理的现代化转型——以腾讯为例的考察［J］.现代出版，2021（01）：43-47.

［219］梁正，余振，宋琦.人工智能应用背景下的平台治理：核心议题、转型挑战与体系构建［J］.经济社会体制比较，2020（3）：67-75.

［220］汪旭晖，乌云，卢星彤.融媒体环境下互联网平台型企业现代治理模式研究［J］.财贸研究，2020，31（12）：72-84.

［221］塔尔科特·帕森斯.社会行动的结构［M］.张明德，译，江苏：译林出版社，2012.

［222］凯瑟琳·M.埃森哈特，梅丽莎·E.格瑞布纳.由案例构建理论的机会与挑战［J］.张丽华，何威，译，管理世界，2010（04）：125-130.

［223］张乾友.论政府在社会治理行动中的三项基本原则［J］.中国行政管理，2014（6）：5.

［224］方兴东，何可，钟祥铭.数据崛起：互联网发展与治理的范式转变［J］.传媒观察，2022（10）：49-59.

［225］Scott M. Is Block chain a solution to digital Ad fraud［EB/OL］.（2021-02-10）［2022-12-22］.Retrieved from https://www.pubexec.com/post/blockchain-solution-digital-ad-fraud.

［226］Kantrowitz, Alex . Fraud is Rampant in the Digital Ad World.［J］. Advertising

Age,2014，85（6）.

［227］Association of National Advertisers, White Ops. The Bot Baseline: Fraud in Digital Advertising 2018–2019 Report［R/OL］.（2019–04–30）［2022–12–22］. https://www.ana.net/miccontent/show/id/rr–2019–bot–baseline.

［228］麦肯锡. 区块链——银行业游戏规则的颠覆者［R/OL］.（2016–05）［2024–01–22］. https://www.mckinsey.com.cn/wp–content/uploads/2016/05/区块链.pdf.

［229］中国区块链技术和产业发展论坛. 中国区块链技术和应用发展白皮书［R/OL］.（2016–10–18）［2022–12–24］. http://www.bjeth.com/wp–content/uploads/2021/07/chinablockchain2016.pdf.

［230］高盛全球投资研究. 区块链：从理论走向实践［EB/OL］.（2016–05–24）［2023–12–22］. https://www.goldmansachs.com/intelligence/pages/blockchain/index.html.

［231］田曦. 起源、现状与挑战：区块链在广告行业中的应用［J］. 社会科学前沿，2019，8（2）：300–310. https://doi.org/10.12677/ASS.2019.82045.

［232］Harvey C.R., Moorman C., Toledo M.How Blockchain Will Change Marketing As We Know It［J］. Social Science Electronic Publishing, 2018.DOI:10.2139/ssrn.3257511.

［233］Eliza Strickland. Andrew NG: Unbiggen AI［N/OL］.（2022–02–09）［2023–12–08］. IEEE Spectrum.https://spectrum.ieee.org/andrew–ng–data–centric–ai.

［234］方兴东，何可，钟祥铭. 数据崛起：互联网发展与治理的范式转变——滴滴事件背后技术演进、社会变革和制度建构的内在逻辑［J］. 传媒观察，2022（10）：49–59.

［235］Thimmapuram, Piyush Datta. Data Privacy & Changing Landscape in Digital Advertising［R/OL］.（2023–01–13）［2023–12–08］. https://www.researchgate.net/publication/367092272_Data_Privacy_Changing_Landscape_in_Digital_Advertising.

［236］胡忠望，刘卫东.Cookie应用与个人信息安全研究［J］. 计算机应用与软件，2007（3）：50–53.

［237］严威川，郭娟. 谷歌：以伪安全之名弃Cookie［J］. 信息安全与通信保密，2013（11）：27–29.

［238］吕芹. Cookie：技术无罪［J］. 互联网周刊，2014（07）：28–29.

［239］CDP Institute. Introduction to Data Clean Rooms［R/OL］.（2021–04–13）［2023–12–08］. https://www.cdpinstitute.org/resources/introduction–to–data–clean–rooms/.

［240］Ben Wood. Data Clean Room: What It Is & Why It Matters in a Cookieless World［EB/OL］.（2021–09–07）［2023–12–08］. https://www.searchenginejournal.com/data–clean–rooms/417606/#close.

［241］Donnie Prakoso. AWS Clean Rooms 现已正式上线——无需共享原始数据即可与您的合作伙伴协作［EB/OL］.（2023–03–29）［2023–12–09］. https://aws.amazon.com/cn/blogs/china/aws–clean–rooms–now–generally–available.

［242］Disney Advertising Press. Disney's State–Of–The–Art Audience Graph Fuels Rapid Adoption Of Clean Room Technology［EB/OL］.（2023–01–25）［2023–12–08］. https://press.disneyadvertising.com/disneys–state–of–the–art–audience–graph–fuels–rapid–adoption–of–clean–room–technology.

［243］中国日报中文网. 阿里巴巴发布品牌数据银行 实现AIPL数据全链路可视化［EB/OL］.（2017–06–07）［2023–12–08］. http://caijing.chinadaily.com.cn/2017–06/07/content_29650711.htm.

［244］中国日报中文网. 腾讯广告战略升级，发布智慧营销体系Tencent In［EB/OL］.（2019–05–13）［2023–12–08］. https://tech.chinadaily.com.cn/a/201905/13/WS5cd92d34a310e7f8b157c5e7.html.

［245］AppsFlyer. AppsFlyer 数据净室解决方案［EB/OL］.（2023–08–06）［2023–12–08］. https://www.appsflyer–gcr.cn/products/data–clean–room.

［246］李云龙，曾楠. "茑屋书店"的四层增长密码［J］. 经理人，2022（08）：57–59.

［247］Unilever. Unilever leads efforts to develop a cross media measurement model for brands［EB/OL］.（2019–01–29）［2023–12–08］. https://www.unilever.

com/news/press-and-media/press-releases/2019/unilever-leads-efforts-to-develop-a-cross-media-measurement-model-for-brands.

［248］全国人民代表大会常务委员会. 中华人民共和国个人信息保护法［A/OL］. （2021-08-20）［2023-12-01］. http://www.xinhuanet.com/politics/ 2021-08/20/c_1127781552.htm.

［249］中华人民共和国国务院. 关于构建数据基础制度更好发挥数据要素作用的意见［A/OL］. （2022-12-19）［2023-12-08］. https://www.gov.cn/zhengce/2022-12/19/content_5732695.htm.

［250］北京市人民政府. 关于更好发挥数据要素作用进一步加快发展数字经济的实施意见［A/OL］. （2023-06-20）［2023-12-08］. https://www.beijing.gov.cn/zhengce/zhengcefagui/202307/t20230719_3165748.html.

［251］贵州省大数据发展管理局. 全国首笔个人数据合规流转场内交易完成，探索B2B2C数据交易全新商业模式［EB/OL］. （2023-04-27）［2023-12-09］. https://dsj.guizhou.gov.cn/xwzx/zwyw/202304/t20230427_79374939.html.

［252］第一财经. 智己汽车公布CSOP运营链路｜第一财经汽车日评［EB/OL］. （2021-03-18）［2023-12-08］. https://www.yicai.com/news/100991104.html.